中宣部2022年主题出版重点出版物

“十四五”国家重点图书出版规划项目

纪录小康工程

全面建成小康社会

北京全景录

BEIJING QUANJINGLU

本书编写组

北 京 出 版 集 团
北 京 人 民 出 版 社

出 版 人：康　伟
项目统筹：吴文学　李清霞
项目执行：吕克农　陈　飞　王曷灵　李　尚
责任编辑：单明明
封面设计：石笑梦
版式设计：王欢欢
责任印制：武绽蕾

图书在版编目（CIP）数据

全面建成小康社会北京全景录 / 本书编写组编著 . —北京 ：北京人民出版社，2022.10
（“纪录小康工程”地方丛书）
ISBN 978-7-5300-0557-6

I. ①全… II. ①本… III. ①小康建设—成就—北京 IV. ① F127.1

中国版本图书馆 CIP 数据核字（2022）第 100916 号

“纪录小康工程”地方丛书
全面建成小康社会北京全景录
QUANMIAN JIANCHENG XIAOKANG SHEHUI BEIJING QUANJINGLU

本书编写组　编著

北 京 出 版 集 团
北京人民出版社　出版
（100120　北京市西城区北三环中路 6 号）

北京华联印刷有限公司印刷　新华书店经销

2022 年 10 月第 1 版　2022 年 10 月北京第 1 次印刷
开本：710 毫米 ×1000 毫米 1/16　印张：25.5
字数：308 千字

ISBN 978-7-5300-0557-6　定价：89.00 元

邮购地址 100120　北京市西城区北三环中路 6 号
北京出版集团主题分公司　电话：（010）58572371

总　序

为民族复兴修史　为伟大时代立传

小康，是中华民族孜孜以求的梦想和夙愿。千百年来，中国人民一直对小康怀有割舍不断的情愫，祖祖辈辈为过上幸福美好生活劳苦奋斗。“民亦劳止，汔可小康”“久困于穷，冀以小康”“安得广厦千万间，大庇天下寒士俱欢颜”……都寄托着中国人民对小康社会的恒久期盼。然而，这些朴素而美好的愿望在历史上却从来没有变成现实。中国共产党自成立那天起，就把为中国人民谋幸福、为中华民族谋复兴作为初心使命，团结带领亿万中国人民拼搏奋斗，为过上幸福生活胼手胝足、砥砺前行。夺取新民主主义革命伟大胜利，完成社会主义革命和推进社会主义建设，进行改革开放和社会主义现代化建设，开创中国特色社会主义新时代，经过百年不懈奋斗，无数中国人摆脱贫困，过上衣食无忧的好日子。

特别是党的十八大以来，以习近平同志为核心的党中央统揽中华民族伟大复兴战略全局和世界百年未有之大变局，团结带领全党全国各族人民统筹推进“五位一体”总体布局、协调推进“四个全面”战略布局，万众一心战贫困、促改革、抗疫情、谋发展，党和国家事业取得历史性成就、发生历史性变革。在庆祝中国共产党成立100周年大会上，习近平总书记庄严宣告：“经过全党全国各族人民持续奋斗，我们实现了第一个百年奋斗目标，在中华大地上全面建成了小康社会，历史性地解决了绝对贫困问题，正在意气风发向着全面建成社会主义现代化强国的第二个百年奋斗目标迈进。”

这是中华民族、中国人民、中国共产党的伟大光荣！这是百姓的福祉、国家的进步、民族的骄傲！

全面小康，让梦想的阳光照进现实、照亮生活。从推翻“三座大山”到“人民当家作主”，从“小康之家”到“小康社会”，从“总体小康”到“全面小康”，从“全面建设”到“全面建成”，中国人民牢牢把命运掌握在自己手上，人民群众的生活越来越红火。“人民对美好生活的向往，就是我们的奋斗目标。”在习近平总书记坚强领导、亲自指挥下，我国脱贫攻坚取得重大历史性成就，现行标准下9899万农村贫困人口全部脱贫，建成世界上规模最大的社会保障体系，居民人均预期寿命提高到78.2岁，人民精神文化生活极大丰富，生态环境得到明显改善，公平正义的阳光普照大地。今天的中国人民，生活殷实、安居乐业，获得感、幸福感、安全感显著增强，道路自信、理论自信、制度自信、文化自信更加坚定，对创造更加美好的生活充满信心。

全面小康，让社会主义中国焕发出蓬勃生机活力。经过长期努力特别是党的十八大以来伟大实践，我国经济实力、科技实力、国防实力、综合国力跃上新的大台阶，成为世界第二大经济体、第一大工业国、第一大货物贸易国、第一大外汇储备国，国内生产总值从1952年的679亿元跃升至2021年的114万亿元，人均国内生产总值从1952年的几十美元跃升至2021年的超过1.2万美元。把握新发展阶段、贯彻新发展理念、构建新发展格局、推动高质量发展，全面建设社会主义现代化国家，我们的物质基础、制度基础更加坚实、更加牢靠。全面建成小康社会的伟大成就充分说明，在中华大地上生气勃勃的创造性的社会主义实践造福了人民、改变了中国、影响了时代，世界范围内社会主义和资本主义两种社会制度的历史演进及其较量发生了有利于社会主义的重大转变，社会主义制度优势得到极大彰显，中国特色社会主义道路越走越宽广。

全面小康，让中华民族自信自强屹立于世界民族之林。中华民族有五千多年的文明历史，创造了灿烂的中华文明，为人类文明进步作出了卓越贡献。近代以来，中华民族遭受的苦难之重、付出的牺牲之大，世所罕见。中国共产党带领中国人民从沉沦中觉醒、从灾难中奋起，前赴后继、百折不挠，战胜各种艰难险阻，取得一个个伟大胜利，创造一个个发展奇迹，用鲜血和汗水书写了中华民族几千年历史上最恢宏的史诗。全面建成小康社会，见证了中华民族强大的创造力、坚韧力、爆发力，见证了中华民族自信自强、守正创新精神气质的锻造与激扬，实现中华民族伟大复兴有了更为主动的精神力量，进入不可逆转的历史进程。今天，我们比历史上任何时期都更接近、更有信心和能力实现中华民族伟大复兴的目标，中国人民的志气、骨气、底气极大增强，奋进新征程、建功新时代有着前所未有的历史主动精神、历史创造精神。

全面小康，在人类社会发展史上写就了不可磨灭的光辉篇章。中华民族素有和合共生、兼济天下的价值追求，中国共产党立志于为人类谋进步、为世界谋大同。中国的发展，使世界五分之一的人口整体摆脱贫困，提前十年实现联合国2030年可持续发展议程确定的目标，谱写了彪炳世界发展史的减贫奇迹，创造了中国式现代化道路与人类文明新形态。这份光荣的胜利，属于中国，也属于世界。事实雄辩地证明，人类通往美好生活的道路不止一条，各国实现现代化的道路不止一条。全面建成小康社会的中国，始终站在历史正确的一边，站在人类进步的一边，国际影响力、感召力、塑造力显著提升，负责任大国形象充分彰显，以更加开放包容的姿态拥抱世界，必将为推动构建人类命运共同体、弘扬全人类共同价值、建设更加美好的世界作出新的更大贡献。

回望全面建成小康社会的历史，伟大历程何其艰苦卓绝，伟大胜利何其光辉炳耀，伟大精神何其气壮山河！

这是中华民族发展史上矗立起的又一座历史丰碑、精神丰碑！这座丰碑，凝结着中国共产党人矢志不渝的坚持坚守、博大深沉的情怀胸襟，辉映着科学理论的思想穿透力、时代引领力、实践推动力，镌刻着中国人民的奋发奋斗、牺牲奉献，彰显着中国特色社会主义制度的强大生命力、显著优越性。

因为感动，所以纪录；因为壮丽，所以丰厚。恢宏的历史伟业，必将留下深沉的历史印记，竖起闪耀的历史地标。

中央宣传部牵头，中央有关部门和宣传文化单位，省、市、县各级宣传部门共同参与组织实施“纪录小康工程”，以为民族复兴修史、为伟大时代立传为宗旨，以“存史资政、教化育人”为目的，形成了数据库、大事记、系列丛书和主题纪录片4方面主要成果。目前已建成内容全面、分类有序的4级数据库，编纂完成各级各类全面小康、脱贫攻坚大事记，出版“纪录小康工程”丛书，摄制完成纪录片《纪录小康》。

“纪录小康工程”丛书包括中央系列和地方系列。中央系列分为“擘画领航”“经天纬地”“航海梯山”“踔厉奋发”“彪炳史册”5个主题，由中央有关部门精选内容组织编撰；地方系列分为“全景录”“大事记”“变迁志”“奋斗者”“影像记”5个板块，由各省（区、市）和新疆生产建设兵团结合各地实际情况推出主题图书。丛书忠实纪录习近平总书记的小康情怀、扶贫足迹，反映党中央关于全面建成小康社会重大决策、重大部署的历史过程，展现通过不懈奋斗取得全面建成小康社会伟大胜利的光辉历程，讲述在决战脱贫攻坚、决胜全面小康进程中涌现的先进个人、先进集体和典型事迹，揭示辉煌成就和历史巨变背后的制度优势和经验启示。这是对全面建成小康社会伟大成就的历史巡礼，是对中国共产党和中国人民奋斗精神的深情礼赞。

历史昭示未来，明天更加美好。全面建成小康社会，带给中国人民的是温暖、是力量、是坚定、是信心。让我们时时回望小康历程，深入学习贯彻习近平新时代中国特色社会主义思想，深刻理解中国共产党为什么能、马克思主义为什么行、中国特色社会主义为什么好，深刻把握“两个确立”的决定性意义，增强“四个意识”、坚定“四个自信”、做到“两个维护”，以坚如磐石的定力、敢打必胜的信念，集中精力办好自己的事情，向着实现第二个百年奋斗目标、创造中国人民更加幸福美好生活勇毅前行。

目　录

前　言

“小康”一直是千百年来中国人民最朴素的愿望和憧憬，寄托着中国人民和中华民族对丰衣足食、安居乐业的期盼。中国共产党人的初心和使命是为中国人民谋幸福、为中华民族谋复兴，我们党从一成立就团结带领人民为创造美好生活进行不懈奋斗。从改革开放之初提出“在中国建立一个小康社会”的奋斗目标，到党的十八大提出“全面建成小康社会”，我们党向人民、向历史作出了庄严承诺。在庆祝中国共产党成立100周年大会上，习近平总书记庄严宣告：“经过全党全国各族人民持续奋斗，我们实现了第一个百年奋斗目标，在中华大地上全面建成了小康社会，历史性地解决了绝对贫困问题，正在意气风发向着全面建成社会主义现代化强国的第二个百年奋斗目标迈进。”在一个拥有14亿多人口的发展中大国全面建成小康社会，是人类社会发展史上的一个创举，凝结着全党全国各族人民顽强拼搏、不懈奋斗的智慧和汗水，标志着我们向着实现中华民族伟大复兴迈出了至关重要的一步。这是我们党矢志不渝践行初心、担当使命的历史见证，为我们党团结带领全国各族人民实现第二个百年奋斗目标、实现中华民族伟大复兴奠定了更坚实的基础、提供了更强大的底气。

北京是中华人民共和国的首都，在全面建成小康社会的伟大历史进程中，市委市政府团结带领全市人民，以一往无前的进取精神和脚踏实地的创新实践，在京华大地上谱写了一部自强不息、与时俱进的壮丽史诗，描绘了一幅气壮山河、万象更新的时代画卷。

北京全面建成小康社会的壮丽征程，是首都人民坚定不移与党中央保持高度一致，沿着中国特色社会主义道路昂首阔步的重要历程。坚持中国共产党的领导、坚持中国特色社会主义道路是确保改革开放正确方向的根本前提。北京市始终坚决拥护和贯彻执行党中央的决定，坚决服从服务国家发展大局，全面贯彻党在社会主义初级阶段的基本理论、基本路线、基本方略。特别是进入新时代以来，牢固树立“四个意识”、坚定“四个自信”、坚持和捍卫“两个确立”，做到“两个维护”，始终站稳政治立场，把稳政治方向，深入学习、贯彻习近平总书记系列重要讲话精神，坚持以习近平总书记视察北京重要讲话精神为指引，牢牢把握首都城市战略定位，自觉从国家和人民需要一个什么样的首都的高度来认识和把握北京工作，积极履行好“四个服务”职责，确保党中央各项决策部署在北京落地生根，形成生动实践。

北京全面建成小康社会的壮丽征程，是首都实现跨越式发展、首都人民生活越来越美好的重要历程。在党的领导下，北京人民积极投身建设中国特色社会主义伟大实践，解放思想、实事求是、与时俱进、开拓创新，社会生产力得到充分解放，发展动能得到大幅提升。牢固树立五大发展理念，紧紧围绕首都核心功能推进各方面工作。加快转变城市发展方式，有序疏解非首都功能，高水平建设行政副中心，优化提升首都核心功能。主动适应和引领经济发展新常态，积极推进供给侧结构性改革，依靠科技创新构建“高精尖”经济结构。坚定不移推动区域合作开发，发挥好核心城市示范带头作用；坚定不移走绿色发展道路，建设和谐宜居美好家园，在生态文明建设上迈出更大步伐，提升绿色发展水平。认真筹备 2022 年冬奥会，主动融入京津冀协同发展，努力在建设国际一流的和谐宜居之都上取得重大进展。坚持人民至上原则，始终以解决人民群众最关心、最直接、最现实的利益问题为重点，极大激发了全市人民建设中国特色社会主义的积极性和创造性，极大增强了全市人民干事创业、砥砺奋进的凝聚力和自信心。全市经济实力显著增强，社会事业全面进步，城乡面貌日新月异，人民生活大幅改善，首都北京的发展实现了历史性跨越。

北京全面建成小康社会的壮丽征程，是值得大书特书、值得赞美讴歌的重要历程。北京全面建成小康社会的历史进程值得我们去回望，宝贵经验值得我们去总结，辉煌成就值得我们去赞颂。为此，我们编写了《全面建成小康社会 北京全景录》一书，对首都北京率先全面建成小康社会进行全景式描绘与展望，旨在鉴往知今、开创未来。

历史的画卷，总在砥砺前行中铺开。新时代我们站在新的历史起点，面临的形势更加严峻，发展的任务更加繁重，肩负的使命更加光荣。开启向第二个百年奋斗目标进军新征程，建设国际一流的和谐宜居之都，必须要深刻认识党的百年奋斗的历史意义和历史经验，从党的奋斗历程中汲取智慧和力量，坚定历史自信，自觉坚守理想信念，增强道路自信、理论自信、制度自信、文化自信，咬定青山不放松，风雨无阻向前进；要始终保持锐意创新的勇气、敢为人先的锐气、蓬勃向上的朝气，紧密团结在以习近平同志为核心的党中央周围，以不用扬鞭自奋蹄的使命担当，顺势而为、乘势而上，努力把首都北京建设得更加美好！

一、接续奋斗 北京率先全面建成小康社会

2021 年 7 月 1 日，习近平总书记在庆祝中国共产党成立 100 周年大会上庄严宣告："经过全党全国各族人民持续奋斗，我们实现了第一个百年奋斗目标，在中华大地上全面建成了小康社会，历史性地解决了绝对贫困问题，正在意气风发向着全面建成社会主义现代化强国的第二个百年奋斗目标迈进。"小康社会的全面建成，标志着中华民族伟大复兴中国梦迈出关键一步，实现了中国共产党和中国政府向人民、向历史作出的庄严承诺。

中国共产党自成立之日起，就把为中国人民谋幸福、为中华民族谋复兴确立为初心使命，一代代中国共产党人把人民对美好生活的向往作为奋斗目标。20 世纪 50 年代，"四个现代化"概念被正式提出并作为国家战略目标。1975 年，周恩来同志重提实现四个现代化的宏伟目标。1979 年，邓小平同志用"小康"这一富有中国传统文化特色的概念诠释中国式现代化。1982 年，党的十二大首次提出 20 世纪末解决人民的温饱问题，力争使人民的物质文化生活达到小康水平的目标。从那时起，党领导人民为实现小康目标顽强拼搏、接续奋斗。特别是党的十八大以来，习近平总书记亲自谋划、亲自指挥、亲自推动全面小康社会建设，党和国家事业

2012 年 9 月 30 日，沿中轴线北望，古朴与现代有机相融的首都北京，庄严大气，充满活力（饶强 摄）

取得历史性成就、发生历史性变革，全面建成小康社会目标如期实现。

在全面建成小康社会的伟大征程中，首都北京和全国各地一起，按照党中央决策部署，锚定全面建成小康社会目标，踔厉奋发、勇毅前行，经历了从温饱不足到提前实现人民生活总体小康，从全面建设小康社会到率先全面建成小康社会的历史性跨越，并为助力贫困地区打赢脱贫攻坚战，如期实现全面建成小康社会发挥了支撑、引领和示范作用。

（一）发展首都经济，实现从温饱不足到总体小康跨越（1978—2002）

新中国成立后，在国家工业化和实现四个现代化战略背景下，北京经过多年的建设和发展，从消费城市转变为生产城市，人民生活日益改善。但在1978年党的十一届三中全会前后一段时间里，城乡群众生活存在一定程度困难，人民群众的温饱问题没有得到根本解决。

20世纪80年代以后，党中央提出并逐步完善到20世纪末的小康目标。继1982年党的十二大提出力争使“人民物质文化生活可以达到小康水平”目标之后，1992年党的十四大提出“人民生活由温饱进入小康”。1987年党的十三大、1997年党的十五大分别提出“三步走”和新“三步走”发展战略，党的十三大明确将“人民生活达到小康水平”作为第二步奋斗目标，党的十五大进而将目标表述为“使人民的小康生活更加宽裕”。2002年党的十六大正式宣告，“人民生活总体上实现了由温饱到小康的历史性跨越”。

据党中央部署要求，北京市结合实际“加码”小康目标。1982年市第五次党代会明确新时期的奋斗目标：经过15年或更长一些时间的努力，把北京建成全中国、全世界社会秩序、社会治安、社会风气和道德风尚最好的城市，变成全国环境最清洁、最卫生、最优美的第一流城市，也是世界上比较好的城市；建成全国科学、文化、技术最发达，教育程度最高的第一流城市，并且在世界上也是文化最发达的城市之一；同时还要做到经济上不断繁荣，人民生活方便、安定。1987年市第六次党代会提出，到20世纪末，首都经济社会发展战略目标是：国民生产总值增长一倍，经济效益显著提高，科技进步和劳动者素质的提高成为经济发展的主导因素，产业结构和产业布局趋于合理，城乡建设规模和基础设施配置趋向协调，社会综合服务能力全面增强，对外经济技术文化交流进一步扩大，人口膨胀和环境污染得到控制，普通高中和相当于高中阶段的职业技术教育基本普及，人民的物质文化生活明显改善，民主法制建设和社会道德风尚居于全国前列，为建成繁荣、民主、文明的社会主义现代化首都奠定坚实的基础。1992 年市第七次党代会提出，“九十年代首都经济建设的奋斗目标是，国内生产总值平均每年增长 9%，提前三年实现在 1980 年的基础上翻两番；进一步改善人民的物质文化生活，提前步入小康水平”。1997 年市第八次党代会提出，首都迈向 21 世纪的新“三步走”战略目标是：到 2000 年，初步建立社会主义市场经济体制，全面完成现代化建设第二步战略部署，人均国内生产总值比 1980 年翻两番，城乡人民生活全面实现小康；到 2010 年，全市综合经济实力、社会发展和城乡人民生活，力争达到中等发

1987 年 2 月 19 日，北京市首届对外经济贸易洽谈会在北京展览馆开幕，吸引了 60 多个国家和地区的上千名经贸界来宾。图为洽谈会大厅（李士炘 摄）

达国家首都的水平；到 21 世纪中叶，将北京建成经济繁荣，社会安定，文化教育和科学技术发达，民主法制和道德建设完善，基础设施、生态环境、人口素质和生活质量达到世界一流水平的现代化国际城市。经过不懈努力，到 20 世纪 90 年代中期，北京提前达到总体小康水平。

1. 贯彻落实“四项指示”，“四个服务”能力显著提高

1980 年 4 月，中央书记处听取北京市汇报，提出首都建设的“四项指示”，要求把北京建设成为全中国、全世界社会秩序、社会治安、社会风气和道德风尚最好的城市；成为全国环境最清洁、最卫生、最优美的第一流城市，也是世界上比较好的城市；成为全国科学、文化、技术最发达，教育程度最高的第一流城市，并且在世界上也是文化最发达的城市之一；同时还要做到经济上不断繁荣，人民生活方便、安定。贯彻“四项指示”精神，北京市把巩固和发展首都安定团结政治局面摆在突出位置，积极加强思想政治工作，开展有针对性的社会治安整治，社会秩序日趋好转。积极开展“为人民服务　对人民负责”“五讲四美”“文明礼貌月”“学雷锋　树新风”等树立良好社会风气的活动，首都人民精神面貌和社会风尚出现可喜变化。加大投入推进城市住宅和基础设施建设，广泛发动群众参与市容环境综合治理，大规模开展城乡绿化美化工作，整体环境不断改善，城市风貌焕然一新。

作为重要对外窗口，北京逐步向全世界敞开大门，与许多国家首都和大城市开展友好交往活动，政治、经济、科技、教育、文化、卫生、体育等领域交流取得丰硕成果。积极改善对外开放环境，兴建一批涉外饭店和设施。努力推动经济和科教文体“走出

去”，尤其是对外经济合作方面，对外承包工程、劳务合作和海外投资等模式发展迅速，建立了一批海外企业，成为北京市在国际市场的“窗口”。1990 年秋，举世瞩目的第十一届亚洲运动会在北京获得巨大成功，向全世界显示了我国改革开放的巨大成就、不断壮大的综合国力和政治稳定、社会安定的崭新面貌，集中展示了中华民族的优秀文化和社会主义制度的优越性，大大增强了广大群众的民族自豪感和凝聚力，提高了我国的国际声望。这届体育盛会形成的“爱我中华，为国争光，顽强拼搏，争创一流，团结协作，无私奉献，放眼世界，博采众长”的“北京亚运精神”，成为推动首都两个文明建设的强大力量。

1993 年 10 月，国务院批复《北京城市总体规划（1991 年—2010 年)》，明确北京是全国的政治中心和文化中心，要通过不懈努力，把北京建成经济繁荣、社会安定、基础设施及生态环境达到世界一流水平的历史文化名城和现代国际城市。1995 年 4 月，党中央要求北京市“为党政军首脑机关正常开展工作服务，为日益扩大的国际交往服务，为国家教育、科技和文化的发展服务，为市民的工作和生活服务”。北京市聚焦城市定位，不断提高“四个服务”能力，各项工作扎实有序推进。

城市现代化建设管理水平提高。优先发展基础设施，水、电、气、热、环卫、邮电通信等市政建设全面推进，城市承载能力和服务功能进一步增强。为迎接新中国成立 50 周年，1999 年完成 67 项城市建设重点工程，中华世纪坛成为首都北京新地标。首都国际机场 T2 航站楼的建成，使首都国际机场步入世界先进机场行列。地铁复八线、平安大街、广安大街、德外大街、四环路、八达岭高速公路以及城区路网加密等一批重大工程相继完工，城市道路交通体系进一步完善。重视历史文化名城保护，制定实施历史文化名城保护规划，古都风貌得到保护。以街道、社区建设为重点，推行城市管理体制和运行机制改革，实现管理重心下移，加强管理综合执法，城市管理水平明显提升。城市功能的增强和完善，为建设现代化国际大都市奠定了基础。

人民群众生活水平得到改善。1993 年北京开始实施“康居工程”“安居工程”，陆续建成望京、天通苑、回龙观等一批大型居住区，让更多北京人圆了安居梦。1998 年起，北京分阶段实施大气污染控制措施，实施“煤改气”工程，在全国率先执行机动车排放新标准，停产或搬迁一批污染扰民企业。实施绿化隔离带建设，2002 年全市林木覆盖率和城市绿化覆盖率分别达到 45.5% 和 40.2%。落实科教兴国战略，全面实施素质教育，启动首都教育跨世纪重点建设工程，率先在全国普及高中阶段教育，扩大高等教育招生规模。完善社会保障体系，1996 年起，实施城镇居民最低生活保障制度，保障低收入群众基本生活。到 2002 年，北京城镇居民人均可支配收入 12463.9 元，农民人均纯收入 5880.1 元，分别比 1992 年增长 4.3 倍和 2.7 倍。人民生活实现了由温饱到小康的历史性跨越，开始向更加宽裕的小康水平迈进。

世纪之交，北京服务国家国际交往，成功保障联合国第四次世界妇女大会召开，相继举办第六届远东及南太平洋地区残疾人运动会、第六届世界大城市首脑会议和第二十一届世界大学生运动会等大型国际活动，首都国际大城市的形象初步确立，国际影响日益扩大。完成筹办庆祝香港、澳门回归，新中国成立 50 周年，纪念抗日战争暨世界反法西斯战争胜利 50 周年等大型活动任务。2001 年，北京赢得 2008 年奥运会主办权。服务保障这些重大活动，有力推动了首都精神文明建设，广大市民首都意识、首善意识进一步增强，市民文明素质明显提高，首都形象更加彰显。

2. 依靠改革城乡人民逐步迈向小康生活

改革是从温饱迈向小康的必由之路。在农村，北京市将服务首都与富裕农民并提，组织开展致富大讨论，引导群众树立想富、敢富、会富观念。京郊农村按照党的政策不折不扣地实行按劳分配来调动社员积极性，以承包为中心、多种形式的农业生产责任制提高了生产效率，逐步克服吃“大锅饭”的平均主义，调动了农村干部和社员的积极性。一批社队企业（人民公社废除后，改称乡镇企业）活力很快被激发，走出一条城乡联合的“白兰道路”，农民人均收入大幅提高，部分农村过上小康生活。从 1978 年至 1985 年，全市农民收入实现超常规增长，人均食品支出在生活费支出中占比由 1978 年的 62.95% 降至 1985 年的 47.14%，按照联合国粮农组织标准，进入温饱阶段。

在城市，部分国营工业企业开始试行经济责任制改革。20 世纪 90 年代，首钢人依靠承包制改革过上小康生活，12 年间盖起 172 万平方米职工住宅，人均居住面积增加 1 倍，子女“入托难”问题得到解决。伴随改革的推进，北京市对外开放取得突破，逐步探索出中外合资企业、外商投资企业、乡镇企业“三来一补”等利用外资新途径，对外贸易逐渐活跃，外汇收入逐步增加。这一时期，北京市把发展城镇集体所有制经济与安置待业青年工作相结合，促进城市多种经济成分和多种经营方式兴起，推动集体经济和第三产业的发展。随着个体经济的发展，就业方式日趋多元，个体经营更加活跃，城乡人民生活日益提高。

3. 发展首都经济改善人民生活

20世纪80年代，北京市充分考虑首都定位和发展条件，着力调整结构，扬长避短，发挥优势，实现新发展。工业方面有计划调整产业结构和产品结构，重点发展食品、纺织、电子等轻工业，朝着高精尖经济方向转型。郊区农业适应城市发展需要，大力发展多种经营，朝着建成首都副食品基地方向努力。积极推动第三产业发展，出台一系列措施，促进与人民生活紧密相关的商业、服务业等行业加快发展。经过调整，适合首都特点的经济建设呈现新的生机活力。1989年，据国家统计局对450个城市的最新统计表明，北京等36个城市的人均国内生产总值超过800美元，率先达到小康水平。

1997年市第八次党代会首次提出“发展首都经济”，其核心是立足北京科教、人才、信息等方面优势，大力发展以知识经济为方向、高新技术产业为核心、第三产业为主导的具有首都特色的经济。发展首都经济成为北京跨世纪发展战略。1999年，国家作出加快建设中关村的重大决策。北京市以此为契机，大力实施首都经济发展战略，提出《关于加强技术创新，发展高科技，实现产业化的意见》，加快实施“首都二四八重大创新工程”，推进电子信息、光机电一体化、生物工程与新医药等五大产业领域技术创新，带动和促进高新技术产业化发展。中关村科技园区海淀园、丰台园、昌平园等“一区五园”竞相兴起，与北京经济技术开发区、北京电子城等共同构成环京高科技产业带。

与此同时，加快调整适合首都特点的经济结构步伐。汽车工业资产重组取得重大突破，集成电路产业链形成，光机电一体化、生物工程和新医药等一批重大项目落地见效。以商务中心区、金融街为代表的功能区建设，为现代服务业发展提供了广阔空间，第三产业占国内生产总值比重由 1992 年的 44.5% 提高到 2002 年的 61.3%，引领经济增长的主体地位得到强化。农村各项改革持续深化，设施农业、精品农业、加工农业、籽种农业、观光农业、创汇农业等都市型现代特色农业蓬勃发展，农业效益和农民收入显著提高。乡镇企业二次创业，推动农业产业结构调整，成为服务首都、富裕农民、加快农业现代化进程的重要支柱。三次产业实现全面升级。10 年间，北京国内生产总值年均增长 10% 以上，地方财政收入连续 8 年保持 20% 以上增幅。2002 年北京国内生产总值实现 3130 亿元，人均国内生产总值超过 3000 美元，达到 3355 美元。经济整体水平达到中等发达国家发展水平，社会发展水平总指数跃居全国首位。人民群众随着经济增长得到更多实惠，在实现小康基础上向更加宽裕的水平迈进。

4. 加快山区脱贫致富奔小康步伐

实现小康最大的难点在边远山区。在国家大规模开发式扶贫背景下，北京立足实际，把加快山区建设作为首都发展战略的重要组成部分，1985 年市人大常委会作出《关于帮助贫困山区改变面貌的决议》，从山区划出 37 个穷困乡，重点开展开发扶贫工作，聚力改变山区面貌，富裕山区农民。1991 年，颁布实施《北京市边远山区乡村十年（1991—2000 年）致富工程纲要》，重点扶持边远山区 60 个乡镇。1994 年，根据国务院《国家八七扶贫攻坚计划》精神，部署实施《边远山区乡（镇）“四四”奔小康攻坚计划》，提出用 4 年时间使 60 个边远山区乡镇 40 万农民人均劳动所得达

1600元以上，实现小康的奋斗目标。1997年开始实施“山区‘水利富民’工程”，带动山区基础设施建设和各项社会事业的发展，推动山区养殖业、林果业和旅游业的综合开发，促进山区生态环境建设，增加农民收入。2000年，北京经济发展相对落后的114个边远山区村全部越过1500元低收入线，山区农民从整体上解决了温饱问题。

5. 首都教科文卫事业逐步恢复发展

加强党对教育工作的领导，贯彻党的教育方针，首都教育事业在改革中稳步发展。积极恢复和发展普通学校教育，教育事业有很大发展。1982年高等院校恢复到51所，创办一批走读制大学分校，市属高等院校的招生人数1985年比1980年增加2.3倍，成人高等教育招生人数增加9倍。中等教育结构改革成效显著，提前两年实现普通高中招生和中等技术学校招生1∶1目标。新建一批中小学和幼儿园，教学条件不断改善。到1985年，全市普及小学教育，1985年城镇基本普及初中教育，儿童入托率也有明显提高。1995年在全国率先实现了基本普及九年义务教育和基本扫除青壮年文盲。恢复职业教育，积极发展电视、广播、函授和工农业余教育，试行自学考试制度，初步构建起成人教育体系。科学技术工作受到高度重视，积极开展协作攻关、科技交流、科学普及、科研成果推广等活动，开始推行科研合同制和科研成果有偿转让，奖励一批重大科研成果和发明创造，学术研究和讨论日益活跃。创办了国内第一个新技术产业开发试验区，并取得明显成效。20世纪90年代，贯彻落实科教兴国战略，一系列重大科技发展计划全面推进，高新技术产业迅速崛起。文化事业蓬勃发展，广播影视、文学艺术、新闻出版、社会科学繁荣活跃。创作和演出了以《四世同堂》为代表的一批优秀作品和剧目，到1985年建成文化馆、图书馆、博物馆36座，电视平均覆盖率达到89%。划定的文物保护区增加到622处。体育事业日益受到社会重视，一些项目在国际和国内取得好成绩，一大批文物古迹得到有效保护和合理利用。文化市场管理得到加强，“扫黄”“打非”等专项治理取得阶段性成果。医疗卫生事业有很大发展，1990年全社会医疗床位达5.9万张，看病难、住院难问题有所缓解。1995年医疗卫生保健三级网基本形成，郊区农村提前实现2000年人人享有初级卫生保健的目标。全面落实计划生育基本国策，1995年人口自然增长率控制在2.8‰。

首都社会主义精神文明建设呈现出新气象。根据党的十二届六中全会通过的《中共中央关于社会主义精神文明建设指导方针的决议》精神，北京一手抓物质文明建设，一手抓精神文明建设。以“五讲四美三热爱”为代表的群众性精神文明建设广泛开展，“做文明市民、创文明单位、建文明城市”倡议逐渐成为首都市民的自觉行动。围绕创造优美环境、建立优良秩序、搞好优质服务，加大脏乱差综合治理，改善了首都环境面貌。坚决反对和抵制资产阶级自由化思潮，深入开展社会主义思想教育，坚定了广大干部群众走中国特色社会主义道路的信念。

（二）实施“三个北京”战略，全面建设小康社会（2002—2012）

跨入21世纪，党和国家发展迎来重要的战略机遇期，小康社会建设由“总体小康”向“全面小康”迈进。2002年，党的十六

天安门广场红旗随风招展（和冠欣 摄）

大提出全面建设小康社会的新目标：在21世纪头20年，集中力量，全面建设惠及十几亿人口的更高水平的小康社会，使经济更加发展、民主更加健全、科教更加进步、文化更加繁荣、社会更加和谐、人民生活更加殷实。2007年，党的十七大对实现全面建设小康社会的宏伟目标作出全面部署，在经济、政治、文化、社会、生态文明等方面提出新要求，形成中国特色社会主义“四位一体”总体布局，全面建设小康社会的目标更全面、内涵更丰富、要求更具体。

这期间，北京市贯彻落实党的十六大、十七大精神和党中央关于北京工作要“走在全国前列”要求，召开第九次、第十次党代会，确立首都率先基本实现现代化和构建社会主义和谐社会首善之区目标，实施“人文北京、科技北京、绿色北京”战略，建设创新、和谐、宜居新北京，谱写了首都科学发展新篇章。2002年市第九次党代会提出，21 世纪的头 10 年，是首都北京实施新“三步走”战略第一步的重要时期。2007 年市第十次党代会提出，经济更加繁荣，城市更加文明，社会更加和谐，环境更加宜居，把北京建成繁荣、文明、和谐、宜居的首善之区的目标。经过持续努力，特别是 2008 年北京成功举办奥运会将北京城市发展提升到新的高度，当年北京全面建设小康社会的总体进程实现程度达 90% 以上，基本实现全面建设小康社会的各项目标。到 2010 年，覆盖经济发展、社会和谐、生活质量、民主法制、文化教育、资源环境六大方面全面建设小康社会的监测数据表明，东部地区北京等 7 省市小康社会实现程度超过 90%。

1. 改革开放更加深入

2003 年党的十六届三中全会通过《中共中央关于完善社会主义市场经济体制若干问题的决定》，完整地提出科学发展观。北京市全面贯彻落实科学发展观，把握加入世界贸易组织、融入经济全球化的大势和举办奥运会的机遇，加速推进完善社会主义市场经济体制各项改革，不断扩大对外开放深度和广度。

完善公有制为主体、多种所有制经济共同发展的基本经济制度。北京市发挥国有经济的主导作用，推动国有企业调整、改制、剥离、破产，深化企业负责人管理体制改革，完善公司法人治理结构。深入推动国有资产监督管理体制改革，2003 年成立市国资委，加快推进企业调整重组和股份制改造，完成国有资产清产核资。制定实施一系列支持中小微企业发展政策措施，引导和支持非公有制经济健康发展，依法保护各类市场主体的合法权益。完善市与区县分税制财政管理体制，营业税改征增值税试点顺利推进。鼓励社会主体参与公共服务设施建设运营，开展非上市公司代办股份转让等试点，初步构建起以信用为基础、多渠道融资的投融资体系。深化综合管理体制改革。贯彻落实《中华人民共和国行政许可法》，精简行政审批、收费和企业年检事项，推广“一站式”办公和全程办事代理制，规范审批行为和程序。推进政府机构改革，实行政务公开，推动电子政务建设，压缩政府经常性支出，规范公务员收入，不断提高政府管理效能和服务水平。完成首都功能核心区行政区划调整，为地区科学发展创造条件。推动大兴区和北京经济技术开发区行政资源整合，建立海淀区与昌平区产业统筹协调机制，形成新的发展优势。

以更加积极的姿态加快对外开放步伐。制订实施加入世贸组织北京行动计划，广泛参与国际经济合作与竞争。完善外商投资法规和政策，引导外资投向，实际利用外资由2002年的50.3亿美元增长到2012年的80.4亿美元。积极承接国际服务外包和重大工程项目，2012年服务贸易额占全国的1/5，保持领先地位。着力推动国际组织、跨国公司总部在京落户，截至2012年底，跨国公司地区总部累计达127家，其中世界500强企业地区总部84家。鼓励有条件的企业“走出去”开拓海外市场，2012年全市境外直接投资额同比增长46%。加强对外经济技术交流与合作，举办中国北京国际科技产业博览会（科博会）、北京国际文化创意产业博览会（文博会）、中国国际服务贸易交易会（京交会）等高端品牌会展，以及京港洽谈会、京台科技论坛、诺贝尔奖获得者北京论坛等大型活动，组建世界旅游城市联合会，带动自主知识产权产品、自主品牌产品和技术、设备出口，地区进出口总额达到4079.2亿美元。

经济结构调整转型力度加大。落实中央宏观调控和又好又快经济发展要求，按照首都经济发展方向，坚持发展高端、高效和高辐射力产业，推动经济结构调整转型，加快转变经济发展方式。内需结构不断优化。贯彻中央扩大内需要求，大力培育和扩大内需，多元化消费需求加快释放，经济结构从依赖出口转向投资、消费和出口并重。2006 年，北京消费率首次超过投资率，消费对经济增长拉动作用开始显现。电子商务、信用消费、网络购物等新型消费兴起，一批特色街区和品牌消费区域形成。投资逐渐向重点工程、重点产业、基础设施和政策性住房倾斜，结构进一步改善，质量和效益进一步提高。内需结构的持续优化，支撑了首都产业优化升级。高端产业引领能力不断增强。大力发展高技术产业和现代制造业，中芯国际、京东方、诺基亚、北京奔驰等一批重大高端项目落户北京。大力发展循环经济，关闭退出以北京焦化厂为代表的 400 多家高污染、高耗能、高耗水工业企业，2010 年完成首钢石景山厂区涉钢产业搬迁改造任务，首都经济向着节能降耗、优质高效的方向迈出坚实步伐。2012 年高技术制造业增加值增长 11.3%，高于工业平均水平 4.3%。金融服务、科技服务、信息服务水平提高，文化创意产业得到迅速发展，2012 年服务业占地区生产总值比重提高到 76.4 %，其中文化创意产业达 12.3%，成为仅次于金融业的新增长点。加强中关村科技园区、北京经济技术开发区、金融街、北京商务中心区、临空经济区和奥林匹克中心区等六大高端产业功能区建设，拓展服务业发展空间。截至 2012 年底，六大高端产业功能区以全市 7% 的土地面积，承载 60% 的投资，贡献超过 40% 的增加值，成为率先构建首都现代产业体系的中坚力量。创新驱动势能加速集聚。深化科技体制改革，出台建设创新型城市实施意见及配套措施，启动百家创新型企业试点，企业自主创新能力显著提高。实施“十百千工程”和“瞪羚计划”，对接国家重大科技项目。落实“科技北京”行动计划，实施加快首都创新体系建设意见。2009 年中关村国家自主创新示范区获国务院批复，2011 年示范区扩区方案再获批准，中关村科学城和未来科技城（后改称未来科学城）建设提速。推动中关村人才特区建设，实施“千人计划”“海聚工程”，聚集一批高素质创新创业人才，培育一批有一定国际影响力的创新型企业和创新成果，打造一批知名度较高的品牌。2012 年中关村国家自主创新示范区规模以上企业实现总收入 2.4 万亿元，占全国高新区总和的 1/7。

面对 2008 年国际金融危机，北京市贯彻党和国家“一揽子计划”，扩内需、保增长、保民生、保稳定，主动调控汽车、房地产业，发展符合首都功能的实体经济，加大对中小企业扶持力度，提高科技创新能力，经济下滑趋势得到遏制。实施扩大内需战略，消费总量自 2009 年起连续 4 年居全国大城市之首。10 年间，北京经济总量快速增长，年均增速保持在 10% 以上。2012 年地区生产总值 1.78 万亿元，人均 13797 美元，达到中等富裕国家水平。

2. 城乡统筹发展，促进低收入农户增收

北京市认真贯彻落实党的十六大关于统筹城乡经济社会发展的决策部署，围绕社会主义新农村建设，加大“三农”投入，完善惠农富农政策，建立覆盖城乡的社会基本保障制度，农村生产生活条件明显改善，城乡一体化取得显著成效。

深化农村税费改革，减轻农民负担。北京率先在全国实施免征农业税及其附加税，对农村基层运转费用实行财政转移支付。在昌平区农村税费改革试点经验基础上，2003 年 7 月召开全市农村税

费改革试点工作动员大会，明确提出“四取消”，即取消乡统筹费、农村教育集资等专门面向农民征收的行政事业性收费和政治性基金集资、屠宰税、统一规定的劳动积累工和义务工；实行“两调整”，即调整农业税政策、调整农业特产税政策；推行“一改革”，即改革村提留征收使用方法。从2004年开始，全市免征农业税，减轻农民负担7300万元。同时，市财政还安排补贴资金，确保基层政权正常运转。

实施共同致富行动计划，帮扶低收入农户。2008年，制定实施关于率先形成城乡经济社会发展一体化新格局的意见，提出“占农户总数20%的相对低收入户人均纯收入到2015年翻一番”的目标。2009年，制订实施2009年至2011年共同致富行动计划，对全市人均纯收入低于4500元的20.5万低收入农户50.4万人进行帮扶。以提高低收入农户致富能力和收入水平为中心，建立帮扶机制，落实帮扶举措，促进发展产业，推动转移就业，鼓励创业致富，完善保障制度。2010年，郊区20%相对低收入农户人均纯收入同比增长7.6%。

加大财政支农力度，促进农民增收。把更多财政资金投向农村薄弱环节和关键环节，促进农民增收。2004年，市委、市政府发布《关于推进郊区城市化，促进农民增收的意见》，加大对郊区投资力度，当年市级财政专项投入达17.1亿元。2006年，启动新农村建设工程108项，投入资金111.8亿元，2007年提高到130.6亿元。从2004年起，建立山区生态林补偿机制，每年支出1.92亿元资金，补助从事山区生态林抚育、保护和管理的农民，4万多名山区农民养山就业，生态林得到有效管护。加强农村公共事务管理，以政府购买形式，建立水管员、保洁员、护路员队伍，为6万多名农村劳动力提供就业岗位。加大观光休闲农业、设施农业支持力度，促进郊区都市型现代农业发展。这一时期财政支出中，用于农业支出的增长速度远高于财政收入的增长速度。

拓展山区发展空间，推进生态富民。2005 年，市政府办公厅转发市农委《关于实施富民养山工程加快山区发展的意见》，利用 5 年时间，实施富民养山工程，以富民促进养山，以养山带动富民，加快山区发展，富裕山区农民。2010 年，市政府发布《关于促进沟域经济发展的意见》，开展 7 条沟域经济发展规划国际招标，大力实施环境整治、生态建设、基础设施建设、新民居建设和特色产业发展等，引导沟域建设投资向低收入村、低收入农户集中地、农村经济薄弱地区倾斜，培育以休闲农业与乡村旅游业为主体的特色产业形态，实现生态治理与低收入农户增收相互促进。实施山区农民搬迁。2004 年至 2014 年，市级财政累计投入资金 20.43 亿元，完成搬迁 3.4 万农户 8.4 万人，整建制建成新村 180 多个，一批美丽乡村和最美乡村应运而生，一批民俗旅游乡村和民宿不断涌现，有力促进了山区社会经济发展和环境建设。

3. 城市规划建设管理实现新跨越

2005 年，国务院批复《北京城市总体规划（2004 年—2020 年）》，明确北京“国家首都、国际城市、文化名城、宜居城市”定位，进一步强调“四个服务”要求。为统筹区域协调发展，按照“优化城区、强化郊区”原则，将 18 个区县划分为首都核心功能区、城市功能拓展区、城市发展新区和生态涵养发展区，形成按照区县功能定位分类指导、统筹协调、特色发展的格局。发挥首都核心功能区、城市功能拓展区对全市支撑的作用，城市建设和管理机制向城市发展新区延伸，城乡一体化建设和社会主义新农村建设步伐加快。

高标准建设城市。以筹办2008年奥运会为契机，全面提升城市规划建设管理和服务水平，如期完成以国家体育场（鸟巢）、国家游泳中心（水立方）为代表的奥运场馆及配套设施建设。首都机场T3航站楼等一批世界先进水平的重要设施投入使用。一大批水、电、气、热、通信等基础设施项目建成，缓解了北京长期以来基础设施建设滞后状况。交通设施建设迅猛发展，高速公路通车里程达到923千米，轨道交通运营里程442千米，城市运行的现代化水平明显提高。开展城乡环境综合整治，市容市貌大为改观。加大文物建筑腾退力度，创新旧城区整体保护利用机制，历史文化名城保护水平提高。城市发展实现新跨越。

提升城市管理服务水平。贯彻公交优先方针，优化调整公交线路，推行低票价政策，改善群众出行条件。针对机动车保有量增速较快情况，实施建、管、限综合治堵措施。深化城市管理体制综合改革，推动管理重心下移和事权下放，建立网格化管理模式，提升信息化水平。建立健全城市公共安全应急体系，城市服务管理能力大幅提升。

4. 首都思想文化繁荣发展

进入21世纪，党中央作出建设社会主义文化强国重大战略决策。北京市贯彻党的十七届六中全会通过的《中共中央关于深化文化体制改革推动社会主义文化大发展大繁荣若干重大问题的决定》，结合建设“人文奥运”“人文北京”实践，推动首都思想文化繁荣发展，加快建设中国特色社会主义先进文化之都。

加强社会主义核心价值体系建设。坚持马克思主义在意识形态领域指导地位。开展社会主义荣辱观教育活动，形成践行社会主义核心价值体系的载体。创新宣传工作形式，按照“贴近实际、贴近生活、贴近群众”原则，扎实开展宣传思想工作，积极营造健康向上的网络文化氛围，不断增强舆论引导的有效性。深入开展“做文明有礼的北京人”等精神文明创建活动，未成年人道德建设和大学生思想政治工作不断加强。

推动文化体制改革，组建国有文化资产监督管理机构，加强首都文化资源整合，北京儿童艺术剧院、中国评剧院等文艺院团成功转企改制，成为文化体制改革的试验田。发掘、传承非物质文化遗产，推动新闻出版、广播影视、文学艺术、哲学社会科学等各项文化事业的发展，创作一批具有时代特色和代表性的文化精品项目，打造一批在国内外产生重要影响的文化品牌，涌现出一批获全国精神文明建设“五个一工程”奖、茅盾文学奖、华表奖、百花奖等重要奖项的优秀作品。成功举办首届中国艺术品产业博览会、首届北京国际电影节、首届北京国际设计周，首都文化影响力不断提升。

推进公共文化服务体系建设。国家大剧院、首都博物馆新馆、中国电影博物馆、首都图书馆新馆等一批公益文化设施建成开放，街道（乡镇）文化站、社区文化室、村文化大院等一批基层文化场所投入使用。实施文化惠民和文化精品工程，群众文化活动蓬勃开展。

5. 创新社会管理推进社会建设

贯彻落实“四位一体”总体布局要求，北京市坚持以人为本，大力推进社会建设，保障和改善民生，提高生态环境建设水平，维护首都社会稳定，努力构建社会主义和谐社会首善之区。

社会建设全面加强。制定加强和创新社会管理全面推进社会建设意见，组建市社会建设工作领导小组，加强党对社会工作的领导。构建“枢纽型”社会组织工作体系，创新流动人口服务管理模式，提高社会管理精细化水平。着力夯实基层基础，加强和谐社区、和谐村镇建设，推广村庄社区化管理模式，社区规范化建设迈上新台阶。贯彻《中华人民共和国劳动法》，加强劳动争议仲裁，保持了劳动关系和谐稳定。建立健全政府购买社会组织服务机制，拓宽社会公益服务和志愿服务领域，不断提高社会动员能力和群众自治水平。

保障和改善民生取得切实成效。提高公共服务均等化水平，满足人民群众多层次社会公共服务需求。实施首都教育发展战略，远郊农村义务教育全面实行“两免一补”政策，加快中小学规范化、标准化建设，高等教育逐渐普及，办学质量进一步提高。2012年，全市就业人口超过1000万人，城镇登记失业率保持较低水平。2002年，在全国率先实施农村低保制度，2003年全面启动新型农村合作医疗。针对2003年非典暴露出的问题，切实加强公共卫生体系建设，改善城乡社区卫生设施。医疗保险保障对象从城镇职工向城镇居民覆盖。基本养老金计发办法逐步完善，企业年金制度出台，多层次的养老保险体系和覆盖城乡居民的社会保障制度框架初步形成。实施“安居工程”，解决了60万户低收入家庭的住房困难。以廉租住房、经济适用住房、“两限”商品房为主体的多层次基本住房保障体系初步建立。城镇居民和农村居民收入普遍提高，2012年城镇居民人均可支配收入达到36469元，农村居民人均纯收入 16476 元。

生态环境建设水平全面提升。根据党的十七大提出的生态文明建设任务，结合实施“绿色奥运”和“绿色北京”行动计划，实行严格的水资源管理，实施生态修复工程，推动永定河绿色生态发展带建设，建成开放一批森林公园和郊野公园，启动平原地区百万亩造林工程，建立山区生态林补偿机制。2012 年城市绿化覆盖率和林木绿化率分别达到 46.2% 和 55.5%。持续实施 16 个阶段控制大气污染措施初见成效，垃圾、污水治理力度加大，空气质量、垃圾和污水处理率与资源化率均达到历史最好水平。加大节能减排力度，推进城市核心区“无煤化”。万元地区生产总值能耗水耗下降率均居全国前列，人与自然协调发展的态势日益显现。

首都社会环境更加安全稳定。落实依法治国方略，严厉打击严重刑事犯罪和经济犯罪活动，与“法轮功”邪教组织进行不懈斗争，扫除“黄赌毒”等丑恶现象，净化社会风气。构建社会矛盾排查化解和多元调解体系，一批信访积案和历史遗留问题得到较好解决。实施重大决策社会稳定风险评估，三级风险评估体系基本建立。不断完善社会治安防控体系，深入推进“平安奥运”“平安北京”建设，首都治安秩序明显好转。

6. 成功举办重大体育盛会和圆满完成重大政治任务

2001 年申办第 29 届夏季奥运会成功之后，北京大力践行“绿色奥运、科技奥运、人文奥运”理念，历经 7 年筹办，2008 年成功举办一届“无与伦比”的奥运会，圆了中华民族百年梦想，兑现向国际社会的郑重承诺，实现了“新北京、新奥运”战略构想，向世界展示了国家改革开放和现代化建设的辉煌成就，展示了人民群众蓬勃向上的精神风貌。2009 年，北京圆满完成新中国成立 60 周年庆祝活动服务保障任务。筹办过程中，依靠举国体制优势，明确首善工作标准，实现了“隆重、喜庆、节俭、祥和”的目标，极大地振奋了党心军心民心，极大地增强了海内外中华儿女的自信心和自豪感。完成这些重大政治任务，践行了社会主义核心价值体系，北京城市文明程度和服务保障能力得到较大提升，留下了弥足珍贵的物质精神财富，推动首都经济社会进入新的发展阶段。

（三）以首都发展为统领，率先全面建成小康社会（2012—2021）

2012 年党的十八大提出，在中国共产党成立 100 年时全面建成小康社会，并确定全面建成小康社会[①] 目标，标志着中国特色社会主义进入新时代。2017 年党的十九大将习近平新时代中国特色社会主义思想确立为党的指导思想，科学把握党和国家事业所处的历史方位和发展阶段，确立决胜全面建成小康社会、全面建设社会主义现代化国家新征程的战略部署，吹响夺取全面建成小康社会伟大胜利的号角。以习近平同志为核心的党中央，锚定这个宏伟目标，统筹推进“五位一体”总体布局，协调推进“四个全面”战略布局，攻坚克难，奋发有为，向着全面建成小康社会进军。习近平总书记亲自谋划、亲自指挥、亲自推动全面小康社会建设，团结带

---

① 全面建成小康社会即经济持续健康发展，人民民主不断扩大，文化软实力显著增强，人民生活水平全面提高，资源节约型、环境友好型社会建设取得重大进展。

北京城市副中心呈现蓝绿交织美景（潘之望 摄）

领全党和全国人民，战贫困、促改革、抗疫情、治污染、化风险，着力提升人民群众获得感、幸福感、安全感，解决了许多长期想解决而没有解决的难题，办成了许多过去想办而没有办成的大事，党和国家事业取得历史性成就、发生历史性变革。

党的十八大以来，习近平总书记10次视察北京、18次对北京发表重要讲话，深刻回答了“建设一个什么样的首都，怎样建设首都”这一重大时代课题，为做好新时代首都工作提供了根本遵循。2017年9月，党中央、国务院正式批复《北京城市总体规划（2016年—2035年）》，绘就了首都建设发展新蓝图。北京始终沿着总书记指引的方向，风雨无阻、砥砺前行，坚定不移从北京发展转向首都发展，从单一城市发展转向京津冀协同发展，从聚集资源求增长转向疏解非首都功能谋发展，从城市管理转向超大城市治理，扎实推进创新发展、绿色发展、高质量发展、以人民为中心的发展，推动北京这座伟大城市深刻转型，开启了首都全面建设社会主义现代化新航程。

10年来，北京市在以习近平同志为核心的党中央坚强领导下，团结带领全市人民，全面贯彻落实党的十八大和十八届历次全会、党的十九大和十九届历次全会精神，深入贯彻落实习近平总书记对北京一系列重要讲话精神，全面贯彻落实决胜全面建成小康社会的重大部署，确立北京率先全面建成小康社会、建设国际一流的和谐宜居之都目标，以新时代首都发展为统领，大力加强“四个中心”功能建设，提高“四个服务”水平，办好“三件大事”，打好防范化解重大风险、精准脱贫、污染防治三大攻坚战，统筹推进改革发展稳定和改善民生各项工作，不断将全面从严治党引向深入，胜利完成市第十一次党代会、市第十二次党代会确定的目标任务，率先全面建成小康社会，城市综合实力和国际影响力迈上新台阶，首都北京发生了新的历史性变化。

1. 深入落实首都城市战略定位，首都功能不断优化提升

北京市坚决落实政治中心、文化中心、国际交往中心、国际科技创新中心的城市战略定位，抓住优化提升首都功能这个关键环节和重中之重，立足于“都”的定位来谋划“城”的发展，以“城”的更好发展来保障“都”的功能，推动这座伟大城市深刻转型。

坚持以规划引领城市发展。对接京津冀协同发展，突出优化提升首都功能，编制实施新一版城市总体规划、首都功能核心区控制性详细规划、城市副中心控制性详细规划、分区规划及重点功能区规划，首都规划体系得到历史性深化和完善，城市功能和空间布局

不断优化。

“四个中心”功能建设不断提升。始终把服务保障政治中心摆在首要位置，核心区人口、建筑、商业、旅游密度逐步下降，中央政务环境持续改善。围绕“一核一城三带两区”总体框架，深化全国文化中心建设，配合重大节点，打造三大主题片区，传承红色基因，赓续红色血脉，社会主义核心价值观广为弘扬；持续推进中轴线申遗保护工作，推进大运河文化带、长城文化带、西山永定河文化带建设，北京历史文化金名片绽放光彩，文化事业和产业蓬勃发展，文化软实力不断提升。适应新时代中国特色大国外交需要，超前谋划推进国际交往中心软硬件建设，重大国事活动服务保障常态化工作机制日趋完善。加快建设国际科技创新中心，中关村、怀柔、昌平三个国家实验室顺利组建运行，一批大科学装置建设运行顺利，怀柔综合性国家科学中心已见雏形，产生一批世界级引领性原创成果，“三城一区”发展活力持续增强，中关村国家自主创新示范区总收入年均保持两位数增长。

10 年来，北京自觉服务党和国家工作大局，圆满完成新中国成立 70 周年庆祝活动、中国共产党成立 100 周年庆祝活动以及 2014 年亚太经合组织领导人非正式会议、2015 年中国人民抗日战争暨世界反法西斯战争胜利 70 周年纪念活动、两届“一带一路”国际合作高峰论坛、中非合作论坛北京峰会、亚洲文明对话大会、世界园艺博览会等一系列重大活动服务保障任务，向党和人民交上了合格答卷。特别是新中国成立 70 周年和中国共产党成立 100 周年两场庆祝活动，盛大庄严、气势恢宏，完美展现了大党大国气魄，极大激发了全国各族人民爱党爱国爱社会主义的热情和民族自豪感。2015 年北京携手张家口获得第 24 届冬奥会举办权，历经

7 年艰辛努力，北京全面落实“绿色、共享、开放、廉洁”办奥理念和“简约、安全、精彩”办赛要求，携手张家口成功举办了一届无与伦比的冬奥盛会。开闭幕式美轮美奂，冬奥村独具匠心，场馆令人叹为观止，赛事精彩纷呈，组织工作非凡卓越，开启了全球冰雪运动新时代，形成了胸怀大局、自信开放、迎难而上、追求卓越、共创未来的北京冬奥精神。这极大增强了我国人民建设社会主义现代化强国的信心决心，向世界进一步展示了我国阳光、富强、开放、自信的大国形象，为中华民族伟大复兴提供了凝心聚气的强大精神力量。北京成为全球首个也是唯一的“双奥之城”，大国首都风范和城市魅力更加彰显。

2. 坚定不移疏解非首都功能，京津冀协同发展取得新的突破

北京市贯彻落实京津冀协同发展战略，以疏解非首都功能为“牛鼻子”，有序推进“一核两翼”建设，高水平规划建设城市副中心，全力支持雄安新区建设，推动重点领域率先突破，京津冀协同发展迈出坚实步伐。

持续打好疏解整治促提升“组合拳”。实行严格控制增量和有序疏解存量并举，先后制定实施 2014 年、2015 年、2018 年、2022 年 4 个版本的新增产业禁限目录，一大批一般制造业企业、区域性专业市场和物流中心有序退出，拆除违法建设超 2 亿平方米。严格落实“双控”及“两线三区”要求，实现城六区常住人口比 2014 年下降 15% 的目标，城乡建设用地减量 110 平方公里，北京成为全国第一个减量发展的超大城市。

京津冀协同发展扎实推进。发挥北京“一核”辐射带动作用，高水平规划建设北京城市副中心，坚持一年一个节点，千年之城有

序拉开框架。第一批市级机关顺利迁入，城市绿心公园、环球主题公园开园，剧院、图书馆、博物馆三大文化建筑即将完工。大力支持河北雄安新区建设，加快建设雄安新区中关村科技园，超千家在京企业机构在雄安新区注册。“三校一院”“交钥匙”项目如期推进，幼儿园、小学项目实现“交钥匙”，“两翼”齐飞的发展格局正在形成。交通、生态、产业等重点领域协同率先突破，教育、医疗等基本公共服务合作共享不断取得新进展。大兴国际机场“凤凰展翅”，北京迈入航空“双枢纽”时代。京津冀协同发展近期目标基本实现，中期目标开局良好，形成京津冀协同发展、互利共赢的新局面。

3. 贯彻新发展理念，经济高质量发展迈出坚实步伐

北京市深入贯彻落实习近平经济思想，坚持在减量背景下强化创新引领，“五子”联动融入新发展格局。首都经济综合实力、创新能力迈上新台阶，经济发展从高速增长期转向高质量发展期。

着力构建高精尖经济结构，不断提升新一代信息技术、医药健康“双引擎”带动作用，高精尖产业快速发展，金融、信息、科技等现代服务业优势更加凸显。全面推动建设全球数字经济标杆城市，数字经济增加值占地区生产总值比重超四成。10年间，全市地区生产总值先后跨越两个万亿台阶，2021年突破4万亿元，人均地区生产总值和全员劳动生产率保持全国领先，单位地区生产总值能耗和水耗持续下降。

推动国际消费中心城市建设。制定培育建设国际消费中心城市实施方案和北京国际消费枢纽城市建设行动计划，“十大专项行动”落地实施。实施传统商圈改造提升计划，打造王府井高品

质步行街，六个商圈改造提升工作有序推进。鼓励发展首店经济和有品质的夜间经济。发展体育产业促进体育消费。打造“北京消费季”品牌，2021 年北京环球主题公园开园运行成为新的消费增长点。

统筹城乡区域协同发展成效明显。乡村振兴全面推进，持续开展农村人居环境整治，美丽乡村建设成效明显，有力促进农民生活品质提升。以推进产业深度融合发展为主要途径，发展现代种养业、乡村特色产业、农产品加工业和休闲农业，促进农村第一、二、三产业融合发展，城乡居民收入差距逐步缩小。区域发展趋于均衡，城市南部地区发展提速，京西地区加快转型，新首钢地区成为新时代首都城市复兴新地标。平原新城综合承载力明显增加，生态涵养区绿色发展之路越走越宽。北京经济协调发展指数连续 20 年居全国首位。

4. 全面深化改革扩大开放，发展动力与活力明显增强

认真落实党中央重大改革决策部署，机构改革全面完成，国资国企、财税、投融资体制等重点领域和关键环节改革取得新突破，完成农村土地征收等改革首轮试点。着力打造“两区”“三平台”，推动金融等重点领域开放提速，全力打造改革开放“北京样板”。

积极推进供给侧结构性改革。一批重点领域改革取得新突破。落实中央“三去一降一补”政策，抓好去产能、去库存、去杠杆、降成本、补短板工作，淘汰低端产业，降低实体经济企业成本。激发农村内在发展活力，实行让土地流转起来、让资产经营起来、让农民组织起来的“新三起来”政策，推动农业供给侧结构性改革。

国有企业深化混合所有制改革，2021 年市属企业公司制改革基本完成，营业收入和利润均创历史最好水平。

营商环境持续优化。推进“放管服”改革，出台率先行动改革优化营商环境实施方案，推出一批改革举措和政策清单，精简行政审批事项、清理各类证明，营造审批最少、流程最优、效率最高、服务最好的营商环境。创新“服务包”“服务管家”制度，压茬推进 5 个版本的营商环境改革，全面完成前 4 个版本改革任务，推出 1034 项举措，其中众多举措全国首创，改革经验也向全国推广。在中国营商环境评价中，本市综合排名连续 3 年成绩优异。北京营商环境改革实现了从跟跑摸索到领先示范的转变。北京营商环境走在全国前列。深化“证照分离”“一业一证”改革，更大范围实现政务服务“一网通办”“全城通办”“跨省通办”，在餐饮、超市（便利店）等 9 个领域实行场景化综合监管，企业和群众办事更加公开透明、高效便捷。

“两区”建设效应不断显现。2015 年起，北京在全国率先开展服务业扩大开放试点，两轮试点任务基本完成后，2020 年国家服务业扩大开放综合示范区和中国（北京）自由贸易试验区（简称“两区”）成功获批。紧紧抓住用好“两区”建设新契机，积极对接国际先进规则和最佳实践，率先实施 34 项全国引领性政策，2021 年，一批全国首创政策和标志性项目落地实施。上百个标志性项目落地，10 项最佳实践案例在全国复制推广，金融等重点领域开放明显提速。首都机场第五航权国际货运新航线开通，大兴国际机场综合保税区一期封关运营。全市实际利用外资超过 150 亿美元，新设外资企业增长超过 50%，货物进出口规模创历史新高。中国国际服务贸易交易会、中关村论坛、金融街论坛升格为国家开放发展的重要平台。主动融入共建“一带一路”，亚投行、丝路基金落户北京，多领域国际交流合作取得扎实成效。北京证券交易所成功开市，在首都金融发展史上具有里程碑意义。

5. 大力推进生态文明建设，环境质量大幅改善

北京市深入贯彻落实习近平生态文明思想，牢固树立“绿水青山就是金山银山”理念，坚决打好污染防治攻坚战，打赢蓝天、碧水、净土保卫战，用最严格的制度守护好绿水青山，为广大人民群众创造良好的生态环境。

打赢蓝天保卫战。实施清洁空气行动计划和大气污染防治条例，深化大气污染治，持续开展“一微克”行动，2017 年 PM2.5 年均浓度为 58 微克 / 立方米，较 2013 年下降 35.6%，圆满完成大气污染治理阶段性目标。2021 年 PM2.5 年均浓度降至 33 微克 / 立方米，比 2017 年下降 43.1%，空气质量首次全面达标，被联合国环境规划署誉为“北京奇迹”，市民享受到更多蓝天白云。

打赢碧水保卫战。实现“江水进京”，严格落实河长制，国考劣 V 类断面全面消除，永定河、潮白河、北运河、泃河、拒马河五大河流全部重现“流动的河”并贯通入海，密云水库蓄水量创历史新高，平原区地下水位连续 6 年回升。

绿色生态空间不断拓展。坚持大尺度绿化，精心打造城市绿心森林公园、温榆河公园一期等城市“绿肺”，先后完成两轮百万亩造林绿化任务，2021 年全市森林覆盖率达 44.6%。国家植物园正式挂牌。稳步推进碳减排、碳中和，万元地区生产总值二氧化碳排放量保持全国省级最优水平。

6. 以绣花功夫推进城市精细化治理，城市面貌发生可喜变化

北京市坚持以人民为中心的发展思想，持续强化精治共治法治，“大城市病”治理取得重要成果。城市发展质量、人居环境质量、人民生活品质和城市竞争力显著提升。

城市精细化管理水平持续提高。全域推进文明城区创建，开展背街小巷环境精细化整治提升，全面推行街巷长制，发挥小巷管家作用，动员群众参与城市精细化管理，整治街巷痼疾顽症，打造了一批“有里有面”的精品街巷。加强市容景观整治，城市空间清朗有序。狠抓垃圾分类、物业管理两件“关键小事”，生活垃圾分类成为新风尚，党建引领物业管理体系基本形成。

现代化城市交通系统建设成效显著。按照“优供、控需、强治”总体思路，统筹做好地面公交线网优化调整，加快推进轨道交通建设。交通拥堵实现缓解，在车辆逐年增长情况下，中心城区平均拥堵指数从 2015 年的 5.7 下降到 2020 年的 5.07；公交优先，智慧调度，高峰时段公交运行速度 5 年间提升 27.4%；轨道交通不断延伸，运营总里程达到1091.6千米，其中市郊铁路开行364.7千米，城市交通服务能力不断提升，中心城区绿色出行比例达到 72%。市郊铁路利用率得到提升，慢行系统品质不断改善。

党建引领提升基层治理水平。深化街道乡镇管理体制改革，加强基层政权和城乡社区建设，社会管理体系逐步完善，基层服务管理能力得到增强，社会组织健康发展，志愿服务形成品牌。城市精治共治法治水平明显提升。紧盯城市治理痛点，实施两轮回天计划，重点破解难题、补齐民生短板，搭建“回天有我”社会服务平台，持续深化基层社会治理创新，探索大型社区治理样本，近九成

受访居民感觉到回天地区生活环境和配套设施提升效果显著。

扎实推进平安北京建设，保持首都社会大局和谐稳定。坚持把维护政治安全摆在更加突出位置，意识形态阵地管理全面加强，首都国家安全屏障进一步筑牢。扫黑除恶专项斗争取得重大胜利，群众安全感创历史最好水平。认真落实安全生产责任制，重特大安全事故得到有效遏制。深化应急管理体制改革，开展地下管线隐患排查和治理，韧性城市建设稳步推进。加强金融活动监管，有序化解存量风险，牢牢守住了不发生系统性风险底线。

7. 持续改善民生福祉，人民群众获得感显著提升

北京市紧紧围绕幼有所育、学有所教、劳有所得、病有所医、老有所养、住有所居、弱有所扶的“七有”目标和便利性、宜居性、多样性、公正性、安全性“五性”需求，探索教育、医疗卫生、住房等改革新路，加强普惠性、基础性、兜底性民生建设，办好民生实事，加快教育、医疗、养老等民生领域改革，进一步优化公共服务布局，公共服务水平持续提升。

办好人民满意的首都教育。大力推进素质教育，组织实施新一轮中考改革，高考综合改革平稳落地，全面深化职业教育体制机制改革，考试招生制度改革取得重大进展。实施学前教育、义务教育和市属高校建设行动计划，推动学前教育普及普惠，义务教育均衡发展，小学、初中的就近入学比例均达到 99% 以上。推进“双一流”高校建设，实施高水平人才交叉培养计划，每年近万名学生受益。大力发展职业教育，教育服务体系逐渐完善。率先在全国推进“双减”北京行动，稳步推进义务教育阶段“双减”工作，校内教育教学质量不断提高，各类教育全面推进。

完善具有首都特点的就业创业政策体系。健全城乡统一就业体系，支持高校毕业生、农民工等重点群体就业，对离校未就业困难家庭高校毕业生进行“一对一”帮扶，动态消除城乡“零就业家庭”，城镇调查失业率控制在较低水平。城乡居民收入持续增加，2021 年全市居民人均可支配收入超过 7 万元。整合城乡居民基本医疗保险制度，调整社保待遇标准，统一城乡低保标准，率先建成城乡统一、覆盖全民的社会保障体系，基本公共服务实现人群全覆盖。落实居家养老服务条例，建设“三边四级”养老服务体系，建成一批街乡镇养老照料中心、社区养老服务驿站，养老服务业稳步发展。

健康北京建设扎实推进。落实健康北京计划，实施医药分开综合改革，解决以药养医问题取得突破。建成一批区域医疗中心和医联体，加快建设一批中医医院和妇幼保健院，全面启动名中医身边工程，医疗服务体系更加完善，全民健身和体育事业向前发展，人民健康水平明显提高。坚持人民至上、生命至上，全力以赴抗击新冠肺炎疫情。坚持“动态清零”总方针不动摇，坚决打赢多轮聚集性疫情歼灭战，慎终如始抓好常态化疫情防控，大力加强首都公共卫生应急管理体系建设，有力维护人民群众生命安全和身体健康，确保首都安全。全市上下连续奋战、守望相助，汇聚起抗击疫情磅礴力量，书写了平凡英雄感人篇章。

向“住有所居”目标扎实迈进。加大住房保障力度，房地产市场保持稳定。完善住房保障体系，探索建立共有产权住房制度，利用集体土地建设租赁住房试点持续推进，构建起租购并举住房体系。保障性住房建设、棚户区改造、老旧小区综合整治、农宅抗震节能综合改造成效显著，改善了更多家庭的居住条件。

坚持民有所呼、我有所应，创新开展吹哨报到、接诉即办，并向主动治理深化，兴起了一场以市民诉求驱动超大城市治理的深刻变革，一大批群众身边的操心事、烦心事、揪心事得到解决，广大党员干部公仆意识、为民情怀、担当精神显著增强。

8. 打赢脱低脱贫攻坚战

北京市深入贯彻习近平总书记关于打好精准脱贫攻坚战的重要指示精神，坚持从打好三大攻坚战、率先全面建成小康社会的高度，从建设国际一流的和谐宜居之都的高度，从践行以人民为中心发展思想的高度，认识做好低收入农户帮扶和扶贫协作工作的重要性，确保率先全面建成小康社会路上一个不掉队。

推进低收入农户增收及低收入村发展。2016 年以来，深入实施扶持产业帮扶一批、促进就业帮扶一批、山区搬迁帮扶一批、生态建设帮扶一批、社会保障兜底一批、社会力量帮扶一批的“六个一批”精准帮扶措施，不断加大扶贫工作力度，确保各项目标任务如期完成。2020 年，北京 234 个低收入农户全部“脱低”，低收入村全面消除。

助力对口援助和扶贫协助地区脱贫。服从国家大局，坚持首善标准，强化政治担当，坚决助力受援地区打赢脱贫攻坚战。广泛凝聚各方力量，不断加大帮扶力度，注重“输血”与“造血”相结合，增强受援地区自我发展能力，推动形成专项扶贫、行业扶贫、社会扶贫互为补充的大扶贫格局。聚焦精准脱贫，围绕“两不愁三保障”突出问题，因地制宜、精准施策，科学安排资金项目计划。抓好重点领域帮扶，扎实开展产业、就业、“组团式”教育和健康精准帮扶，深入开展消费扶贫。持续巩固脱贫成果，坚持摘帽不摘责任、不摘政策、不摘帮扶、不摘监管，建立扶贫支援长效机制。至2020年底，北京市助力73个县级贫困地区如期摘帽、200.6万贫困人口全部脱贫，圆满完成党中央交给北京的扶贫协作任务，为受援地区实施乡村振兴打下坚实基础。

二、深入落实首都城市战略定位，首都功能不断优化提升

新中国成立后，北京作为首都成为全国的政治中心、文化中心。20 世纪 80 年代初，中央明确要求北京的城市建设和各项事业的发展，都必须服从和充分体现国家首都这一城市性质的要求。进入新时代，2014 年 2 月习近平总书记视察北京时提出“要明确城市战略定位，坚持和强化首都全国政治中心、文化中心、国际交往中心、科技创新中心[①] 的核心功能”。2017 年 9 月，党中央、国务院批复同意《北京城市总体规划（2016 年—2035 年)》，进一步明确“四个中心”的城市战略定位。北京市强化城市总体规划引领作用，在健全首都规划体系、强化首都规划中央事权、健全首都规划组织实施体系方面不断发力。从把握好“都”与“城”的关系上出实招，立足于“都”的定位来谋划“城”的发展，以“城”的更好发展来保障“都”的功能，分别编制实施“四个中心”功能建设专项规划，进一步释放“四个中心”“四个服务”能量，更好服务党和国家工作大局，形成高质量发展的强大推动力。成功举办 2008 年奥运会残奥会和 2022 年冬奥会冬残奥会，成为世

① 2020 年，“科技创新中心”表述调整为“国际科技创新中心”。

2021 年 7 月 30 日，从永定门外极目远眺，北京中轴线雨后绿意盎然，生机勃勃（邓伟 摄）

界上首个“双奥之城”，向世界全方位展现新时代大国气概、民族精神、首都形象。

（一）发挥城市总体规划的引领作用

城市规划是城市建设发展的龙头和基本依据。改革开放 40 多年来，北京市根据中央指示精神，围绕建设好首都这个中心任务，多次对城市总体规划进行修编。不断优化城市空间布局，统筹人口资源环境承载能力，加强规划实施管理，努力提高规划的严肃性和连续性，保障首都城市建设健康有序发展。

1. 健全首都规划体系

新中国成立以来，北京市适应首都经济社会发展形势需要，不断深化城市建设规律认识，先后 6 次修订完善城市总体规划，引领首都建设发展不断进步。

改革开放初期，针对北京城市发展面临的工业过度发展、环境污染严重、基础建设滞后等问题，1980 年 4 月，中央书记处就首都建设作出指示，明确北京是全国的政治中心，是神经中枢，是维系党心、民心的中心；提出北京要成为社会秩序、道德风尚、环境

随着 CBD 东扩和 CBD 核心区建设提速，北京东部的天际线日臻卓越。图为蓝天白云下的北京 CBD（邓伟 摄）

卫生最好的城市，成为科学文化教育最发达城市，下决心基本上不发展重工业。此后，1982 年 12 月，《北京城市建设总体规划方案（1982 年—2000 年）》出台，并于 1983 年 7 月得到党中央、国务院批复。1992 年底，北京市编制《北京城市总体规划（1991 年—2010 年）》，1993 年 10 月，得到国务院批复。2004 年底，完成《北京城市总体规划（2004 年—2020 年）》。2005 年 1 月，国务院对规划作出批复，强调北京作为全国的政治中心、文化中心，是世界著名古都和现代国际城市，要更好地为中央党政军领导机关服务，为日益扩大的国际交往服务，为国家教育、科技、文化和卫生事业的

发展服务，为市民的工作和生活服务。

党的十八大以来，北京市贯彻落实习近平总书记对北京重要讲话精神，紧紧抓住京津冀协同发展、建设北京城市副中心和河北雄安新区、筹办北京2022年冬奥会冬残奥会、“一带一路”建设等重大战略契机，围绕“建设一个什么样的首都，怎样建设首都”，于2017年5月完成《北京城市总体规划（2016年—2035年）》。9月，党中央、国务院作出批复，明确北京作为全国政治中心、文化中心、国际交往中心、科技创新中心的城市战略定位，强调北京城市的规划发展建设，要深刻把握好“都”与“城”、“舍”与“得”、疏解与提升、“一核”与“两翼”的关系，履行好为中央党政军领导机关工作服务，为国家国际交往服务，为科技和教育发展服务，为改善人民群众生活服务的基本职责。强调要加强“四个中心”功能建设，坚持把政治中心安全保障放在突出位置，确保中央政务环境安全优良；抓实抓好文化中心建设，精心保护好历史文化金名片，构建现代公共文化服务体系，推进首都精神文明建设，提升文化软实力和国际影响力；积极推进国际交往中心建设，健全重大国事活动服务保障长效机制，加强国际交往重要设施和能力建设；大力加强科技创新中心建设，深入实施创新驱动发展战略，聚焦中关村科学城、怀柔科学城、未来科学城、创新型产业集群和“中国制造2025”创新引领示范区建设，构筑北京发展新高地。新规划为加强首都安全保障，健全城市管理体制，早日建成国际一流的和谐宜居之都擘画了蓝图、提供了保障。

坚持以习近平总书记对北京重要讲话精神为根本遵循，首次把首都功能核心区作为整体高标准统一编制控规，推动建设政务环境优良、文化魅力彰显、人居环境一流的首善之区。市委十二届十二次全会审议通过《首都功能核心区控制性详细规划（街区层面）（2018年—2035年）（送审稿）》（以下简称《核心区控规》），经按程序上报后，获党中央、国务院批复。《核心区控规》全面规划了未来一个时期首都功能核心区发展的美好蓝图，集中体现了党中央对首都功能核心区工作的要求。

北京市坚持先规划后建设的原则，把握好城市副中心定位，严格落实北京城市总体规划，高标准编制城市副中心控规，把每一寸土地规划得清清楚楚，成为城市副中心建设发展的法定蓝图。2018年10月，中央政治局常委会审议城市副中心控规。12月，中共中央、国务院批复同意控规，要求坚持高质量发展，科学构建城市空间布局，严格控制城市规模，有序承接中心城区功能疏解，突出城市特色，建设没有“城市病”的城区，塑造城市特色风貌，推动与河北省廊坊北三县协同发展，处理好政府规划引领和发挥市场作用的关系，加强规划组织实施。

2019年12月，北京市发布朝阳、海淀、丰台、石景山、大兴、顺义、昌平、房山、门头沟、平谷、怀柔、密云、延庆共13个区的分区规划及亦庄新城规划，确保北京城市总规的目标和要求在北京市国土空间规划体系中层层传递并严格落实。分区规划及亦庄新城规划以城乡规划和土地利用规划为基础，统筹生产、生活、生态等各类资源配置和各类专业专项规划要求，系统安排各区城乡发展建设、自然资源保护利用等工作，成为编制下一层次控制性详细规划、乡镇域空间规划、村庄规划，推进规划实施管理的重要依据。

确立国土空间规划总体框架。2020年，北京市贯彻落实党中央和国务院有关要求，印发《关于建立国土空间规划体系并监督实施的若干意见》，正式确立北京“三级三类四体系”的国土空间规划总体框架，具体构建国土空间体系并监督实施。统筹“三级三类”，搭建全市国土空间治理体系框架。健全规划体系，将北京市国土空间规划分为市、区、乡镇三级，总体规划、详细规划、相关专项规划三类，明确以城市总体规划为依据、分区规划为基础，构建国土空间规划“一张图”。乡镇域规划及详细规划、相关专项规划经批准后纳入国土空间规划“一张图”。截至 2020 年底，北京市基本建立国土空间规划体系，初步形成面向实施、城乡统管的国土空间规划“一张图”和一套管控机制，城乡建设用地规模减到 2860 平方千米左右，其中当年完成减量约 44.39 平方千米，含“记账销账”用地约 9.27 平方千米。

2. 强化首都规划中央事权

北京市把“两个维护”要求落实到首都规划建设的具体工作和实际行动中。深入实施新版北京城市总体规划，充分发挥首都规划建设委员会（以下简称“首规委”）职能作用，加强对规划实施的统筹，坚决维护规划的严肃性、权威性，确保一张蓝图干到底，推动首都规划建设高质量发展。

严格落实首都规划向党中央请示报告制度。坚持首都规划权属党中央，实施《关于首都规划重大事项向党中央请示报告制度》，重要规划、重大项目设计方案向党中央请示报告。以首规委的名义向党中央报告北京城市体检报告，雁栖湖国际会都控规、北京商务中心区核心区规划优化调整方案，丽泽金融商务区规划优化提升方案，工人体育场保护性改造复建，阿联酋驻华使馆新建等重大事项。

健全完善首规委工作机制。研究制定《首都规划建设委员会全体会议和主任办公会议规则》，推动首规委职能作用发挥和高效运行。召开首规委全会、首规委主任办公会，强化对党中央要求落实情况的督促检查，加强对重大规划、重要功能区规划、重大项目全过程把关。做实做强首规委办，充分发挥把好关、管重点、强监督的职能作用，健全议事、协调、督导常态化机制，推动各项任务落实。

落实北京主体责任和中央党政军机关共同责任。把对党中央负责和对首都人民群众负责统一起来，切实按规划办事。强化对中央党政军在京单位的规划服务，建立在京单位年度重点项目计划机制，搭建军地一站式对接平台，筹建军地工作专班，协调解决多项重大问题。首规委办会同中央和国家机关、军队有关部门建立专项规划联席会议机制，强化规划统筹和年度计划管理，统筹推动有关专项规划实施，形成规划实施的合力。

3. 健全首都规划组织实施体系

改革开放以来，北京市根据经济社会发展变化情况，将目标式规划延伸为约束性规划，不断健全规划实施的组织领导、法规体系和保障机制，推动规划蓝图变为现实。

加强组织领导。为解决条块分割、分散建设、计划与规划脱节等问题，在 1981 年成立北京市城市规划委员会基础上，1983 年党中央、国务院决定成立首规委，组织制定城市建设和管理的法规，协调首都建设事宜。1986 年，首规委办公室成立，形成首规委办负责城市规划宏观协调、市规划院负责城市规划编制、市规划局负责建设项目规划管理统一协作、三方分工的管理体制。1995 年，国务院将首规委列为国务院议事协调机构。2000 年，市规划委成立，首规委办设在市规划委。为实现城市规划与土地利用规划两图合一、提升管理效能，2016 年，市规划委和市国土资源局合并为市规划国土委员会，建立市区规划分级管理体制，将总规重点内容分解至各区。为强化规划的严肃性、权威性，2017 年，首规委成为首都规划建设的决策机构，履行组织协调、执行检查、研究议事、审议通报等职能，为突破北京规划建设的难点和瓶颈发挥重要统筹推进作用。2018 年初，各区规划国土分局陆续挂牌成立，为落实规划分级管理、加强垂直管理体制提供了组织保障。2018 年 11 月，市规划和自然资源委员会揭牌。

完善法规体系。1984 年，出台《北京市城市建设规划管理暂行办法》，成为我国第一部城市规划建设地方性法规，后又颁布 20 多项专项规章，实现了市和区县两级规划管理部门对建设用地和建设工程的统一管理。1992 年，出台第二部地方性城市规划法规《北京市城市规划条例》，开展一系列立法工作，到 2000 年底，基本做到城乡规划建设各项工作有法可依。2009 年，发布《北京市城乡规划条例》，相继出台各类配套规定，初步形成城乡规划管理法规体系。党的十八大以来，北京市落实全面依法治国，强调规划一经法定程序批准就具备法律效力，围绕城乡规划法律体系框架、城市公共空间规划管理工作机制、城市建设档案管理办法及生活居住建筑间距开展立法调研，对不动产登记、地下空间规划管理、地名管理、工程建设标准化管理、建设工程规划监督和雕塑建设管理提出立法建议，先后制定《北京市建设工程质量管理条例》《北京市旧城平房区规划管理办法》等 5 项法规文件，规划建设的法规体系逐步完善。2018 年初，启动《北京市城乡规划条例》修订工作。修订后的城乡规划条例于 2019 年 4 月 28 日起施行，为北京城市总规“一张蓝图绘到底”提供有力保障。2019 年 4 月，发布《北京市生态控制线和城市开发边界管理办法》，推动优化城乡空间布局，严守生态控制线和城市开发边界。

构建保障机制。高度重视规划实施，编制控制性详细规划和修建性详细规划，加强城市设计和风貌管控，构建评价监控机制，分期逐步实施，推动规划蓝图落到实处。为保证规划实施不走样、不变味，2017年版总规以前所未有的力度和篇幅，提出转变规划方式、保障规划实施，构建一系列具有操作性和约束力的保障机制。构建红线约束机制，划定人口总量上限、生态控制线以及城市开发边界“三条红线”。构建多图合一管控体系，强化规划和国土两图合一功能，全面推行施工图多审合一改革，形成统筹各级各项规划的合力。构建规划实施监督问责机制，建立市级城乡规划督察员制度，实施全过程信息化监管，加强对规划实施的督导和考核，将考核结果作为干部绩效考核的重要依据，确保规划实施责任到人。北京市不断加强城市规划实施机制建设，为维护规划严肃性和权威性发挥了“硬约束”作用，成为依法依规开展城市建设的重要手段，推动首都建设事业不断进步。

开展城市体检。按照城市总规关于“一年一体检、五年一评估”要求，在全国率先构建常态化体检评估机制，采取政府自我体检和第三方力量评估相结合，常规体检和专项体检相结合的方式，对总体规划实施和城市发展情况进行实时监测、定期评估、动态维护，自2018年起，已连续三年开展上一年度城市体检，并以首规委名义向党中央报告。在三个年度城市体检基础上，对照城市总体规划确定的近期发展目标，积极组织总体规划实施首次全面评估。主要对总体规划实施第一阶段工作进行总结评估，全面总结各方面工作实施成效，研究存在问题。准确把握首都城市发展的阶段性和趋势性，抓住新发展阶段的重大战略机遇，研判发展趋势并提出下阶段工作重点内容。北京城市体检成为市委市政府做规划决策的有力参考，其经验模式得到国家规划与自然资源部、住房和城乡建设部的充分肯定，并作为示范向全国推广。

（二）全力做好政治中心服务保障

北京市牢记首都职责使命，始终把政治中心服务保障摆在重要位置，不断以更高水平、更大力度做好政治中心的服务保障工作。进入新时代，北京把政治中心服务保障摆在更加突出位置，系统编制实施政治中心功能建设相关规划，利用疏解空间，持续优化政治中心空间布局和中央政务功能布局，保障中央党政军领导机关安全高效开展工作。大力加强环境综合整治，积极推动首都核心区等重点区域环境改善提升，为党和国家重大政治活动创造更加优良的政务环境。健全完善“四个服务”制度机制，主动精准为中央国家机关和驻京部队工作和生活服务，保障重大国事活动顺利开展；全力维护好首都政治安全，保障国家政务活动安全、高效、有序运行。

1. 有力保障中央政务空间

新中国成立初期，考虑到当时的财力和交通状况，党中央决定把首都行政中心区放在旧城。20 世纪 60 年代以后，逐步形成以中南海为中心，分散于全城、分布在旧城中心各个方向，新建机关办公用房则大多分散建在旧城外的中央政务布局。历次城市总体规划都明确了中央政务布局。党的十八大以来，北京市着眼大国首都定位，着眼于逐步实现符合中华民族伟大复兴、彰显大国首都形象的中央政务功能，不断优化中央政务布局。

健全政治中心功能建设规划体系，优化中央政务功能。严格落实北京城市总规对政治中心功能建设要求，编制实施政治中心建设专项规划、首都功能核心区控制性详细规划（以下简称《控规》）、长安街及其延长线品质提升详规和“三山五园”地区整体保护规划等一系列相关规划，突出政治中心的服务保障，突出人民群众，不断优化中央政务功能布局，保障中央政务功能高效运行。2017 年底，启动《控规》编制工作。2019 年，《控规》（草案）按法定程序正式上报党中央、国务院。2020 年 8 月，党中央、国务院正式批复《控规》。按照打造“神州第一街”目标，2018 年启动编制长安街及其延长线品质提升详规工作，明确以天安门广场、中南海地区为重点，优化中央政务环境，高水平服务保障中央党政军领导机关工作和重大国事外交活动举办；以金融街、三里河、军事博物馆地区为重点，完善金融管理、国家行政和军事管理功能；划出并守住长安街延长线沿线红线，明确公共建筑定位，强化长安街沿线政治中心、文化中心、国际交往中心的核心功能，充分展现大国首都形象。

结合疏解整治和承接，以更大范围空间布局支撑中央政务活动。发挥北京市和中央行政及企事业单位的带头作用，立足核心区功能重组，推进非首都功能疏解。有序推动核心区内市级党政机关和市属行政事业单位搬迁，结合市级机关搬迁腾退办公用房的承接利用，为中央和国家机关优化布局提供条件，推进党和国家机构职能优化协同高效、解决中央党政机关存在的现实难题，不断优化中央党政军领导机关办公空间布局。

严格管控腾退空间，优化中央政务空间布局。积极完善支持腾退空间统筹利用政策，研究制定腾退空间的管理和使用意见，严格落实减量提质要求，调控人口规模、建设规模、商业规模、旅游人口，核心区人口、建筑、商业、旅游密度逐步下降。有序做好交接和使用，腾退空间优先用于保证中央政务功能；用于补齐首都功能核心区基础设施，安全、科技文化设施；用于改善生态环境，留白增绿，多建绿地；用于完善公共服务，补齐民生短板，让中央党政军领导机关和居住在首都功能核心区的市民有更大获得感。

推动重要文物腾退，强化全域范围政务空间保障。扎实开展历史经典建筑及园林绿地腾退和修缮等工作。加强老城整体保护，传承历史文脉，做好文物腾退空间、历史建筑的合理利用，为彰显文化自信、不断扩大中华文化影响提供更多空间场所，以更大范围保障重大国事活动，并逐步对公众开放。

2. 营造安全优良的政务环境

北京市落实政治中心集中承载地环境要求，把提升中央政务功能及其环境品质紧密结合起来，持续营造安全优良的中央政务环境。2017 年以来，结合疏解整治促提升专项行动，持续加强天安门、玉泉山等重点地区的环境整治和景观提升，营造优美和谐的政务环境，着力打造展示大国首都形象和中华文化魅力的重要窗口，举行重大政治庆典、国事外交活动的重要空间。

持续整治提升首都功能核心区街巷环境。先后制定实施两轮《首都核心区背街小巷环境整治提升三年行动方案》，深入开展首都功能核心区环境整治提升工作。拆除违法建设，整治公共环境。

结合治理腾退空间，增加公园绿地、小微绿地和公共型附属绿地等不同形式的绿色空间。以平安大街、西单北大街一线、东单北大街一线等特色街道为网络，串联公共建筑，提升城市环境景观。2019年，第一轮核心区背街小巷环境整治提升三年行动任务结束，18条街道共179条街巷全部完成整治工作，1255条背街小巷通过市级达标验收。府学胡同、东绒线胡同等一批环境优美、和谐宜居的文明街巷连片亮相。2020年开始，推动新一轮背街小巷精细化整治提升三年行动计划实施，西城区483条背街小巷通过市级验收，人定湖北巷、文华胡同上榜十大北京最美街巷；东城区打造王府井周边7条胡同成为“全市首个交通安宁步行友好示范街区”，全区不停车胡同达42条，雨儿胡同、草厂四条等7条胡同被评为北京“最美街巷”，数量居全市之首。

不断强化重点地区环境整治和景观提升。强化中南海周边、天安门地区及长安街延长线、玉泉山周边等重点地区空间管控和综合整治，提升环境和景观质量，为中央党政军领导机关安全、高效、有序开展政务活动，提供更加舒适、优美的环境。经过一年的修缮，2019年天安门城楼及城台顺利竣工，功能性和安全性全面提升，更显威严庄重、厚重大气，为服务保障新中国成立70周年重大活动做好充分准备。强化长安街及其延长线管理和景观提升，以长安街三环之间为重点，持续开展环境品质提升专项行动，修订并发布实施《北京市长安街及其延长线市容环境景观管理规定》，依法依规做好长安街及其延长线管理工作，不断提升市容环境景观文化品位。加强长安街沿线及纵深一公里、中轴线沿线景观优化和风貌塑造，加强城市设计，高标准做好景观绿化、城市照明、环境卫生、建筑物及设施管理等，体现庄严、沉稳、厚重、大气的形象气

2017 年国庆来临之际，天安门广场中心，“祝福祖国　迎接十九大”大花果篮巍然而立，成为广场上最亮丽的风景（武亦彬 摄）

质。实施玉泉山及周边地区环境整治和景观提升，拆除违法建筑，腾退空间用于“留白增绿”和公共服务设施完善，开展重要道路空间综合整治，完善道路交通系统，提升通行能力，周边整体环境面貌明显改善，景观质量不断提升。

扎实开展重大活动和重大节日环境保障。围绕重大节日、重大活动等时间节点，持续优化美化景观布置。每年国庆节期间在天安门广场中心布置“祝福祖国”巨型花果篮，周边布置主题花坛、地栽花卉等，为节日营造优美景观环境。2020 年，制定实施《关于固化天安门地区日常和重要节日（重大活动）服务保障工作机制和措施的实施意见》，深化多部门网格协同治理机制，开展街面环境秩序清理整治行动。高水平完成“五一”国际劳动节、烈士纪念日敬献花篮仪式、国庆等重要节日景观环境服务保障任务。2019 年、2021 年完成服务保障新中国成立 70 周年、中国共产党成立 100 周年等重大活动环境整治提升任务，营造干净整洁、和谐优美、规范有序的城市环境。

3. 提供优质高效的政务服务

新中国成立以来，北京市始终以高度的政治责任感履行好首都重要职责。20世纪50年代，北京市提出首都建设的“三为方针”[①]，突出“为中央服务”。20世纪90年代中期，党中央要求北京做好“四个服务”，北京成功服务保障了党和国家历次重要会议和重大活动。党的十八大以来，适应大国首都的需要，北京不断健全完善“四个服务”体制机制、重大国事活动服务保障常态化机制，从被动服务到主动问需、精准服务、突出重点，从“精精益求精、万万无一失”完成重大活动服务保障到落细落小做好日常服务，努力提高为中央党政军领导机关工作服务的能力水平，保障中央政务活动安全高效有序运行。

服务保障党和国家重要会议。服务保障党的十八大、十九大及十八届、十九届历次全会，每年全国两会等党和国家重要会议。严格落实值守应急制度，确保指挥调度畅通。做好代表驻地服务和食品安全供应。加强交通管理，保障好会议车辆和行车路线，保持全市的交通秩序。加强与津冀及周边地区大气污染治理的联防联控，做好大气环境质量保障工作。以首善的标准、一流的服务，优质高效完成好服务保障各项任务。与全国人大和全国政协会议组织机构加强协调配合，精益求精做好每年全国两会服务保障各项工作，一

① 1953年11月，北京市委起草并报送国家计委《关于改建与扩建北京市规划草案的要点》，正式提出首都建设的总方针是“为中央服务，为生产服务，为劳动人民服务”，时称“三为方针”。

丝不苟做好全流程服务保障。2020年，全国两会因新冠肺炎疫情延迟召开，2021年全国两会和冬残奥会召开时间重合，在非常情况下严格落实防疫措施，加强驻地管理，做好健康监测，完善应急预案，为人大代表和政协委员履职提供优良健康的环境。

把中央交办的各项重大活动保障任务作为崇高使命，探索保障重大活动常态化机制。2019年高标准完成新中国成立70周年庆祝活动，2021年圆满完成中国共产党成立100周年庆祝活动等重大国事活动服务保障任务，向国内外集中展示北京作为全国政治中心的新魅力、新形象，推动北京朝着建设好伟大社会主义祖国的首都，迈向中华民族伟大复兴的大国首都、国际一流的和谐宜居之都目标前进。

坚持落细落小、主动问需、精准服务，提高服务中央单位及驻京部队水平。进一步强化服务中央单位和驻京部队工作领导小组牵头抓总和统筹协调作用，推动服务工作向主动精准、创新融合、双向协作发生转变，为驻京中央单位和驻京部队提供更加优质、高效、便捷的政务服务，营造安全优良的政务环境、发展环境、生活环境。积极探索驻京中央单位和驻京部队政务服务新模式，主动上门问需，提供精准化服务。推动服务内容向日常生活延伸。健全完善中央单位和驻京部队三级联系人信息更新、走访交流、联席会商等工作机制，保证央地和军地之间“联得上”“联得畅”。不断完善“互联网＋政务服务”，推进全程网上办理，提升服务中央单位、驻京部队的效率。完善核心区政务服务大厅功能，梳理常办高频事项，开设“绿色通道”，设置“服务中央”的专人专窗，为驻区中央单位、驻京部队提供有速度有温度的政务服务。推动服务平台向基层一线延伸，完善服务力量布局，健全完善政务服务大厅与外联服务部门横向协同、纵向联动的工作机制，让中央单位和驻京部队随时随地能够享受到贴心服务、快捷服务。聚焦中央单位日常生活和最现实紧迫的事项，构建央地联动的央产小区治理格局，共同为中央单位和驻京部队职工解除后顾之忧。2020 年，在城六区开展央产小区“接诉即办”等重点工作，全面拓展服务，压实工作责任，不断提高政务功能服务保障能力。

精益求精完善城市运行服务，构建安全可靠的市政基础设施体系。坚持把服务保障与城市日常管理运行结合起来，全力做好环卫、交通、水务、电力、通信、燃气等保障工作，不断增强城市服务功能，确保城市运行平稳有序，努力为中央单位及驻京部队创造良好的工作生活条件。完善城市公共服务功能，逐步完善安全保卫、综合执法、基础设施运行、公共服务管理、区街管理用房、公共服务设施等，为中央政务活动开展创造安全、良好、宜人的服务保障环境。加强交通运行服务保障。提升长安街沿线交通品质，改善道路出行环境。倡导绿色出行，提高公共交通服务水平，优化步行和自行车道系统，降低小客车出行频率，提高运行效率，为中央政务活动创造安全、高效、便捷的出行环境。构建安全可靠的市政设施体系，提高供水安全性，打造世界领先的配电网，完善天然气系统，整治老旧隐患管道。倡导垃圾分类，推进市政箱体整治、架空线入地，净化城市空间。加强市场供应和生活设施保障。坚持疏解与提升并重，系统谋划用好腾退空间。

4. 确保首都政治安全

北京市始终把维护政治安全作为头等大事，时刻绷紧政治安全这根弦，严格落实国家安全责任制。不断完善首都安全工作的领导体制和工作机制，紧盯首都政治安全领域突出风险点，抓好重点时期、重点区域安全防控，完善立体化社会治安防控体系，坚决为党中央站好岗、放好哨，努力建设更高水平的平安北京，筑起坚固的国家安全屏障，确保中央党政军领导机关和中央政务活动绝对安全，为建设国际一流的和谐宜居之都创造安全的政治环境和稳定的社会环境。

完善首都安全工作领导体制和工作机制。加强党对国家安全工作的集中统一领导，强化统筹协调、督促指导，推进首都安全体系和能力建设。以确保党中央安全、确保政治安全为第一责任，不断完善首都安全工作领导体制和工作机制，坚决履行好为党中央站好岗、放好哨的政治责任。率先建立平安建设工作协调机制。2019年，成立市委平安北京建设领导小组，由市委书记任组长，进一步加强市委对安全稳定工作的统筹领导，协调全市各级各部门共同防风险、保安全、护稳定，汇聚起共建平安北京的强大合力。构建统一指挥、统一管理、统一协调的安全保障体系。横向上吸收与首都安全稳定工作密切相关的在京中央党政机关和军队相关单位、中央垂直管理在京单位以及市属部门、群团组织等86家成员单位；纵向上参照市委平安北京建设领导小组及其办公室模式，各区、街道（乡镇）党组织建立健全辖区内平安建设领导体制。推行党员社区民警兼任社区（村）党组织副书记工作，参与所在社区（村）事务管理决策，提高服务群众能力。首都安全工作领导体制和工作机制的建立健全，推动首都安全工作更加高效、灵敏，协作更加顺畅。

防范化解首都政治安全领域突出风险。把维护政治安全作为第一位的政治任务，采取强有力措施，防范化解首都政治安全领域突出风险，不断提升维护首都政治安全能力和水平。完善首都功能核心区安保机制，确保长安街及其延长线绝对安全，确保党中央绝对安全。防范和抵御“颜色革命”风险，严密监测境内外敌对势力活动动向，紧盯发展态势，坚决打掉各类敌对势力在北京的渗透破坏活动。防范和化解重点地区、重点领域安全风险，确保重大节日、敏感时期安全万无一失。加强北京地区通用航空和“低慢小”航空器管控，确保首都空域安全。认真落实意识形态工作责任制，建立健全意识形态监测预警和工作协调机制，筑牢首都意识形态安全防线。全力推进维护政治安全重大工程，牵头建立完善平安北京建设领导小组政治安全专项组运行机制，严密重大活动安保各项措施，确保党和国家重要会议顺利举行，敏感节点平稳度过。广泛发动社会力量群防群治，持续推动社会矛盾排查化解坚持底线思维，抓好矛盾风险防控化解，用大概率思维应对小概率事件，提高预测预警预防能力。开展取缔和打击“精神传销”有害培训等专项行动，严打邪教组织反宣滋事，有效遏制邪教活动反弹势头，切实保护人民群众安全和利益。

严密防范暴恐活动。坚决守住“不发生暴恐活动”的底线，强化反恐怖预警机制。坚持信息化应用和基础摸排相结合、专门工作和群众路线相结合，提前预警处置涉恐线索，有效消除涉恐隐患。强化反恐怖基础防范，持续推动重点行业、重点部位隐患排查整治，提前防范化解涉恐风险隐患，做好防控安全人员警力部署。强化应急处突力量建设，确保能够对突发暴力恐怖事件及时快速处置。强化《中华人民共和国反恐怖主义法》适用，建立完善反恐怖工作考核体系，推进首都反恐防恐责任不断深化落实。严格落实反恐措施，坚决防止发生暴力恐怖事件，及时消除重大涉恐隐患，整体反恐防恐能力水平显著提升。

（三）精心构建全国文化中心整体空间

北京是世界著名古都，也是国家历史文化名城。北京市深入贯彻落实习近平总书记关于社会主义文化建设的重要论述和对北京重要讲话精神，坚持把加强全国文化中心建设作为落实首都城市战略定位、推动首都社会主义文化繁荣兴盛的重大战略举措。以“一城三带”为抓手，构建历史文化名城保护体系。按照“老城不能再拆了”的要求，通过中轴线申遗推进老城整体保护，统筹推进大运河文化带、长城文化带、西山永定河文化带建设，精心保护北京历史文化这张金名片，构建历史文脉和生态环境交融的整体空间结构，凸显北京历史文化整体价值。

1. 以中轴线申遗保护带动老城整体保护

北京历史文化遗产是建设全国文化中心的深厚根基，老城是北京历史文化名城保护的重点地区。北京市将中轴线申遗作为推动老城整体保护水平提升的重要抓手，加强老城整体保护与复兴，精心保护好北京历史文化遗产，让历史文化与现代生活融为一体。

改革开放以来，北京市不断加强文物保护，梳理延续历史文脉，调整优化城市布局。1981 年，北京市出台《北京市文物保护管理条例》，加强重点文物保护。1987 年，启动危旧房改造工程，菊儿胡同危旧房改建试点工程获世界人居奖。1999 年，在旧城划定 25 个历史文化保护区，积极保护旧城传统风貌和历史街区精华。2002 年以来，制定实施《北京历史文化名城保护条例》，对 658 处传统四合院实行挂牌保护。2005 年，启动非物质文化

国家大剧院成为北京文化文艺战线的主阵地，带给人们极大的艺术满足感和幸福感。图为 2007 年国家大剧院航拍图（饶强 摄）

遗产普查工作，登记涉及传统手工技艺、戏曲等 16 类非遗项目。2011 年，启动中轴线申遗文物保护工程，中轴线 22 处遗产点列入申遗范围。

党的十八大以来，北京市深入贯彻习近平总书记“老城不能再拆了”的要求和关于中轴线申遗保护的重要指示精神，通过中轴线申遗推进老城整体保护与复兴，带动重点文物、历史建筑腾退，逐步扩大历史文化街区保护范围，切实加强老城整体保护与复兴。

有力推动中轴线申遗保护。2014 年，中轴线（含北海）被列入国家推荐世界遗产的预备名录。北京市编制保护规划，明确中轴线申遗时间表路线图，确定保护范围和对象，构建中轴线保护管理体系。推进中轴线文物腾退、修缮和利用工作，景山、北海、社稷坛、太庙、天坛、先农坛、贤良祠、宏恩观等地的文物腾退工作取得阶段成果。拆除非文物建筑的房屋，启动近百项重点文物保护单位修缮工程。推动明代皇家道观大高玄殿回归故宫博物院，得到全面修缮保护。先农坛“一亩三分地”依照历史规制复原，展演“亲耕祭先农”礼仪，再现春播秋收场景。天坛公园内腾退原有的园林机械厂，恢复坛庙“树海”景观，新增开放面积近 3.2 公顷；圜丘坛泰元门复原修缮，天坛内坛 70 年来首次呈现完整格局。促进腾退后的文物院落开放使用，皇史宬、清陆军部旧址等向社会开放。景山寿皇殿内迁出北京市少年宫等单位，完成全面修缮，恢复历史面貌对外开放，北京中轴线上的建筑实现整体亮相。整治影响中轴线风貌的重点建筑，对北海医院和天意商城降层拆除，保护地安门外大街历史风貌的完整性；拆除积水潭医院新北楼，“银锭观山”美景重现。腾退公交 110 路临时停车场，中轴线南段御道景观工程顺利贯通，整体景观风貌和游览环境得到提升。对中轴线沿线开展考古勘探，在正阳桥考古发掘出明代遗存镇水兽。开展中轴线文化宣传，围绕中轴线历史文化推出各类文艺作品，举办第一届北京中轴线文化遗产传承与创新大赛，深入挖掘中轴线文化遗产内涵。

老城整体保护进一步加强。北京市秉承“老城保护应当坚持整体保护”原则，编制实施《北京老城整体保护规划》，修订实施《北京历史文化名城保护条例》，坚持名城保护的整体性、全覆盖。开展核心区平房申请式退租，福祥、蓑衣、雨儿、帽儿 4 条胡同人均居住面积由 8 平方米提升至 37 平方米，公共空间和环境秩序明显提升，古都风貌得到保护。划定首都功能核心区历史文化街区，在原有 43 片历史文化街区基础上，进一步扩大历史文化街区的数量和占比。着力推进胡同和四合院、会馆、名人故居等历史建筑的保护利用，2019 年，人民大会堂、吴晗故居、北京大学燕南园历史建筑群等第一批历史建筑429栋（座）向社会公布；2020年，天安门观礼台、国家奥林匹克体育中心历史建筑群等第二批历史建筑315栋（座）向社会公布；2021年，前门新华书店等第三批历史建筑312栋（座）向社会公布。

推进非物质文化遗产保护。北京市不断提高非遗的系统性保护和传承水平，守护北京传统文化的根脉，让传统文化焕发创新活力。出台实施《北京市非物质文化遗产条例》，夯实非遗保护和传承的法律基础。完善非遗名录体系建设，截至2022年2月，共有京剧、昆曲、太极拳等12个项目入选联合国教科文组织人类非物质文化遗产代表作名录，景泰蓝制作技艺等144个国家级非遗代表性项目，北京曲剧等303个市级非遗代表性项目，北京的非遗代表性项目数量位居全国前列。建立和完善非遗传承人保护制度，加强名家师承、青年传承、娃娃继承的传承机制建设，一批年轻而富有创造力的青年传承人脱颖而出。

中轴线保护与申遗工作的推进，让古老的中轴线彰显独特壮美的空间秩序，带动老城乃至全市文物保护工作可持续发展，展现了古都北京的历史文化风貌和独特城市魅力。

2. 推动大运河、长城、西山永定河文化带建设

大运河、长城、西山永定河三条文化带承载着山水相依的自然生态和源远流长的历史文化，更是北京传承和发展中华优秀传统文化、建设历史文化名城的重要资源。

党的十八大以来，北京市高度重视三条文化带保护建设，列为北京历史文化名城保护体系的主要任务，分别制定发展保护规划，建设大运河国家文化公园（北京段）、长城国家文化公园（北

京段），积极推进三条文化带的文物保护和修缮工作，通过规划引领、项目带动，着力构建区域文化遗产连片、成带保护利用新格局。

大运河文化带建设亮点纷呈。提升大运河沿岸环境风貌，开展通惠河协同治理，水环境质量明显改善，亮马河河道水环境及周边环境改善，建成约 80 万平方米的景观廊道，建成大运河森林公园、顺义新城生态休闲公园一期、大通滨河公园等沿岸公园，带来水绿相融美景。加强大运河沿线文物保护修缮，以昌平区白浮泉，海淀区万寿寺、延庆寺，朝阳区永通桥，通州区通州古城、张家湾古镇等为重点，腾退用于文物保护的房屋，对重点文物进行修复与预防性保护。推进大运河源头遗址公园建设，修缮白浮泉遗址围墙、碑亭和都龙王庙，恢复龙泉禅寺原有的院落格局，提升九龙池水质，重现“九龙漱玉”历史景观。重点推进通州路县故城遗址考古工程，2016 年发掘战国至明清时期墓葬 1146 座，被列入年度全国十大考古新发现。推进通州大运河申创国家 5A 级旅游景区工作，新建甘棠、榆林庄两座船闸。2021 年，大运河北京段 40 千米河道旅游通航。举办首届大运河非遗论坛、首届北京大运河文化节，持续深入挖掘和丰富大运河文化内涵，展示大运河的历史脉络和当代价值。加强大运河沿线城市合作，开展中国大运河文化带“京杭对话”活动，与浙江省、世界运河历史文化城市合作组织等签署合作协议，探索以文化促进区域合作共建的新模式。

长城文化带建设提质增效。恢复和重建长城所依托的八达岭区域森林生态系统，形成长城与周边环境相互融合、相互促进的发展格局。持续开展抢险修缮工程，南口城城墙、吉家营城堡、蟠龙山段长城抢险修缮等项目顺利完工，九眼楼生态长城基础设施及整体环境实现提升，箭扣长城三期修缮、居庸关云台—叠翠书院修缮完成。引入考古机制，实行设计驻场制度，摸索出一整套相对成熟的经验，成为全国砖石长城修缮示范点。建立健全长城保护员队伍，建立区、镇（乡）、村三级长城遗产保护管理体系，形成全覆盖、无盲区的长城遗产保护网络。改造中国长城博物馆，提升博物馆研究、教育、交流功能，全方位展示长城文化。组建北京长城文化研究院，成立全国首个长城保护修复实践基地，组织专家开展学术研讨，总结提升保护理念和实践经验，打造国内外长城维修保护的经验交流平台。打造北京长城文化节品牌，首次举办全市层面的北京长城文化节，推出学术论坛、展览展示、创意大赛、实景演出等多项活动，播出《长城抢险》纪录片，公布2020年“最美长城守护人（北京)”名单，弘扬长城文化价值、推动公众参与保护。

西山永定河文化带建设成效显著。加大文物保护修缮力度，实施颐和园、圆明园、金中都遗址等保护利用工程，颐和园画中游建筑群修缮工程、冀热察挺进军司令部旧址陈列馆提升工程、田义墓主体和显应寺地面院墙文物修缮工程、房山区17处革命文物保护修缮项目、云居寺展馆提升及数字化成果利用项目完工。加强“三山五园”文物保护和利用，开工建设三山五园艺术中心，海淀区“三山五园”入选首批国家文物保护利用示范区。以文物保护、民生改善为重点，修缮改造模式口历史文化保护区。加强环境整治，实施平原区、浅山区、山区造林绿化工程，提升永定河引水渠水系景观，保护开发南海子湿地公园，积极打造南海子皇家苑囿文化金名片。推动金中都遗址考古发掘工作，为复原金中都结构布局和城市面貌提供重要考古资料。推动琉璃河遗址考古工作，出土青铜器上的重要铭文填补传世文献中关于西周封国都城建造的空白，实证3000余年北京建城史。举办北京西山民俗文化节、永定河文化节等活动，扩大西山永定河文化吸引力、影响力、传播力。

大运河、长城、西山永定河三个文化带环抱京城，连接津冀，是北京重要的自然历史文化资源。推进三个文化带保护建设，进一步拓展丰富了历史文化名城保护的空间与内涵，有利于带动京津冀三地文化共建共享。

3. 加强革命文物保护和利用

北京是新文化运动中心、五四运动策源地、马克思主义在中国早期传播主阵地、中国共产党主要孕育地、新中国的首都，革命遗址数量多、价值高。北京市紧紧抓住这一优势，加强革命遗址保护修缮与内涵挖掘，积极开展爱国主义与革命传统教育，不断发挥红色文化资政育人作用。

改革开放以来，北京市积极推进爱国主义教育基地建设，加强革命遗址普查与保护，不断发挥红色文化资政育人作用。1982年，国家文物保护法颁布实施，重要革命遗址被纳入国家和市级文物保护范围。1992年，为贯彻落实中共中央关于对青少年进行近现代史、国情和爱国主义教育的指示精神，北京市成立“两史一情”教育领导小组，并开展“北京市青少年教育基地”命名工作。2000年，北京市“两史一情”教育领导小组更名为爱国主义教育基地领导小组，北京市青少年教育基地更名为北京市爱国主义教育基地。北京天安门广场、李大钊烈士陵园、平北抗日战争纪念馆、香山公园双清别墅等革命遗址先后入选全国爱国主义教育示范基地名录。2010年，北京市对新民主主义革命遗址开展大范围普查工作，共申报遗址 215 处，列为国家级或省级爱国主义教育基地的 34 处，列为区县级爱国主义教育基地的 36 处。

党的十八大以来，北京市高扬爱国主义旗帜，坚持爱国和爱党、爱社会主义高度统一，着力培养爱国之情、砥砺强国之志、实践报国之行，大力加强新时代爱国主义教育。

打造三大红色文化主题片区。聚焦以北大红楼、卢沟桥（宛平城）、中共中央北京香山革命纪念地为核心的三大红色文化主题片区，实施革命文物保护利用工程，打造全国一流的爱国主义教育基地。保护修缮中国共产党早期北京革命活动旧址，整治提升北大红楼院落和周边环境。2021 年，为庆祝中国共产党成立 100 周年，北大红楼和具备条件的旧址全部对外开放，其中包括北京李大钊故居等重要党史人物故居，陶然亭慈悲庵等重大历史事件发生地，以及李大钊烈士陵园等重要纪念设施。依托旧址，因地制宜，举办不同主题的精品专题展览，“光辉伟业　红色序章——北大红楼与中国共产党早期北京革命活动主题展”获第十九届全国博物馆十大陈列展览精品特别奖。中国人民抗日战争纪念馆、宛平城和卢沟桥等革命遗址先后入选国家级抗战纪念设施、遗址名录。依托中国人民抗日战争纪念馆，举办全民族抗战爆发纪念仪式、敬献花篮仪式等，传承弘扬抗战精神。保护修缮香山双清别墅、来青轩等具有重大历史意义革命遗址，整体打造香山革命纪念地，实现 8 处革命旧址整体对外开放。修缮工程与周边环境综合改造工程结合开展，保持了革命旧址原有历史风貌，香山革命纪念地文物保护修缮项目入选全国革命文物保护利用十佳案例。设计建设香山革命纪念馆，馆内基本陈列展获第十七届全国博物馆十大陈列展览精品推介“特别奖”。2019 年，在庆祝新中国成立 70 周年前夕，中共中央北京香山革命纪念地正式面向公众开放，集中展示香山革命历史、传承弘扬首都红色文化。

建好用好全市爱国主义教育基地。2021年，北京市新增13家全国爱国主义教育示范基地，总数量达到42家，位居全国第一；新增43家市级爱国主义教育基地，市级及以上爱国主义教育基地数量达到209家。精心组织，办好爱国主义教育主题活动，有的革命遗址结合重要节日、纪念日，组织参观、瞻仰、祭扫等活动；有的配合特定教育主题，开展党、团组织生活和少先队活动；有的采用群众喜闻乐见的形式，推出实景话剧、红色故事会、知识竞赛等活动。充分利用北京丰富的红色文化资源，积极开展“倡导国庆新民俗 打造爱国活动周”实践探索，举办致敬革命英烈、广泛悬挂国旗、国庆体验旅游等爱国主义教育活动，激发爱国情感，增强文化自信。

革命遗址的保护利用工作，为传承和弘扬党的优良传统与作风、深化理想信念教育发挥了重要作用，为历史文化名城建设注入红色基因。

（四）全面加强国际交往中心功能建设

北京市坚持以习近平外交思想为指引，强化中国特色大国外交核心承载地功能，持续深化对国际交往中心的认识，加强顶层设计，前瞻谋划空间布局、重大项目、品牌活动等。强化资源统筹，逐步完善设施布局，保障能力显著提升，服务环境持续优化，高端要素加速集聚，推动国际交往中心功能建设全面拉开框架。持续优

2021 年服贸会期间，在首钢园区延庆展区，冬奥延庆赛区高山滑雪模型模拟造雪吸引了不少市民参观（潘之望 摄）

化国际交往环境，积极培育国际合作竞争新优势，有力服务保障党和国家对外工作大局和首都高质量发展。

1. 服务保障国家重大主场外交活动

北京市以一流的会场设施、优美的城市环境、顺畅的交通保障、严密的安保措施、热情的会议接待、完善的新闻通信服务，全方位保障一系列重大外交外事活动成功举行。

改革开放以来，北京国际交往中心地位日益凸显。外国政要频频到访，一系列规模大、层次高的国际会议陆续举行。1981年，北京有力保障了18个国家200多位议员和学者出席的亚洲议员人口和发展会议。1995年，联合国第四次世界妇女大会在北京举行，全市改造升级市内86家宾馆饭店，在怀柔新建或改造升级了一个能容纳万余人的广场、75个室内会议室、34家宾馆饭店，成功保障1.5万多人出席的世界妇女大会和3万多人参加的非政府组织妇女论坛。2006年，中非合作论坛北京峰会暨第三届部长级会议举行，圆满完成服务保障48个非洲国家代表团的重大任务。

党的十八大以来，我国国际影响力显著提升，党和国家对外交往更加频繁。北京市组建专项服务保障工作领导小组，聚力统筹推进，按照“常态化、不扰民”和“精精益求精、万万无一失”的要求，以首善标准全力打造服务精品。

2014年11月，APEC峰会在北京召开。为开好这次会议，北京市加快落实清洁空气行动计划，确保空气质量达标。会议期间，实施机动车单双号限行等措施，空气质量明显好转，连续多日呈现“APEC蓝”。2017年5月，“一带一路”国际合作高峰论坛举行，约1500名代表出席。北京市强化管理督查，完成空气质量保障任务，成功铸就“一带一路蓝”和“丝路云”；落实落细各项维稳安保任务，3.4万名民警、2.4万名武警和88万名志愿者在一线值守；打造优美环境，精心服务中外媒体记者，圆满完成高峰论坛开幕式、圆桌峰会、高级别会议等活动的服务保障工作。2018年9月，中非合作论坛北京峰会举行，出席峰会的非方领导人和代表团数量均创下历次中非峰会纪录，成为迄今中国举办的规模最大、规格最高的主场外交活动。北京市完善交通组织和疏导方案，全力抓好峰会期间交通保障；做好环境美化和景观布置，营造宾至如归的氛围；全面排查薄弱环节，做好社会矛盾防范化解及会议期间安保。各项峰会服务保障任务顺利完成，向世界展现了包容、开放、自信的北京城市形象。

2019 年，第二届“一带一路”国际合作高峰论坛、亚洲文明对话大会在北京举办。出席第二届“一带一路”国际合作高峰论坛的有 150 多个国家和 90 多个国际组织近 5000 名外方代表，出席亚洲文明对话大会的有 2000 余位政府官员、知名学者等，北京市按照首善标准，提供高质量服务保障。强化预测预警预防，维稳安保措施严密；加强区域交通管理，确保安全效果与社会效果高度统一；布置宣传道旗、横幅广告、立体花坛、灯光秀等景观，营造浓郁热烈的环境氛围；志愿服务全面专业，接待服务精心周到，文化演出震撼人心，在国际国内产生良好反响。同年，北京市有力保障中国北京世界园艺博览会举办各类活动 3284 场，吸引 934 万名中外观众参观，向全世界展示了中国生态文明建设的新成果。通过 100 个展园展示各具特色的花卉、树木、蔬菜等。北京市高效完成场馆和基础设施建设，建成中国馆、国际馆、生活体验馆、植物馆、妫汭剧场 5 处场馆，建筑面积约 8.2 万平方米。持续推进造林营林，实施 1.37 万亩周边绿化、4.84 万亩造林绿化、31.35 万平方米城区道路绿化景观提升、15.7 万亩平原生态林抚育等工程。提供高效志愿服务，组织近 2 万名志愿者参与服务，累计服务中外游客近 24 万人次。

北京市高标准、高质量、高水平完成各项工作，确保国家重大主场外交活动各项保障稳妥到位、接待服务热情细致、市容环境优美喜庆、文化活动精彩纷呈、城市运行平稳有序，充分彰显北京包容、开放、自信的城市形象，得到国际社会的高度赞誉。

2. 提升国际交往综合承载能力

提升综合承载能力是国际交往中心功能建设的重要基础。北京市服务保障国家总体外交需要，充分利用首都资源，健全国际交往功能设施体系，优化软硬件环境，为党和国家开展对外交往提供场所、设施和功能保障。

改革开放以来，北京市持续推进涉外基础设施建设，改善服务环境。1978 年，全市定点涉外饭店只有 11 家，能使用的客房仅 4000 余间，接待能力远远不能适应对外开放的需要。为解决这一突出矛盾，北京市放开境外投资，兴办合资饭店，批准建设建国饭店、长城饭店等一批涉外宾馆饭店，引入专业化管理团队，提高服务接待能力。鉴于建交国家日益增多，建国门外和三里屯两处使馆区趋于饱和，1986 年，建设第三使馆区。适应对外交往和经贸往来不断扩大的需要，中国国际展览中心静安庄馆和天竺新馆先后建成。以举办重大国际活动为契机，先后建成北京国际会议中心、怀柔国际会议中心和国家会议中心，接待举办大型国际会议能力日益提升。北京首都国际机场连续进行大规模扩建，成为亚太地区首个拥有 3 座航站楼、3 条跑道、双塔台同时运行的机场，跨入世界超大型机场行列。

党的十八大以来，北京市更好地服务党和国家国际交往大局，超前谋划和推进国际交往设施和能力建设，进一步优化功能布局，软硬件建设同步推进，加强天安门等重点区域功能配套，高标准规划建设第四使馆区，国际交往承载能力显著提升。

持续推进会议会展场馆建设。为承办重大国际活动提供充足空间，进一步提升首都北京在会展行业的国际竞争优势，加快推进国家会议中心二期和新国展二期项目建设。2021 年 6 月，国家会议中心二期完工，总建筑面积约 78 万平方米，在北京 2022 年冬奥会、冬残奥会赛时阶段作为主新闻中心和国际广播中心使用，赛后继续建设。新国展二期项目于 2021 年 9 月启动建设，地上建设面积约 44 万平方米。雁栖湖国际会都扩容提升，整合现有设施，补充会议及配套功能，实现重大外事活动全流程、全功能的服务保障体系。2021 年，雁柏山庄竣工，总建筑面积 2.94 万平方米，举办重大会议活动的接待能力进一步提升。

北京大兴国际机场建成投运。北京大兴国际机场定位为大型国际枢纽机场，总投资 800 亿元，一期主要建成 4 条跑道、1 座航站楼。大兴国际机场航站楼是全球最大规模的单体航站楼，以其独特的造型设计、精湛的施工工艺、先进的技术应用，创造多项世界之最。建设“五纵两横”交通网络，机场内部实现多种运输方式立体换乘、无缝衔接。机场线草桥站同步建成简易城市航站楼，延伸航空服务功能；与城市轨道线网充分连通，提高机场运行效率。按照“绿色二星”标准建设安置房 1.5 万套，按时交付如期回迁，保障群众利益。海关监管为出入境旅客提供“无感通关”体验，实现进出港货物“秒级”通关。经过 5 年建设，2019 年 9 月，大兴国际机场正式通航。2021 年，大兴国际机场完成客运吞吐量 2505.2 万人次，与首都国际机场南北呼应，“双枢纽”格局初步形成。

北京市经过一系列国家重大外交外事活动的检验，建立健全一整套服务保障运行机制。2020 年，印发实施《北京市重大国事活动服务保障常态化工作机制》，落实“常态化、不扰民”两个目标，打造重大国事活动快速对接、高效有序的常态化运行保障平台。在常态化机制保障下，一系列规模大、规格高、有影响力的国事和国际会议接待保障任务圆满完成，“十三五”期间，高标准接待来华访问的外宾团组 900 余个 1.2 万余人次，组织参观、考察等活动近 1300 场次。

3. 打造高品质国际化环境和服务

北京市完善优化国际化综合服务环境，提升国际教育、国际医疗等服务水平，营造开放、包容、多元的城市氛围，大力吸引国际组织、跨国公司总部、国际会展活动等国际高端要素集聚，提升城市国际化能级。

改革开放以来，北京市努力创造国际水平的社会、人文和语言环境，积极拓宽与国际组织交往的范围，创办多项国际文化活动，提升城市的国际影响力。1983 年至 1999 年，全市外商投资企业由 1 家发展到 1.5 万家，常住境外人员由 3921 人发展到 49993 人。大力规范涉外服务，全面实施《北京市民讲外语活动规划（2003—2008)》，开展公益讲座、外语游园活动等，创建良好的国际语言环境。推动一批国际组织在北京设立总部。1997 年，国际竹藤组织总部落户北京。1998 年，创办北京国际音乐节，促进国际音乐文化交流。2011 年，创办北京国际电影节，展示中国电影产业发展取得的新成就。

党的十八大以来，北京市聚焦海外人才在京发展需求，不断完善国际化公共服务体系，努力营造适合国际人才创新发展、和谐宜居的工作生活环境。积极争取符合城市战略定位和高质量发展需要的国际组织、跨国公司总部落户，持续培育品牌性国际会展和文化活动，高水准举办第九届中国（北京）国际园林博览会、北京·平谷世界休闲大会，创办北京国际摄影周，国际吸引力和城市魅力明显增强。

完善国际人才服务体系。积极争取国际人才创新政策，稳妥推进移民和出入境服务制度创新、政策优化、管理协同，创建中关村外籍优秀杰出人才办理永久居留“直通车”。优化来华工作许可证审批流程，多措并举提供优质服务。建成6个市、区两级外国人服务站厅，打造外籍人才“一站式”线上服务平台。建设国际人才社区，完善国际化配套设施，经过持续建设，海外院士专家工作站、未来论坛等一批发展平台有序落地，国际人才公寓、学校、医院等一批重点项目加速建成，国际人才宜居宜业的环境逐步形成。全面启动国际医疗服务试点，支持试点医院在国家允许范围内发展国际医疗部，与社区卫生服务中心组建国际医疗联合体，构建国际化院前急救服务体系，提升城市国际化医疗卫生服务水平。

提升国际语言环境。持续推进公共场所外语标识使用与管理工作，提升城市国际化服务水平。出台实施《北京市公共场所外语标识管理规定》《北京市国际交往语言环境建设条例》，推进城市国际交往语言环境的提升。发布《公共场所中文标识英文译写规范》等地方标准，规范外语标识的设置、管理。开展重点区域外语标识核查纠错工作，围绕大型国际活动全面开展外语标识核查纠错，规范和提高窗口部门和服务行业的外语服务水平，推进区域外语服务无障碍，优化城市国际语言环境。提升城市外语服务能力，加强政府外语版门户网站建设，打造多语言热线电话、“易北京”App、市政府国际版门户网站等服务平台。

集聚国际高端资源。积极争取中央支持，持续优化国际化服务环境，吸引国际组织、跨国公司总部等国际高端要素集聚。“十三五”期间，苹果公司等一批重点跨国公司在京设立研发机构，中关村—巴黎大区产业创新中心、智利在华科技创新中心等国际化创新中心落地，京东集团与新泽西理工学院（NJIT）等在京发起成立区块链联合实验室。北京市为亚洲基础设施投资银行、亚洲金融合作协会等已在京落户的国际组织做好服务保障工作。2019 年，建成亚洲金融大厦，作为亚洲基础设施投资银行总部的永久办公场所。发起成立世界旅游城市联合会、国际二战博物馆协会、全球音乐教育联盟等非政府间国际组织。世界知识产权组织、国际商事争端预防与解决组织等一批具有国际影响力的国际组织在京设立总部或代表机构。截至 2021 年底，共有 101 家国际组织（含总部和代表机构）在京登记落户，集聚态势不断增强。

4. 推动对外友好交往

北京市坚决落实中央对外方针政策，注重发挥特色优势，不断开辟对外交往渠道，开展全方位、多层次、宽领域的民间对外友好交流活动，全方位提升对外交往水平，促进民心相通，推动合作共赢，为服务党和国家事业发展与首都改革开放作出积极贡献。

改革开放以来，北京市对外交往不断扩大和深化，友好城市工作快速发展，市级友好城市由 1999 年的 26 个增加至 2008 年的 43 个，遍及全球 39 个国家，与友好城市的交流范围扩展到经济、科技、社会、城市建设与管理等领域。做大做精中国北京国际科技产业博览会、北京市市长国际企业家顾问会议等一批影响面广的交往活动，连续承办诺贝尔奖获得者北京论坛，对外交往品牌活动不断涌现。积极组织各友好组织和人民团体发挥自身优势，不断扩大友好交流范围。1981 年，北京市人民对外友好协会成立，至 1995 年已与美国、日本等 31 个国家的 60 多个友好组织建立多层次联系，展开实质性交流与合作，取得丰硕成果。

党的十八大以来，北京市紧密围绕党和国家对外工作大局，深化友好城市合作，深入挖掘民间外交资源，响应“一带一路”倡议，更好地服务于国家总体外交战略和首都经济社会发展，呈现出全方位、立体化的对外交往新格局。

发挥高层交往引领作用。市委市政府主要领导积极发挥引领带动作用，持续拓宽对外交往渠道，厚植同周边和发展中国家团结友谊，不断积聚服务国家总体外交和首都高质量发展的新动能。建立“北京首尔混合委员会”合作机制，组织实施 130 余项合作项目和交流活动，为两市深化全方位务实合作作出积极贡献。自 2016 年起，举办 5 届中国—中东欧国家首都市长论坛，打造中国—中东欧国家地方合作的典范。适应疫情防控常态化趋势，开展“云外事”活动，提振外方扎根北京发展信心。会见外国地方领导人和企业家，积极推介北京发展优势和开放政策，2017 年至 2021 年，市领导在京出席各类外事活动千余场。

发挥友好城市主渠道作用。充分发挥首都城市优势，围绕国家对外战略全局，积极拓展友城“朋友圈”，至 2021 年底，与全球 51 个国家的 55 个城市缔结友好城市关系，区级友城及友好交流城市达 173 个。全面拓展和深化与友好城市的文化、经贸、科技、体育、交通等领域务实合作，工作模式不断创新，交往质量不断提升。连续多年举办北京国际友好城市官员汉语培训班，增进与各友好城市的人文交流，为进一步开展对外交流奠定坚实基础。借鉴纽约、伦敦、东京、首尔等友好城市先进技术和成功经验，推进治理北京大气污染、交通拥堵、人口过快增长等“大城市病”的进程。先后在渥太华、贝尔格莱德等十几个城市举办“北京周”“北京日”活动，向当地民众讲述“中国故事”和“北京故事”。丰富创新“北京之夜”“欢乐春节”“魅力北京”等友城品牌活动，向世界展现北京的首都风范、古都风韵、时代风貌，增强北京的国际影响力。新冠肺炎疫情期间，科隆市等友城为北京市捐赠口罩、防护服等防疫物资，北京市向 28 个国家的 55 个城市捐赠防疫物资。举办北京市友好城市防疫经验分享视频会，与友好城市分享疫情防控和城市治理经验。

持续拓宽交友渠道。着力创建“文明对话论坛”“北京国际民间友好论坛”“北京国际山地徒步大会”等一批活动品牌，大力宣传北京发展成就，展示北京特色文化。持续举办“北京国际友好林”植树活动、国际友人环昆明湖长走、“外国友人眼中的北京”摄影文化活动、北京国际风筝节等民间交流活动，展示北京文化软实力，提升北京国际化水平和对外影响力。做好中外青少年交流、培养工作，积极组织中美、中日、中韩等国中学生交流，邀请国外青少年来京参加国际青年营、“欢动北京”国际青少年文化艺术交流周等活动，促进友好事业后继有人。以教育交流、文化交流、青少年交流为主要抓手，加强“一带一路”沿线各国民间友好交流。组织开展“一带一路”文化之旅，在泰国、斯里兰卡等 10 余个国家举办“北京文化周”“多彩北京”图片展等活动，为当地人民送去全新体验，促进民心相通。

（五）加快建设国际科技创新中心

北京市贯彻落实党中央、国务院决策部署，持续加强国际科技创新中心功能建设，把科技自强自立作为国家发展战略支撑，面向世界科技前沿、面向经济主战场、面向国家重大需求、面向人民生命健康，强化国家战略科技力量，提升企业技术创新能力，激发人才创新活力，完善科技创新体制机制，把“三城一区”主平台和中关村国家自主创新示范区主阵地作为抓手，推动全球科技创新中心各项任务落地见效。

1. 聚力提升原始创新能力

北京市紧紧围绕科技创新能力提升，发挥科研机构和人才聚集优势，推动央地科技创新资源整合共享，不断推进新型研发机构建设，增强创新驱动发展实效。

改革开放以来，北京市建立市政府专家顾问团、科技协作中心（首都科技集团）等组织，探索开启“自下而上”的合作模式。1993 年，实施科技新星计划，主要资助 35 岁以下青年科技人才独立开展科研工作，培养和造就一批思想政治素质高、具有创新精神的青年科技人才和科技管理专家。2005 年起，落实国家自主创新战略，充分发挥中央科技资源引领作用，积极承接中央重大科技专项，推动重大科技基础设施在京落户。2005 年，成立北京生命科学研究所，构建以新型研发机构为基础的协同创新模式。2008 年，实施“中关村高端领军人才聚集工程”，在医疗、住房、职称评审等方面给予政策倾斜，着力推进创新创业领军人才建设。2009 年，

2015 年 7 月，位于中关村广场的生命螺旋大型雕塑与周边高层建筑在蓝天白云映衬下更显壮观，彰显着这片创新高地的勃勃生机（饶强 摄）

启动北京海外人才聚集工程，配套税收优惠、专利补贴、落户、子女入学等若干优惠政策，聚集战略科学家领衔的研发团队，引进海外高层次人才。

党的十八大以来，北京市贯彻落实国家创新驱动发展战略，加强与中央单位工作衔接和协调配合，设立一批前沿领域新型研发机构，加大培育引进高层次创新型科技人才力度，形成一批引领原始创新的战略科技力量。

培育国家战略科技力量。进一步深化部市会商机制，面向国家重大需求，支撑服务保障国家重大战略任务，在创新型国家建设中的地位显著增强。举全市之力筹建国家实验室，昌平、中关村、怀柔 3 个国家实验室全部挂牌运行，怀柔综合性国家科学中心建设取得明显进展，规划建设 5 个大科学装置和 13 个交叉研究平台。积极建设重点实验室和工程技术研究中心，截至2020年底，北京市认定重点实验室457家，工程技术研究中心312家，为研究前沿技术、引领行业技术创新搭建重要平台。围绕量子、脑科学、人工智能、应用数学、干细胞与再生医学等领域，相继建成一批全新体制的新型研发机构，通过前瞻性科研布局，创新体制机制，在重要领域进行原创性研究，取得多项突破性进展。积极承接国家重大科技任务，“十三五”期间，北京地区单位牵头承担的重大科技专项项目覆盖全部民口专项，立项数量和经费投入均居全国首位。布局12个超算中心、46台全球算力500强的超级计算机以及凤凰工程、高能同步辐射光源等19个大科学基础设施，建设新能源汽车、京津冀国家技术创新中心等一批科研平台。

打造人才高地激发创新活力。创新培养模式，加强梯队建设，人才结构更加优化。实施北京学者计划、青年学者计划，重点培养扶持一批青年拔尖人才，强化人才的战略性开发和储备。实施“朱雀计划”，在全球范围内招聘和培育一批科技项目经理人，推动拥有自主知识产权、实现国产替代的重大科技成果落地北京。聚焦打造国家战略科技力量，加大高层次海外人才引进力度，支持新型研发机构引进海外高层次人才，截至2021年底，北京市共引进外籍人才24978名。其中，A类高端人才4286名，占比17.16%；B类专业人才20207名，占比80.9%。

落实科技创新重点任务。坚持面向世界科技前沿，不断强化基础研究和关键核心技术攻关，科技创新综合实力显著增强。积极承接“科技创新2030—重大项目”，推动航空发动机、深海空间站、天地一体化信息网络等在京落地。全市研发经费支出占地区生产总值比重保持在6%左右，在国际创新城市中名列前茅。支持开展数学、物理、生命科学等领域自主探索，基础研究投入占比从2014年的12.6%提升至2019年的15.9%。累计获得国家科技奖项占全国的30%左右。每万人发明专利拥有量是全国平均水平的10倍。科研产出连续3年蝉联全球科研城市首位。涌现全球首款异构融合类脑计算芯片“天机芯”、首个碳纳米管集成电路TPU、首个获FDA批准上市的自主研发抗癌新药泽布替尼、马约拉纳任意子、新型基因编辑技术、量子直接通信样机等一批世界级重大原创成果，原始创新能力显著提升。

2. 加快建设“三城一区”主平台

北京市聚焦增强原始创新和自主创新能力，打造“三城一区”科技创新中心主平台，开启全国科技创新中心建设新篇章。

1991年起，北京市选址亦庄，筹建经济技术开发区。开工建设以来，开发区从工业小区发展到具有高端引领、创新驱动、跨越发展特征的现代化新城区。2009年，中组部、国务院国资委选址北京市昌平区规划建设未来科学城，作为中央企业引进海外高层次人才创新创业基地，推进海外高层次人才引进计划落地落实。中国科学院与北京市人民政府签署《共建中国科学院北京怀柔科教产业园合作协议》，为怀柔建设科学城打下了基础。2010年，北京市提出，以海淀区中关村大街、知春路和学院路为轴线，辐射周边，建设中关村科学城。

党的十八大以来，北京市落实城市总体规划，制定“三城一区”规划，加快推进以中关村科学城、怀柔科学城、未来科学城、创新型产业集群示范区为重点的“三城一区”建设，辐射带动多园优化发展的科技创新中心空间格局，构筑北京发展新高地。2020

年，“三城一区”地区生产总值在全市占比超过30%，主平台地位不断彰显。

聚焦中关村科学城。构建完善中关村科学城创新发展政策体系，出台创新发展16条，发布“人工智能十五条”“智能网联汽车十五条”等多项新政策，持续支持关键核心技术突破和开源开放平台建设。引进顶尖科学家、建设顶尖机构，推动成立北京量子信息科学研究院、北京脑科学与类脑研究中心等新型研发机构，支持全球健康药物研发中心、北京石墨烯产业创新中心、北京大数据研究院等加快发展。中关村科学城建设聚焦原始创新持续发力，涌现出世界首款类脑计算芯片、我国首款在海外获批的抗癌新药等标志性科技成果；在全国率先实施概念验证支持计划，筹建首批5个概念验证中心；碳基集成电路研究院建成4英寸基片碳基集成电路标准化工艺实验线。围绕人工智能、区块链等领域开展核心技术攻关，推动智源未来智能系统平台、区块链算力平台在京落地，涌现出全球首款多阵列忆阻器存算一体系统等一批重大原创成果，前沿技术创新引领能力持续加强。

突破怀柔科学城。2017年，北京怀柔综合性国家科学中心获批，怀柔科学城规划建设随之进入快车道。截至2020年底，高能同步辐射光源等5个国家重大科技基础设施建设有序推进，综合极端条件实验装置、材料基因组平台、清洁能源材料平台率先进入科研状态。中国科学院北京纳米能源与系统研究所整建制入驻怀柔科学城，雁栖湖应用数学研究院成立并投入运行，国家科学中心国际合作联盟成立，打造原始创新承载区。按照“百年科学城”标准和“产城融合、职住均衡”原则，整合优质服务资源，强化配套服务与保障性建设，全面提升周边地区社会基本公共服务能力和水平，统筹推进优质教育资源、人才公租房、打造绿色景观及生态保障等系统性工程，建设国际一流、绿色生态、智慧人文的科学之城、创新之城。

搞活未来科学城。未来科学城东区“能源谷”重点布局能源产业，打造能源产业战略支撑点，截至2020年底，已集聚国家电网、中国国电等198家各类能源研发机构和生态企业，能源产业收入超千亿元。西区中关村生命科学园重点布局医药健康产业，“生命谷”产业基地挂牌成立，北京生命科学研究所、北京脑科学与类脑研究中心、国家蛋白质科学中心等科研机构，百济神州、华辉安健等生物医药企业相继入驻，打造医药健康产业发展的创新引擎。沙河高教园加快配套设施建设，科教融合格局基本形成。开展绿色低碳示范区建设，把推广绿色园区、绿色生产、绿色生活与构建循环经济体系、实现高质量发展紧密结合起来，为区域发展和城市建设提质赋能。

加快建设创新型产业集群示范区。北京经济技术开发区打造高精尖产业主阵地，世界机器人大会永久会址落户，国家新能源汽车技术创新中心、国家智能网联汽车创新中心建成，京东方先进技术实验室北京总部、京东集团全球总部二期等企业总部和5G研究院等研发中心相继落户，基于宽带移动互联网的智能汽车、耐威8英寸MEMS传感器芯片等重大产业创新项目落地。国家科技重大专项“浸没式曝光光源研制与小批量产品生产能力建设”成果在亦庄实现产业化，打破准分子激光技术及产品国外垄断。获2019年诺贝尔生理学或医学奖的理论研究在亦庄实现成果转化，全球首创的原研新药“罗沙司他”在中国首发。建设全球首个网联云控式高级别自动驾驶示范区、国家人工智能高新技术产业化基地，截至

2020 年底，落地三大科学城科技成果转化项目 158 项、产业化项目 52 项，形成高端汽车、产业互联网两个千亿级产业集群。北京经济技术开发区经济发展质量效益全市领先，产城融合成为全市标杆，被工业和信息化部授予国家级绿色园区称号。

3. 加快建设中关村示范区主阵地

中关村是我国改革开放的代表产物和科技创新的典型缩影。40 年来，这里率先冲破思想障碍和制度藩篱，从电子一条街起步，先行先试，示范引领，成为我国首个国家级自主创新示范区，正向具有全球影响力的科技创新中心迈进。

改革开放以来，中关村广大科技知识分子开始科技创新创业尝试。到 1987 年底，中关村地区有各类科技企业 148 家，分布在自白石桥起沿白颐路（今中关村大街）向北至成府路西口和中关村路至海淀路、东至学院路一带。1988 年 5 月，《北京市新技术产业开发试验区暂行条例》颁布，以中关村为中心，在海淀区划定 100 平方千米，成立中国第一个新技术产业开发试验区。1999 年 6 月，经国务院批复同意，北京市新技术产业开发试验区更名为中关村科技园区。经过 10 年发展，中关村科技园区从“一区五园”扩至“一区十园”，形成高精尖产业体系和庞大产业群。2009 年，北京市落实国务院批复精神，支持中关村科技园区加快建设国家自主创新示范区。

党的十八大以来，落实国家创新驱动发展战略，以习近平总书记对北京重要讲话精神为根本遵循，把全力建设中关村国家自主创新示范区作为推进国际科技创新中心建设的有力支撑，坚持以促进科技成果转化与产业化为核心，以重大任务为抓手，以落实落地为导向，不断提升中关村示范区的科技创新治理能力，有力支撑北京国际科技创新中心建设。

先行先试改革实现新突破。推动中关村落实全面创新改革，发挥改革试验田作用，持续优化营商环境，支持企业创新发展，30余项试点政策在全国推广实施。推动完善科技成果转化机制，推动赋予科研人员职务科技成果所有权或长期使用权改革试点，着力提升科技成果转化能力和效率。加快国家人才管理改革试验区建设，出台实施中关村国际人才20条新政，为中关村企业引进一批外籍高端人才。率先开展企业境外并购外汇管理改革、企业外债便利化、投贷联动等试点，支持中关村银行正式运营，加快形成具有全球影响力的科技金融服务体系。

原始创新和前沿创新能力快速提升。推动产学研用协同创新体系建设，聚焦全球前沿技术，开展协同攻关。部市合作，推进中关村西区国家技术转移集聚区建设，加快促进关键核心技术落地转化。加强知识产权创造、运用和保护，实施知识产权领军企业培育工程，支持企业创制发明专利、创制技术标准、参与国际标准化工作，中关村标准被广泛采纳并推广应用。2020年，中关村示范区企业研究开发费用3785.4亿元，企业有效发明专利拥有量突破14万件，年度获得专利授权7.2万件，诞生国内首款通用CPU、国际领先的人工智能芯片、全球首个FPD-EDA全流程解决方案、新冠肺炎灭活疫苗等一批重大创新成果。

产业发展呈现高增长与高质量。形成新一代信息技术、生物健康、智能制造与新材料、生态环境与新能源、现代交通、现代服务业等六大新兴产业集群，涌现出金融科技、无人驾驶等跨界融合新业态。截至2020年底，新一代信息技术产业规模近3万亿元，大数据、信息安全市场占有率位居国内第一，集成电路设计收入占全国的1/3，生物健康产业在生物医药产业园区竞争力排行榜中位列第一。“十三五”期间，中关村示范区企业总收入保持两位数增长，2020年达7.2万亿元，是“十二五”末的1.8倍，对全市经济增长贡献率近40%。

高成长市场主体培育领跑全国。实施领军企业创新升级领航计划，开展创新型企业、中关村示范区独角兽企业服务行动，成立北京股权交易中心有限公司，设立中关村创新创业企业上市培育基地，协调解决企业发展需求，支持企业发展。截至2020年底，中关村独角兽企业约90家，占全国的40%以上；高新技术企业2.7万家，高新企业占国家高新区总数的25%以上；上市企业、新三板挂牌企业分别达到406家、1073家，京东、联想、小米等9家中关村企业入选《财富》“2019年世界500强”榜单，领军企业国际影响力日益增强。中关村示范区企业充分发挥创新优势，在新冠肺炎病毒快速检测、抗体与疫苗研发、治疗药物研发等方面作出重要贡献。

辐射带动与开放创新水平加速提升。服务京津冀协同发展战略，会同津冀共建天津滨海—中关村科技园、雄安新区中关村科技园等，打造跨京津冀科技创新园区链。推进“一区多园”统筹协同发展，实现高端化、特色化、协同化发展，加强特色园区和重点功能区建设。截至2020年底，中关村示范区企业累计在津冀设立8800多家分支机构，与全国26个省区市77个地区（单位）建立战略合作关系，合作共建27个科技成果产业化基地，技术合同成交额2/3流向京外地区。加快构建国际创新网络，支持中关村发展集团设立中关村硅谷创新中心，建立中关村驻美国硅谷、以色列特拉维夫、英国伦敦等 19 个海外联络处，支持企业在境外设立分支机构近千家，聚集 300 多家跨国企业地区总部和研发中心、5 万多名留学归国人员和外籍从业人员，国际创新合作持续深入。

4. 全面深化科技体制改革

推进科技创新，最为紧迫的是破除体制机制障碍。北京市不断细化落实各项科技体制改革举措，逐步破除制约科技创新的体制机制障碍，调动科技人员进行科研活动和创新创业的积极性，不断激发科技创新中心建设新动能。

1981 年，北京市开始探索科研单位内部管理改革，试行科研责任制和有偿合同制，拉开科技体制改革序幕。1985 年，落实党中央关于科学技术体制改革的决定，改革科技运行机制和科技拨款制度，实行院所长负责制，推行科技承包经营责任制，培育和发展技术市场。1992 年起，以政府投入为主，组建若干新型科研机构，保持一支精干、高水平的科技队伍，从事应用型基础研究、高技术研究和有关首都长远发展的重大研究工作，推动 80% 以上的科技人员以多种形式、多种渠道进入经济建设主战场。1999 年起，逐步深化科研机构管理体制改革，重点开展技术应用开发类机构企业化转制、社会公益类科研机构分类改革，促进结构调整和机制转变，加速高新技术产业化和建设创新体系；鼓励、支持不同所有制、不同行政隶属关系的企业在京设立研究开发机构；提出建设新型科研体系方案，建成一批品牌公益科研院所。

党的十八大以来，聚焦实施国家创新驱动发展战略，围绕全国科技创新中心建设，北京市按照科技创新和体制机制创新“双轮驱动”要求，推出一系列重大改革举措。

确立科技政策创新体系。深入贯彻落实2016年全国科技创新大会精神，发布《关于深化科技体制改革加快首都创新体系建设的意见》，全面部署深化科技体制改革，提出率先形成创新驱动发展格局的奋斗目标。发布《关于进一步创新体制机制加快全国科技创新中心建设的意见》，实施下放单位科技成果自主处置权，鼓励民间投资，培育先导技术和战略性新兴产业等措施。发布《关于新时代深化科技体制改革 加快推进全国科技创新中心建设的若干政策措施》（即“科创30条”），从加强科技创新统筹、深化人才体制机制改革、构建高精尖经济结构、深化科研管理改革和优化创新创业生态5个方面提出30条改革措施。出台《北京市促进中小企业发展条例》《北京市专利保护和促进条例》等地方性法规，制定高等学校、科研机构、财政税收、工商、知识产权等领域配套措施，促进科技体制改革和经济社会领域改革同步推进，加快构建“1+N”政策创新体系。进一步完善激励自主创新机制，建立科技与金融深度融合机制，建立军民融合创新体系，努力解决好政策落地“最后一公里”问题。

完善科技成果转化支持机制。高度重视科技成果转化和产业化工作，不断创新体制机制，整合科技创新资源，促进大批科技成果在京转化和产业化，为首都经济社会发展提供有力的科技支撑。深化科技成果处置权、收益权和管理权改革，发布实施“京校十条”“京科九条”及配套细则，促进高校成果转化；实施科技成果入股折股和收益分成、股权奖励、分红激励等措施，国有高新技术企业、高等学校、科研院所和科技服务机构共建科技成果转化实体。通过《北京市促进科技成果转化条例》，为构建高精尖经济结构和实现首都高质量发展、建设具有全球影响力的全国科技创新中心提供制度保障。加大高新技术成果转化项目资金支持力度，2019年，延续对高新技术成果转化项目认定及市科技成果转化平台建设专项支持，资金预算分别为4000万元、7000万元。

深化科技奖励制度改革。公布新修订的《北京市科学技术奖励办法》，在奖项设置、奖励等级、提名方式、评审机制等方面进行重大改革，进一步发挥科技奖励激励自主创新、激发人才活力的作用。细化完善评审规则设计，在人物奖励评审中引入同行评议环节，提高人物奖励评审的科学性与客观性。强化代表作制度和候选人贡献，弱化SCI相关指标对评审的直接影响，遏制"搭车报奖"等不良风气，确保对项目作出实质性贡献的科研人员成为奖励主体。

改革科技经费支持方式。实施科技创新券制度，支持、引导中小微企业和创业团队使用首都科技资源开展研发创新活动；开展科技经费管理改革，进一步完善财政科研项目和经费管理，提高人员激励支出，松绑科研类差旅、会议、出国经费限制，提高财政资金使用效益，激发科研人员创新活力。2018年4月，北京市科技创新基金成立，作为政府主导的股权投资母基金，推进财政科技资金投入方式和支持方式创新，促进创新链、产业链、资金链深度融合。落深落细"科创30条"，推动设立颠覆性技术创新基金，开展科研项目经费"包干制"试点工作。

北京市科技体制改革40年，持续深化，蹄疾步稳。一个个科研"痛点"被打通，京华大地处处涌动着蓬勃的创新动能。在新一轮全球增长面前，科技体制改革作为"点火器"，发动强大创新引擎，牵引北京向全国科技创新中心目标不断前行。

（六）“双奥之城”魅力彰显

改革开放40多年来，北京市利用举办2008年奥运会、筹办2022年冬奥会和冬残奥会等历史机遇，推动首都体育事业实现跨越式发展，成为世界上第一个“双奥之城”。

1. 深入贯彻实施奥运理念

1998年11月，党中央、国务院决定，由北京申办2008年奥运会。北京积极推进奥运申办工作，提出“绿色奥运、科技奥运、人文奥运”三大理念。实施空气质量保障措施，推进首钢、北京焦化厂、东方石化公司、京丰热电公司以及全市水泥行业的调整、搬迁与改造工程，2007年北京市空气质量达标天数246天。开展形式多样的奥运文化活动，营造欢乐、和谐的奥运氛围。北京奥运会的会徽“中国印·舞动的北京”、主题口号“同一个世界　同一个梦想”（One World One Dream）、吉祥物福娃和体育图标“篆书之美”等先后发布。2008年，北京成功举办了一届无与伦比的奥运会，实现了“新北京·新奥运”的战略构想。

筹办北京2022年冬奥会和冬残奥会，是我国重要历史节点的重大标志性活动，是展示改革开放成就、提升国际影响力的重要机遇。2015年8月20日，习近平总书记主持召开中共中央政治局常委会会议，专题听取申办冬奥会情况汇报，研究筹办工作，提出了坚持绿色办奥、共享办奥、开放办奥、廉洁办奥的要求。冬奥会、冬残奥会申办成功以来的7年多时间里，“绿色、共享、开放、廉洁”的办奥理念始终引领筹办工作扎实有序推进，一项项任务从蓝图变为现实，广泛赢得国际赞誉。绿色，北京冬奥会所有新建场馆均满足三星级绿色建筑评价标准，所有竞赛场馆在世界上首次实现100%可再生能源供电，雪上场馆注重水资源保护，冰上场馆聚焦能源回收。共享，北京冬奥会带动3亿人参与冰雪运动，加大群众性冰雪运动场地建设，推进交通设施、产业发展、公共服务共建共享，带动群众就业增收。开放，北京冬奥组委同国际奥委会、国际残奥委会、国际冬季单项体育联合会等保持紧密合作，积极促进国际体育、教育、文化等领域的人文交流。廉洁，场馆持续利用是最大的节俭，北京冬奥组委对重点领域和关键环节全过程监督，有力保证了廉洁办奥。

2. 高质高效完成奥运场馆建设

北京市充分贯彻“绿色、科技、人文”三大奥运理念和“安全、质量、工期、功能和成本”五统一原则，高质高效确保奥运工程顺利建成。到2008年7月底，共建设竞赛场馆31个，其中新建12个、改扩建11个、临时建8个，总建筑面积118万平方米，保障了北京奥运会的成功举办。奥运工程涌现出一大批世界第一、奥运史首创的成果：国家体育场“鸟巢”创造多项世界之最，被美国《时代》周刊评为世界建筑类最具影响力的设计；由我国港澳台同胞及海外侨胞捐款修建的国家游泳中心“水立方”，成为当时世界上建筑面积最大、功能要求最复杂、综合技术最全面的膜结构场馆。

北京市努力克服疫情等困难，坚持冬奥会赛事国际标准，统筹做好疫情防控与项目施工，统筹考虑赛事需求和赛后利用，注重先进技术示范应用，有序推进新场馆规划建设和既有场馆改造提升，

2022 年 2 月 4 日，北京冬奥会开幕式上，中国代表队在鲜艳的五星红旗和奥运五环下集体入场（邓伟 摄）

高标准打造场馆建设精品工程。北京赛区共使用 13 个竞赛和非竞赛场馆，其中 11 个为 2008 年奥运会遗产。

北京奥林匹克中心区场馆改造范围主要包括国家游泳中心和国家体育馆。国家游泳中心通过搭建可拆卸装置、临时座席等，将原场馆比赛大厅改造成冰壶比赛场地，并对场馆空调除湿、体育照明及网络系统等进行升级，更新维修膜结构设施、原有看台等，变“水立方”为“冰立方”。赛后保留冰上活动功能，通过“水冰转换”，兼具游泳馆和冰壶馆功能。国家体育馆将主馆改造为冰球场地，赛后保留冰球比赛功能；将副馆改造为更衣间等临时设施，赛后再拆除恢复原状；扩建训练馆赛后用作冰球馆。

国家速滑馆2016年动工建设，2019年底完成封顶封围，整体亮相。该馆引入高科技，是世界上首个采用二氧化碳跨临界直冷制冰技术的速滑场馆，碳排放值趋近于零，制冰能效大幅提升。国家速滑馆拥有亚洲最大的全冰面设计，冰面面积达1.2万平方米。赛后对市民开放，既为运动员提供训练场地，也满足市民冰上运动的需求。

首钢滑雪大跳台于2019年11月建设完成，是北京冬奥会唯一位于中心城区的雪上项目举办地，工程充分利用首钢工业遗存的价值，大跳台周边老厂房和工业构筑物经过修缮改造，具备赛事配套服务功能。首钢滑雪大跳台作为世界首例永久性保留使用的滑雪大跳台场馆，冬奥会后将向公众开放，变身服务大众的体育主题公园。

国家高山滑雪中心建设工程位于延庆区小海陀山，雪道是国内最高等级的高山滑雪赛道，也是国内唯一符合冬奥会标准的赛道。工程设计注重生态保护，结合自然地形和遮阳设计，研发出一套独特的地形气候保护系统，能够有效保护赛道不受阳光、风雪的影响。该系统不仅能大幅降低能耗，还可以确保运动员高水平发挥，给观众提供更舒适的观赛体验。

国家雪车雪橇中心建设工程位于延庆区小海陀山南麓，是冬奥会中设计难度高、施工工艺复杂的新建比赛场馆之一，赛道是世界第十七条、国内首条雪车雪橇赛道。2020年3月10日，中心赛道完成制冰工作。冬奥会期间，国家雪车雪橇中心承担雪车、钢架雪车、雪橇三个项目的全部比赛。赛后将持续服务于专业训练、比赛及商业化运营。

3. 加快推进非竞赛场馆和基础设施建设

北京 2008 年奥运会配套工程有力推动了北京市政基础设施建设，新建国家会议中心、奥运村、数字北京大厦、奥林匹克公园等 8 个非竞赛场馆和 45 个训练场馆；每年投资基础设施上千亿元，新兴通信业务迅速扩张，大气污染防治工作和水环境治理成效明显，城市园林绿化步伐加快；初步建成现代化立体交通网络，多条省际高速公路通车，京津城际轨道交通竣工，多条地铁相继开工，建设规模超过新中国成立以来之总和。大幅提升城市运行保障能力，陆续开通地铁 5 号线、奥运支线、10 号线一期、机场线和京津城际铁路，正式启用首都机场 T3 航站楼，优化调整 131 条公交线路，交通建设与管理水平明显提升。

北京市加快推进 2022 年冬奥会北京、延庆 2 个赛区的非竞赛场馆和基础设施建设，冬奥村、主运行中心、主媒体中心等非竞赛场馆改造建设工作有序开展，交通、水务、气象、市政、电力、无障碍等基础设施同步推进，京张高铁、京礼高速全线通车，北京冬奥建设蓝图逐步变成现实。

瞄准国际一流标准，提升赛事保障能力。加强住宿、医疗等设施建设改造，增强各赛区综合服务能力，优化赛事保障软环境。北京冬奥村由总建筑面积 33 万平方米的 20 栋住宅组成，分为居住区和运行区。赛时，居住区为运动员和随队官员提供居住、餐饮、医疗等保障服务；运行区则具有注册、办公、安保、礼宾等功能，配套设施齐全。延庆冬奥村总建筑面积约 11.8 万平方米，为运动员提供比赛装备保养、餐饮、休闲等综合服务。改造延庆赛区定点医院，支持市属医院在张家口设立分院，加大对延庆赛区、张家口赛区医疗机构和人员的支援培训力度，增强山区医疗服务能力。

针对世界各地媒体采访报道冬奥会的需求，改造国家会议中心，为新闻媒体工作创造便利条件、提供优良服务。按照设施无障碍、信息无障碍、服务无障碍的要求，加强无障碍设施建设，提升对残疾运动员和相关群体的服务水平，让更多残疾人参与冰雪运动，更好地传播残奥精神。

构建立体交通体系，打造1小时交通圈。京张高铁于2016年4月开工建设，2019年12月30日正式开通运营，是中国首条智能化高速铁路。北京至张家口运行时间由3小时7分钟缩短至47分钟。延崇高速正式通车后形成北京西北方向第三高速公路通道，成为通往北京2020年高山滑雪世界杯测试赛、2022年冬奥会的重要快速通道。利用京藏高速公路、京新高速公路和国道110，连接延崇高速、兴延高速。依托首都国际机场和张家口宁远机场，借助北京大兴国际机场，构筑起立体化交通网络体系，形成北京城区—延庆—张家口1小时交通圈，为冬奥会提供快速、便捷、高效的交通保障。

4. 有效保障场馆和赛事运行

北京奥运会场馆运行模式突出场馆地域整合思想，场馆管理团队负责场馆运行综合保障，与所在区县密切结合，保证竞赛组织者专心安排比赛；强化管理重心下移理念，赛时场馆内出现的90%以上问题由场馆团队负责解决，重大问题和突发事件报奥组委主运行中心决策，以提高奥组委主运行中心运行效率；坚持场馆统配资源原则，场馆内所需赛事保障资源由场馆管理团队统筹配置，在不违背市场开发保护规则的前提下调配各方资源；注重筹办过程监控管理，通过周严的计划编制和组织落实，确保各项目场馆，采用统一的组织模式、运行政策，统一的运行指挥体系，统一的赛事服务水平和标准，统一的景观标识。北京奥运会的举办在遵守国际惯例的同时，提出了“以竞赛为核心、以场馆为基础、以属地为保障”的基本运行模式。在组委会人力资源的配置上，充分发挥举国体制的优势，形成“政府主导、市场运作”的赛事运营模式。这种模式是充分发挥体制优势，落实奥运会场馆运行惯例的一种创新模式。

北京 2022 年冬奥会的场馆运行是疫情防控背景下的场馆运行。北京冬奥组委和国际奥委会、国际残奥委会一起研究制定了《北京 2022 年冬奥会和冬残奥会防疫手册》，实行闭环管理，有效实现了运行分区、注册分区、防疫分区的融合，“分区不重叠、流线不交叉、界面严管控、人员不跨区”，并坚持以运动员为中心，落实核酸检测、场馆消杀、环内交通等一系列措施，确保运动员参赛是安全的、心情是放松的、成绩是优秀的。为保证赛事的顺利运行，北京冬奥会首次将毫米波测云雷达运用到冬奥会赛场，实现了复杂地形条件下空间百米级、时间分钟级的精准气象预报。同时，加大医疗救护力量，配备先进的医疗救护车、救援直升机和优秀的医疗团队，制定成熟的应急救援方案。此外，北京冬奥组委在住宿、餐饮、交通、防疫、技术等各方面为媒体提供了全流程服务，创造良好的电视转播和新闻报道环境。主转播商奥林匹克广播服务公司（OBS）介绍，北京冬奥会已经成为迄今收视率最高的一届冬奥会，在转播时长、技术、内容制作方式等方面都创下了新纪录。

为加强赛时指挥调度，建立“三级设置”的赛时运行指挥体系，战略指挥层即冬奥会工作领导小组，运行指挥层即运行指挥部，场馆运行层即各场馆运行团队。在冬奥会工作领导小组领导下，运行指挥部整合筹办阶段的专项工作议事协调机构、北京市和河北省运行保障指挥部、首都严格进京管理联防联控协调机制等各方力量，对赛时运行工作进行统一指挥、统一调度。在闭环内设立前方工作组，加强与相关方面对面沟通，形成闭环内外协调联动、共抓落实的工作合力。在赛会运行中，北京紧密与国际奥委会、国际残奥委会、国际单项体育联合会、国家和地区奥委会加强联络，建立了高层例会、代表团团长例会、每日运行协调会、竞赛日常变更委员会等沟通协调机制，快速高效地解决赛会运行出现的问题，得到各方的一致认可。

5. 成功举办北京 2008 年奥运会和北京 2022 年冬奥会

北京 2008 年奥运会有 204 个国家和地区 1.1 万余名运动员参加比赛，参赛国家和地区之多创奥运会新纪录。完备的赛事组织服务工作，为各国运动员创造了非常有利的竞赛和生活条件。运动员们共刷新 38 项世界纪录和 85 项奥运会纪录，竞技水平堪称近 20 年来之最；中国体育代表团共获得 48 枚金牌，第一次名列奥运会金牌榜首位。随后举行的北京残奥会，共有 147 个国家和地区的 3968 名运动员参加比赛，中国代表团列金牌榜和奖牌榜双第一。

北京 2022 年冬奥会成功实现了举办一届真正无与伦比的冬奥会的目标。这是新冠肺炎疫情发生以来首次如期举办的全球综合性体育盛会，刷新了 2 项世界纪录和 17 项冬奥会纪录，是历史上设项和产生金牌最多的一届冬奥会。这是一次创造诸多“第一”的盛会：第一次实现全部场馆百分之百绿色供电的冬奥会，第一次有直通赛场高铁的冬奥会……北京冬奥会已成为迄今为止收视率最高的一届冬奥会，在国际奥委会官方社交媒体上，超过 27 亿人次参与北京冬奥会话题讨论；主转播商奥林匹克广播服务公司制作视频时长超6000小时，创下了冬奥会历史新纪录。北京冬奥会成为冬奥历史上一座无与伦比的丰碑，永远载入奥运史册。北京冬奥会上，中国体育健儿发扬为国争光、顽强拼搏、团结协作的中华体育精神，创造中国体育健儿冬奥历史上的最佳成绩，勇夺9枚金牌、4枚银牌、2枚铜牌，首次居金牌榜第三位，创造了我国参加冬奥会历史最好成绩。北京冬奥会上，我国运动员在总计109个项目中参赛达105项，实现了全项参赛的预定目标，有力促进了我国冬季竞技体育的全面发展。

三、经济高质量发展不断迈上新台阶，为全面建成小康社会奠定物质基础

党的十一届三中全会以来，北京市坚持以经济建设为中心，不断深化改革，扩大开放，推动经济快速稳步发展。党的十八大以来，北京市深入贯彻习近平经济思想，全面深化改革开放，毫不动摇巩固和发展公有制经济，毫不动摇鼓励、支持、引导非公有制经济发展，保证各种所有制经济依法平等使用生产要素、公平参与市场竞争、同等受到法律保护，推动经济高质量发展不断迈上新台阶。加快构建高精尖经济结构，大力发展现代服务业，深入推进国有企业改革，发展动力更趋强劲。加快建设全球数字经济标杆城市，加强规则体系和基础设施建设，瞄准数字前沿技术创新，深入推动数字产业化和产业数字化。以供给侧结构性改革创造新需求，坚定实施扩大内需战略，充分发挥消费、投资对经济增长的带动作用，培育壮大新增长极。高标准推进“两区”“三平台”建设，推动金融等重点领域开放提速，发挥市场机制在资源配置中的决定性作用。持续优化营商环境，深化“放管服”改革，全面落实减税降费政策抵御新冠肺炎疫情冲击，更好发挥政府作用。开放型经济水平不断提升，坚持对外开放基本国策，扩大双向投资规模，积极发展对外贸易，打造开放新模式。

（一）着力构建高精尖经济结构

改革开放 40 多年来，北京市紧紧围绕首都城市功能战略定位，自觉把构建高精尖经济结构融入发展全过程，努力发挥其在推动产业结构调整、创新驱动发展中的示范引领作用。持续推动高精尖产业做优做强，创新体系建设不断深化，产业发展动能持续增强，产业高效协同融合发展态势良好，产业发展环境不断优化。

1. 制造业提质增效

20 世纪 60 年代国民经济调整时期，北京市确立了高精尖工业发展方针，取得了一定成效，为北京工业发展打下了重要基础。20 世纪 80 年代初，北京工业发展思路从建设现代化工业城市转向发展适合首都特点的工业体系。1987 年，提出要合理调整和改造产业结构，发展适合首都特点的经济，引导地方工业走内涵式发展的道路。1991 年，决定在东南郊兴建亦庄工业开发区，建设具有首都特色的吸纳高新技术产业、吸纳跨国公司投资、吸纳大型骨干工业企业的重要基地，加快北京工业追赶世界先进水平的步伐。2002 年，进一步提出要大力振兴现代制造业，培育新的增长点，重点发展汽车、微电子、光机电一体化、生物工程与新医药 4 个产业，突出抓好四大产业基地，现代制造业进入一个新的发展阶段。2003 年，颁布关于振兴北京现代制造业的意见，明确加快发展现代制造业的任务、目标和对策措施。

党的十八大以来，北京市围绕支撑科技创新中心建设，着力构建高精尖经济结构，使经济发展更好地为城市战略定位服务，制造

中关村科技园区的核心——上地信息产业基地从建园伊始，就坚持高起点规划，高标准引进，扶持有自主知识产权、有持续创新能力的高新技术企业入驻，在全国近百家高科技园区独树一帜。图为 2012 年的中关村科技园上地北区（饶强 摄）

业迎来新的发展机遇。

加快制造业创新发展。出台《〈中国制造 2025〉北京行动纲要》，实现“北京制造”向“北京创造”转型，实施“三四五八”战略计划，推动制造业创新发展。提升以企业为主体的产业创新能力，强化新技术、新工艺、新模式、新业态“四维创新”，培育一批具有国际竞争力的创新型、服务型、品牌型企业和世界级大公司；创制国际国内领先标准，打造北京创造品牌，聚焦发展创新前沿、关键核心、集成服务、设计创意、名优民生五类高精尖产品，建设高、新、轻、智、特产品体系，形成引领未来发展新的增长点。

加快制造业转型升级。加大力度推进关停淘汰一批、疏解转移一批、改造升级一批，推动传统制造企业转领域、转空间、转动力“三转调整”。选取关系制造业未来发展主导权的8个新兴产业，组织实施新能源智能汽车、集成电路、智能制造系统和服务、自主可控信息系统、云计算与大数据、新一代移动互联网、新一代健康诊疗与服务、通用航空与卫星应用等8个专项，构建产业发展生态体系。

推进制造业数字化、网络化、智能化。加快改造提升传统产业，深入实施“智造100”工程，持续推进企业绿色化改造，万元工业增加值能耗大幅下降。加强创新载体建设，首个国家制造业创新中心国家动力电池创新中心落户北京，建设了10个市级以上产业创新中心。推进实施智能制造项目，启动实施“智能100”工程，发挥创新引领作用。构建绿色制造体系，打造绿色工厂、绿色产品、绿色设计，京东方、北京奔驰等企业被工信部评为绿色工厂示范企业。实施首都标准化战略，设立国家技术标准创新基地（中关村），积极参与技术标准创制。

信息化和工业化融合深入推进。工业互联网提速发展，出台实施三年行动计划。成立国家数字化设计与制造创新中心北京中心，完善工业软件产业链，助力制造业数字化转型。2019年，推动两化深度融合，全市两化融合管理体系贯标试点企业501家，其中国家级165家、市级336家。组织开展制造业“双创”平台、制造业与互联网融合试点示范。

打造高端制造业基地。加强市区联动，注重上下协同，统筹全市产业布局，推动高精尖产业集聚发展。新能源智能汽车、智能制造和高端装备产业在顺义区、经济技术开发区聚集。高端制造业基地正式落户房山，标志着该地区告别昔日高耗能、高排放的

“黑白灰黄红”五大传统产业，高技术、低排放的高端制造业产业集群崛起。

2. 新兴产业和高技术产业引领发展

高新技术产业从中关村起步。1988年，国务院批准建立北京新技术产业开发试验区，拉开高新技术产业蓬勃发展的序幕。1998年，组建高新技术产业投资股份公司、科技风险投资股份公司，设立高新技术产业融资担保资金等，初步形成扶持高新技术产业发展的风险投资体系。1999年，确定一批技术先进、有较大市场潜力的科技攻关与产业化项目，实施“首都二四八重大创新工程”，加快科技成果转化，促进高新技术产业更快发展。中关村科技园区高新技术产业持续快速发展，有力带动了区域经济增长。2002年以来，采取一系列措施提高自主创新能力，支持关键技术、关键产品和重大技术标准研发与产业化，一批科技成果在京落户。2012年，高技术产业实现增加值1139.2亿元，占地区生产总值的比重为6.4%。

党的十八大以来，经济发展进入新常态。北京市综合运用多种要素手段，通过构建高精尖产业政策新体系，出台系列产业发展行动计划和行动方案，加大人才和评价监测方面的政策支持，做好顶层设计，推动高新技术产业快速平稳发展。

加大财政和产业基金支持力度。加大财政政策支持，统筹运用高精尖产业资金和高精尖产业基金全力支持培育高精尖产业，助推高精尖产业发展系列政策落地。2017年以来，每年安排高精尖资金支持创新集群、创新成果转化等项目，主要用于加快构建高精尖经济结构，提升产业创新能力，推动符合首都城市战略定位的产业向高端化、服务化、集聚化、融合化、低碳化发展，促进传统产业提质增效和转型升级，优化产业发展环境。

推动重大产业项目建设。培育引进重点项目，聚焦重点产业领域，推进高技术产业创新发展。不断完善推进产业政策实施和项目落地的工作机制，组建市、区两级高精尖产业落地工作专班，加强项目调度和工作督导，上下联动加快项目落地。实行全市重大项目“一库式”管理，围绕规划发展的产业集群，加快储备高精尖产业项目。建立重大项目“周跟踪、月调度”机制，实行项目分级分类推进，实施重点跟踪项目库动态管理。推动中芯北方12英寸、燕东8英寸集成电路生产线，屹唐集成电路标厂，小米互联网电子产业园，奔驰新能源汽车，超高清显示设备等重点项目加快建设。

加快创新体系建设。细化推动创新成果产业化政策措施，强化企业技术创新，促进成果转化。进一步完善国家级、部市共建以及市级重点实验室、工程实验室、工程（技术）研究中心三级创新能力建设体系。在人工智能、量子科学、生命科学、应用数学等新兴领域布局一批新型研发机构，长期稳定支持开展硬科技、深科技和底层通用技术研究。北京量子信息科学研究院、北京脑科学与类脑研究中心、北京智源人工智能研究院等一批新型研发机构投入运行。截至2019年底，北京市已认定重点实验室457家，工程（技术）研究中心312家，其中属于高精尖产业的基地共603家，占总数的78.4%，包括重点实验室360家、工程（技术）研究中心243家。

3. 现代服务业异军突起

1979年初，着手调整商业结构，疏通和扩大城乡商品流通渠道，积极发展集体和个体商业服务业。1982 年，对发展集体和个体商业服务业作出进一步部署，规定除大中型商店、旅店等由国家投资经营外，一般都放手让集体、个体去办；农村和集镇的饮食服务业基本上由集体、个体经营。20 世纪 80 年代后期到 90 年代初期，制定一系列鼓励政策，大力发展第三产业。在之后的几年里，商业服务业开始推进产业化、社会化、市场化，第三产业发展领域和范围不断拓宽，以金融、房地产、旅游和会展为代表的现代服务业不断发展壮大。1997 年，提出发展“首都经济”，把第三产业作为经济的主导产业，不断完善相关政策体系和发展环境。2000 年，明确经济结构调整方向，加快发展现代服务业。2007 年，出台关于进一步促进服务业发展的意见。2008 年，出台关于促进金融业发展的意见，现代服务业逐渐成为第三产业的主体，在国民经济中占有重要位置。

党的十八大以来，北京服务型经济特征进一步稳固，现代服务业高端化态势持续显现，产业集群辐射带动作用凸显，对全市经济稳增长、调结构发挥了重要支撑作用。

聚焦服务，产业集群辐射带动作用增强。以金融街、商务中心区、中关村等为代表的现代服务业产业集群，具有强大辐射功能。金融街作为首都金融主功能区，集聚国家金融监管部门和各大金融机构总部，金融产业区功能不断增强。2012 年 9 月，全国中小企业股份转让系统（简称“新三板”）落户金融街，改变了北京没有证券交易场所的历史。CBD 定位为首都金融功能副中心和国际金融主中心区，国际金融集聚效果突出。中关村西区助推科技与金融融合发展，形成中关村科技金融创新中心。丽泽金融商务区作为新兴金融功能聚集区，后发优势不断显现。城市副中心金融功能区承接京津冀协同发展金融增值功能，着力发展金融科技、财富管理等新兴业态。中关村国家自主创新示范区作为全国第一个现代服务业试点，积极搭建大型公共服务平台，培育一批战略性现代服务产业，形成规模较大、业态丰富的现代服务业集群。首钢园属于高端产业综合服务区，服务首都科技中心、文化中心功能定位，建设石景山景观公园、冬奥广场、工业遗址公园、公共服务配套区、城市织补创新工场五大功能区，迎接科技、金融、高端服务业等新兴产业落户园区。

优化结构，高端化趋势持续显现。以金融服务、信息服务、科技服务为代表的知识和技术密集型行业增势强劲，成为经济发展的重要引擎。提升金融业核心竞争力。大力发展数字金融、科技金融、绿色金融，打造绿色金融商务区，加快金融科技与专业服务创新示范区、银行保险产业园、丽泽金融商务区、金融安全产业园等建设。金融业扩大开放取得积极成效。资本项目便利化试点政策正式落地，实施范围拓展。2018 年 10 月，中关村国家自主创新示范区正式实施资本项目便利化政策试点。此外，在开展跨境贸易投融资便利化试点、持续推动跨境人民币结算和使用、有序推进外资金融机构引入、推进跨国公司开展跨境资金集中运营管理等方面也取得了显著成效。服务软件和信息服务业创新发展，进一步夯实数字产业基础。信息服务以支撑全球数字经济标杆城市建设为目标，以数字技术创新与融合应用为主线，发挥北京底层技术创新和超大城市数据资源优势，打造一批具有全球引领性的信息产业集群。科技服务以支撑服务国际科技创新中心建设为目标，巩固提升研发服务优势，做大做强知识产权、检验检测认证等特色产业集群，加强技术转移服务支撑，提升科技成果转移转化水平。

培育新业态，创新带动效果明显。2014年4月，北京市开始实施2014年至2017年技术创新行动计划，设置“现代服务业创新发展”专项，推出科技服务业促进、科技金融创新、文化科技融合、现代服务业重构等改革任务，加大产业技术创新支持力度，培育研究开发、创业孵化、科技金融、设计服务、科技文化融合等一批新型服务业态，为经济社会发展注入新动力。出台加快首都科技服务业发展的实施意见，推动科技服务领域政策创新。出台生产性服务业发展意见，促进优势主导产业发展。2016年9月，发布支持银行业金融机构在中关村国家自主创新示范区开展科创企业投贷联动试点的若干措施，推进产业融合。构建数字产业化新优势。推进5G产业和应用场景建设，聚焦综测仪等23个重点研发和产业化项目，促进5G+8K超高清产业创新发展。

4. 深化国资国企改革

1979年，全市开始尝试采取多种措施推进国企改革。首钢、内燃机总厂等企业进行扩大企业自主权改革试点，市化学工业局开展全行业上缴利润包干试点。全市分两步完成“利改税”，推进市冶金工业局、电子仪表工业局等管理部门改制成公司。1984年，按照党的十二届三中全会提出的社会主义商品经济理论和国有企业所有权与经营权分离的改革要求，全面推进以承包经营责任制为主的改革。1993年，随着社会主义市场经济的不断发展，按照中央确定的国企改革方向和目标，建立以法人制度为主体、以有限责任制度为核心、以产权制度为重点的现代企业制度，使企业成为产权清晰、权责明确、政企分开、管理科学的经济实体。2003年10月，北京市国资委成立，履行国有资产出资人代表职责，为加快推进国有企业改革和加强国有资产监管提供了组织保障，国有企业改革进入了以股份制为主要形式的现代产权制度改革新阶段。

党的十八大以来，北京市按照中央深化国资国企改革精神，坚持毫不动摇发展壮大国有经济、坚定不移把国有企业做强做优做大的改革方向，出台全面深化市属国资国企改革指导意见，构建起“1+N”制度体系，形成系统全面的改革部署和工作格局，打好打赢国有企业提质增效攻坚战。

优化考核评价体系，为企业发展提供助力。分类推进国企改革，将市属企业分为城市公共服务类、特殊功能类和竞争类，实现“一企一策”分类考核全覆盖。在全国率先开展深化董事会建设试点，健全考核评价、激励约束和责任追究体系。畅通企业“下”和“退”的通道，完善市场化选聘机制，实行差异化薪酬分配办法，有效激发企业员工队伍活力。

按照“资产同质、经营同类、产业关联”的原则，大力推进企业强强联合、战略性重组。大力推动一级企业调整重组，进一步实现优质资源向优势企业集中，加快完善产业链条，提升国有企业平台功能。积极开展专业化重组。重点围绕公共交通、金融、轨道交通装备、航空等产业领域，积极推进企业分拆式专业化重组。2018年，北京市参照中央企业具体标准，加大力度处理“僵尸企业”，经过妥善处置，国有资本布局结构得到优化，企业管理层级实现压缩，企业负担切实减轻。

发挥国企示范带动作用，服务首都作用更加凸显。市属企业围绕首都城市功能定位，积极推进非首都功能疏解，制订三年压减计划和年度压减方案，有序退出钢铁、煤炭、水泥行业过剩产能。做好疏解腾退和统筹利用，“留白增绿”“腾笼换鸟”，完善公共服务设施，改善生态环境。积极参与首都重大工程建设，承担城市副中心建设项目。积极对标高精尖产业指导意见，探索建立规划引领、预算支持、考核激励的联动机制，加快推动高精尖产业项目落地实施。

推进混合所有制改革，实现各种所有制资本取长补短、相互促进、共同发展。出台市属国有企业发展混合所有制经济的实施意见，因地施策、因业施策、因企施策推进混合所有制改革。把上市公司作为发展混合所有制经济的主要形式，推进郊旅公司、金隅集团实现整体上市。鼓励市属企业与各类资本融合发展，助推企业做大做强。通过改革实践，混改企业的法人治理结构得以建立健全，市场化经营机制不断完善，微观主体活力持续增强，次第展开、纵深推进、全面落地的国企改革新局面逐步形成。

以管资本为主加快职能转变，强化国有资产监管。改革和完善国有资产管理体制，制定出资人监管权力和责任清单，科学界定国有资产出资人监管边界。积极稳妥推进国有资本投资、运营公司改革试点工作，有效促进了国有资本合理流动，提高了国有资本配置和运营效率。完善国有资产监督机制，建立国有企业向出资人信息报告制度，推进企业财务、投资、重点任务建设等重大事项公开，实现监督全覆盖，防止国有资产流失。

（二）加快建设全球数字经济标杆城市

北京市充分利用首都科技、人才、金融等优势，加快发展数字经济产业。2019 年，数字经济增加值超 1.3 万亿元，占 GDP 比重达 38%，形成一批数字经济龙头企业和产业集群。2021 年，提出“打造全球数字经济标杆城市”，并印发《北京市关于加快建设全球数字经济标杆城市的实施方案》，数字经济增加值规模达到1.6万亿元，实现全国领先，占北京市GDP比重的40.4%。

1. 完善规划标准体系建设

北京市强化顶层设计，强化数字经济规划标准体系建设，为数字经济高质量发展提供重要遵循和正确方向。

2021年7月，《北京市关于加快建设全球数字经济标杆城市的实施方案》正式发布。明确北京市大力发展数字经济的战略和愿景，描绘今后10年北京数字经济发展的路线图和施工图。通过5—10年的接续努力，打造引领全球数字经济发展的城市数字智能转型示范高地、国际数据要素配置枢纽高地、新兴数字产业孵化引领

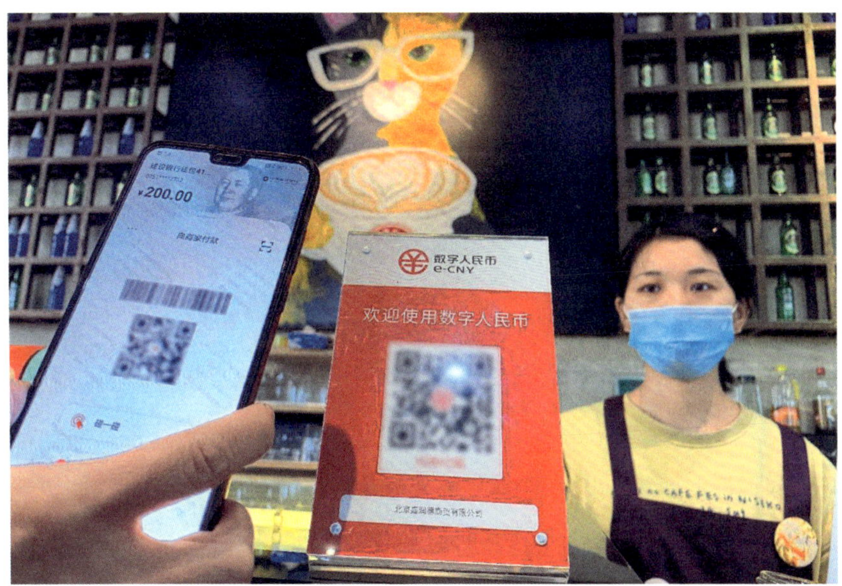

2020年12月，市民在丰台区丽泽桥边的漫猫咖啡店里试用数字人民币消费，体验新的消费支付方式（刘平 摄）

高地、全球数字技术创新策源高地、数字治理中国方案服务高地、数字经济对外合作开放高地等6个高地。

2021年3月,《北京市“十四五”时期智慧城市发展行动纲要》发布。提出到2025年，基本建成统筹规范的城市感知体系，整体数据治理能力大幅提升，全域场景应用智慧化水平大幅跃升，建设成为全球新型智慧城市的标杆城市。提出六大主要任务，包括夯实智慧基础、便利城市生活、提高政务效能、促进数字经济发展、保障安全稳定、强化领域应用。2021年3月，《北京新型智慧城市感知体系建设指导意见》印发，明确新型智慧城市感知体系的构成，以及感知体系建设的基本原则与总体目标。

2. 夯实数字基础设施建设

北京市印发实施《加快新型基础设施建设行动方案（2020—2022年)》等政策，引导社会资本发力新基建。聚焦“新网络、新要素、新生态、新平台、新应用、新安全”，实施30项重点任务，推动建设网络基础稳固、数据智能融合、产业生态完善、平台创新活跃、应用智慧丰富、安全可信可控的新型基础设施。

持续加强基础设施投资。2021年，继续加大新基建投资力度，新增5G基站1.3万个以上。工业互联网标识解析国家顶级节点注册量达94.3亿个。全球首家重工行业“灯塔工厂”三一北京制造中心一期建成。出台支持卫星网络产业发展若干措施，北京商业航天产业基地揭牌。设立国内首个智能网联汽车政策先行区，加快建设车路云网图深度融合的软硬件体系。

5G基础设施建设先行。2019年，编制印发《关于加快推进5G基础设施建设的工作方案》。五环内室外5G信号基本实现无缝覆盖，五环外重点区域实现精准覆盖。2020年，编制《北京市5G及未来基础设施专项规划（2019年—2035年）》，将5G基站纳入基础设施规划体系及基本建设程序。各基础电信企业全面完成5G独立组网核心网建设、优化和整体部署工作。已建成5G基站全部接入独立组网核心网，实现了5G独立组网全覆盖能力。

加快网络等基础设施建设。建设自主可控的新型区块链底层技术平台“链工场”，发布区块链底层技术架构链工场1.0版；超前部署高速互联智能算力云平台，建设“高精度大规模生物智能模拟设施”。网络速度全面提升，宽带接入能力达到千兆，固定网络百兆宽带用户成为主流，截至2020年底，全市固定宽带家庭用户数累计达到973万户，百兆及以上宽带用户占比约73.3%。

加快应用场景建设。2019年4月，出台《加快应用场景建设推进首都高质量发展的工作方案》。高级别自动驾驶示范区已完成网联云控中国自动驾驶解决方案的系统搭建，车联网开放测试道路278条1028千米，建设全球首个高级别自动驾驶示范区1.0，部署完成双向10千米高速公路、12.1千米城市道路和1个AVP（自动代客泊车系统）停车场等硬件基础设施，启动2.0阶段建设。加快城市大脑建设和互联网医疗领域应用场景建设。

北京市全面启动以“一码、一图、一库、一算、一感、一网、一云、一平”（城市码、空间图、基础工具库、算力设施、感知体系、通信网络、政务云以及大数据平台）为主要标志的“七通一平”基础设施建设，对数字经济的带动和支撑能力持续增强。构建高速泛在互联新型网络设施。截至2021年底，累计建设5G基站4.7万个，万人基站数全国第一，率先实现5G+8K全产业链技术应用贯通。智慧城市规划框架持续优化，“京通”“京办”“京智”作为智慧城市的统一服务入口，对市民、企业和政府部门的服务支撑能力进一步提升和优化。

3. 聚焦数字产业化持续高质量发展

北京市聚焦数字产业化持续高质量发展，加快构建数字产业化新优势，数字产品制造业、数字技术应用业、数字要素驱动业、数字产品服务业等数字产业保持快速发展。

加快编制实施政策细则。推动落实数据中心实施细则，构建融合“云、网、边、端”的新型数据中心体系。发布实施《北京市人工智能算力布局方案（2021—2023年）》，提出率先建设城市超级算力中心，建设满足数字经济发展的新型数据中心和人工智能算力中心。

加快科技园区建设。支持小米在海淀区建设移动互联网科技园、在北京经济技术开发区建设互联网电子产业园，小米亦庄“黑灯工厂”实现全程自动化无人生产，效率比传统工厂提升60%以上。积极推动创建国家北斗创新应用综合示范区，启动运营北斗产业创新基地。建设国家网络安全产业园区，海淀园、通州园、经开区信创园全部开园，已入驻企业189家，国家通用软硬件适配中心、国家信息技术应用创新展示中心、技术验证测试平台和技术服务保障平台落地经开区信创园并取得进展。

创新推动数据实现价值。加快中芯北方、燕东等企业先进、特色集成电路生产线建设，提高设计、装备与材料自主配套能力。支持统信软件操作系统、数据库等关键共性软件研发，培育信息技术应用创新产业。加快5G商用步伐，开展系列化5G+8K应用示范，打造全国领先的4K/8K超高清视频应用与产业发展基地。中国科学院《互联网周刊》公布的“2020 数字经济创新企业 100 强”中，北京市 35 家企业入选，居全国首位。大量创新主体通过打造新业态、新模式，在云办公、在线教育、远程医疗等领域创造越来越丰富的数据运用场景，带动数据价值的实现。

4. 促进产业数字化赋能产业链升级

北京市促进产业数字化赋能产业链升级，加速提升传统产业数字化进程。

加强产业发展载体建设。积极推进国家工业互联网示范基地、国家新型工业化产业示范基地、人工智能创新应用先导区、北斗产业创新基地、中关村工业互联网产业园等产业发展载体建设。截至 2021 年底，工业互联网标识解析国家顶级节点（北京）已上线 37 家二级节点，累计标识注册量 66.51 亿、标识解析量 41.92 亿，接入企业节点 18117 家；工业互联网平台数量、接入资源量全国第一；全市规模以上工业企业上云、上平台率达到 42%，中小企业上云、上平台用户超 25 万家，具备融通服务业各领域、制造业各环节的产业链优势。智能制造示范企业关键工序装备数控化率平均达到 80%，产品研制周期平均缩短 26%，福田康明斯、三一智造入选世界“灯塔工厂”，小米“黑灯工厂”成为行业标杆。

加快传统产业数字化升级改造。推动制造业企业从以加工组装为主向“制造 + 服务”转型，从单纯出售产品向出售“产品 + 服务”转变。以服务提升带动制造能力和制造水平提升，引导制造业企业以产需互动和价值增值为导向，由提供产品向提供全生命周期管理转变，由提供设备向提供系统解决方案转变。全市规模以上工业企业的生产设备数字化率达到 65%，关键工序数控化率达到

70%，数字化生产设备联网率达到60%。数字化车间、智能工厂等智能制造项目不断推进，国家工业互联网大数据中心启动试运营。制造业智能化改造加快。推动传统汽车产业转型升级。加快布局下一代智能网联汽车产业，培育全球领先的智能网联汽车领军企业。建设全球首个L4高级别自动驾驶示范区，建成全国首个自动驾驶车辆模拟仿真测试平台。全产业链布局医药产业体系，启动建设5个示范性研究型病房。促进人工智能与医药健康融合发展。

大力度推进数字菜田建设。持续强化北京现代农业物联网应用服务平台服务能力。加强指导农业园区（企业）生产过程在线完成、信息发布与提醒、产销对接服务、培训信息推送、技术保障，减少人员接触，降低农产品销售风险，园区生产经营管理更加安全、精准、高效。2020年，平台接入农场数量618个，占地面积47.3万亩，设施数量1.6万个，设施面积2万亩，农作物品种数量283种，传感器数量1581个，摄像头数量928个。

5. 推进数字前沿技术创新

北京市不断推进数字前沿技术创新，加大研发投入，推动成果应用。

聚焦未来产业推动数字前沿技术创新。推进大科学装置和国家实验室建设，围绕人工智能、脑科学等领域布局一批新型研发机构，加大攻坚自主可控的前沿核心技术，建立创新攻关“揭榜挂帅”机制。组织6G未来技术路线和潜在技术攻关，启动6G太赫兹低噪放混频芯片、太赫兹功放芯片等相关研究。开展量子领域前沿核心技术攻关，单个超导量子比特退相干时间打破世界纪录，上线北京首个超导量子计算云平台；推动区块链核心技术突破，发布全球首款自主可控96核区块链专用加速芯片。支持人工智能技术创新，与30余家机构共同打造大模型创新生态，发布百度昆仑AI芯片、国内算力最强的寒武纪思元AI芯片，建设百度飞桨等开源平台。

推进政府社会数据价值化流通应用。加强数字政务建设，印发《北京市数字政务建设行动方案（2021年—2022年)》，构建集审批、服务、监管、执法、信用管理于一体的数字政务大平台，建成覆盖4级的网上政务服务体系，在“北京通”、微信、支付宝、百度4个小程序分别上线1000余项服务。推动城市码标准与平台建设，编制《北京城市码建设指导意见》和《北京城市码二维码编码规则（试行)》。强化“回天大脑”建设，加快交通疏堵场景实施进程，推进各街镇人口精细化管理全覆盖，实现精治、共治、数治。

稳步推进数字贸易港建设。编制出台《北京培育建设国际消费中心城市数字消费创新引领专项实施方案（2021—2025年)》，组织编制《北京市信息消费体验中心服务规范》《信息消费体验中心认定规则》等地方标准，指导举办“信息消费+北斗”助力数字经济发展产业对接会，组织策划2021年北京信息消费节活动。编制完成《北京市数字贸易统计测度方法（试行)》。结合数字贸易海外知识产权维权典型案例，形成数字贸易企业海外知识产权维权需求清单，举行数字贸易海外知识产权维权培训。

（三）以供给侧结构性改革创造新需求

北京市深入推进供给侧结构性改革创造新需求，大力推动国际消费中心城市建设，着力提升投资质量效益，加强超大城市现代物流体系建设。扩大内需更加注重提质升级，经济增长的内生动力进一步激发。社会消费品零售总额从2012年的9440.2亿元增长到2020年的13716.4亿元。

1. 推动国际消费中心城市建设

2018年，北京市出台实施《北京国际消费枢纽城市建设行动计划（2018—2022年）》，着力突出北京以配置、交互为主的消费枢纽功能，涵盖塑造全球消费城市的"北京主题"、找准全球消费版图的"北京坐标"、凸显全球消费市场的"北京价值"、建立全球消费环境的"北京标准"4项主要内容，着力推动全球消费市场开放工程、服务消费特色培育工程等10项重点工程。2021年，经国务院批准，北京列入首批国际消费中心城市培育建设名单。北京市制定实施《北京培育建设国际消费中心城市实施方案》，"十大专项行动"落地实施，国际消费中心城市建设稳步推进。

实施传统商圈改造提升计划。2019年，出台实施《北京市商业服务业商圈改造提升行动计划（2019—2021）》。打造王府井高品质步行街。制定"1+3+N"（总体规划，街区环境、业态布局、交通网络规划）综合规划，规范有序推进王府井步行街的全面改造提升工作。王府井步行街北延开街，主街达到892米。通过"一圈一策"精准发力，重点推动CBD、三里屯、今鼎时代广场、昌平龙德、万德福、八达岭6个商圈改造提升工作有序推进，成效显著。从表现力、聚集力、吸引力、消费活跃度、创新活跃度、夜间活跃度等6个维度，对全市52个商圈进行消费活力综合评估，形成商圈消费活力排行榜。

启动传统商场改造工程。启动首批10家传统商场改造工程。

以工业为代表的北京实体经济发展势头又快又稳。图为 2015 年 10 月北京奔驰生产线，技术人员正在对总装完成的车辆各系统进行详细检测（饶强 摄）

2019 年 9 月，制定《关于本市传统商场“一店一策”升级改造工作方案》，选择王府井百货大楼、西单商场等 10 家传统商场作为首批升级改造试点企业。统筹商圈升级改造专项支持政策和其他商业领域资金支持政策，调动企业升级改造积极性。截至 2019 年底，长安商场、甘家口大厦已完成升级改造，受到周边市民和业界的好评，改造后的王府井百货大楼吸引大量顾客前来购物。

打造“北京消费季”品牌。在严格落实防控措施前提下，2020 年，精心策划启动“北京消费季”活动，覆盖餐饮、购物、文化、旅游、休闲、娱乐、教育、体育、健身、出行等十大领域。8 月至 12 月分别围绕“炫彩生活月”“时尚消费月”“国潮京品月”“京城好物直播月”“迎春消费月”主题，开展促消费活动，全年开展活动1000余项。全年累计发放餐饮购物消费券、智能产品消费券和餐饮外卖消费券3900万张，实现销售额135.2亿元，拉动杠杆14.8倍。

环球主题公园盛大开园。2021年9月20日，北京环球主题公园盛大开园，包括好莱坞大道、变形金刚、功夫熊猫、未来水世界、侏罗纪世界、小黄人乐园和哈利·波特等7个主题景区，以及城市大道、景观水系、环球影城大酒店、诺金度假酒店、停车楼、员工住宿等配套项目。项目开园后年接待量超过千万人次，对交通、餐饮、购物及住宿业等具有显著的拉动效应。2021年国庆假期，环球主题公园接待游客18.6万人次，城市大道接待游客24.2万人次，实现开门红。

北京市限额以上批发零售业、住宿餐饮业网上零售额从2014年的1456.9亿元增长到2020年的4423.3亿元，国际消费中心城市建设成效明显。

2. 大力推动消费新业态新模式发展

北京市制定实施《北京市促进新消费引领品质新生活行动方案》，提出培育新模式、提升新品质、优化新供给、布局新基建、营造新环境5个方面共22项措施，纳入“五新”政策体系，并按照“清单化管理、项目化推进”要求，进一步细化分解为40项重点任务和13个关键项目。积极增加服务消费供给，带动消费增长，培育经济新增长点。

鼓励发展首店经济。2019年3月，《关于鼓励发展商业品牌首店的若干措施》出台实施，为商业品牌进京开首店提供一揽子鼓励措施。开启首店服务“绿色通道”，从提升国际品牌高端人才服务保障水平、打造国际品牌展示载体、加大资金支持等方面，对进驻北京的首店品牌予以帮助。2019 年共有 878 家首店、旗舰店落户北京。2020 年 9 月,《关于鼓励发展商业品牌首店的若干措施》(2.0 版）印发实施。新增对首店引进企业及其举办大型首发首秀活动给予资金支持，积极引进首发首秀活动落地，推动首都消费市场国际化、品牌化发展。

鼓励发展有品质的夜间经济。2019 年 7 月,《关于进一步繁荣夜间经济促进消费增长的措施》出台实施，为夜间经济发展“增供给、补短板、促联动、优环境”。在加大夜间消费供给、营造夜间消费氛围、提升消费体验、创新商旅文体融合发展等方面不断发力，初步培育一批“夜京城”消费新场景，包括前门—大栅栏、三里屯、国贸、五棵松 4 个地标，蓝色港湾、世贸天阶、簋街等 9 个商圈，上地、五道口、常营等 9 个生活圈。夜间消费客流不断增长，“夜京城”品牌关注度和影响力持续攀升。鼓励商圈开展多业态布局，发展体育健身、美容健康、学习教育、咖啡和书店、文化演出活动等城市居民消费升级领域，不断满足新的消费需求，区域夜间经济差异化初显成效。朝阳区三里屯、国贸，顺义区中粮祥云小镇聚焦环境提升，打造主题灯光秀；东城区王府井、西城区大栅栏聚焦品质升级，打造场景沉浸式体验空间和中国生活方式文化体验区北京坊；海淀区利用区位优势营造夜间经济科技特色，按照“商业 + 文娱体验”定位，打造五棵松华熙 LIVE。各有关部门积极行动，倡导博物馆、纪念馆和美术馆延长开放时间，开展夜宿博物馆、电影之夜等夜场活动。

发展体育产业促进体育消费。积极贯彻落实《国务院关于加快发展体育产业促进体育消费的若干意见》，不断深化体制机制改革，采取有力措施加快发展体育产业，积极引领健康向上的体育消费方式，完善全民健身体系。通过举办全民健身体育节、北京市体育大会等赛事活动，吸引市民积极参加体育健身。以全民健身公共服务均等化为契机，引导健康向上的体育消费方式。2018 年至 2019 年，共完成 116 个全民健身示范街道、体育特色乡镇创建工作。加快发展体育竞赛表演产业。举办国际性体育赛事、全国性体育赛事、京津冀地区系列体育赛事等活动，充分挖掘和释放消费潜力。推进运动项目向职业体育和产业方向发展，激励职业俱乐部健康良性发展，促进三大球和优势运动项目可持续发展，进一步提升体育赛事上座率。加强体育场地设施建设。持续推进市民身边场地设施建设，满足广大市民参与健步走和跑步运动健身需求。补齐城市副中心体育场地设施短板，为市民健身提供便利。加快冰雪场馆设施建设，落实每区至少新建 1 座 1800 平方米冰场的任务。鼓励社会资本投资体育场地设施建设，促进体育场馆投资建设的多元化。补齐冰雪运动发展短板。第五届北京市民快乐冰雪季系列活动共举办市、区两级冰雪活动 4401 场，参与群众 815 万人次。举办冰雪公益体验课，将冰雪项目纳入社会体育指导员培训课程体系，通过开设冰雪知识“空中课堂”、开展线上科普互动活动、开办冬奥纪实频道，激发群众参与冰雪运动的热情。积极探索“体育 +”模式。用好体育产业资金，重点扶持培育和孵化体育智能装备、设备制造等 10 个领域的企业。利用服贸会、文博会、冬博会，加快体育与文化、旅游等产业融合发展。积极支持新首钢国家体育产业示范区体育要素的落地，研究首钢后奥运体育场馆设施可持续发展问题。促进体育和旅游融合发展，组织开展北京市 2019 年中国体育旅游精品项目推介活动。

支持养老产业创新发展。2020 年，以北京市康复辅助器具产业园为平台，推动自动控制类、人机交互类等 4 类智能辅具的研发。园区入驻企业 31 家。其中康复辅具优势企业和研发创新机构 20 家以上，有力推动了北京市康复辅具产业集聚发展。举办银发消费节活动。以“重阳钜惠　暖心来袭”为主题，服饰、餐饮、健康等多个行业近 200 家企业参与，对接老年消费供需两端。举办“重阳市集”“银发云课堂”等多个板块活动，共覆盖 12 个区的近 200 个街道社区、养老服务机构和老年用品商店，覆盖人数超百万人次。

3. 提升投资质量效益

北京市着力提升投资质量效益，优化投资布局，充分发挥投资对经济增长的带动作用。

投资质量效益稳步提升。围绕促投资抓新开、抓续建、抓增量、抓储备，2021 年，固定资产投资（不含农户）同比增长 4.9%，两年平均增速为 3.5%。

精准投放政府专项债。2021 年，深入参与中航首钢生物质等 4 个基础设施公募 REITs 试点项目上市、发行规模 119 亿元，项目数量和募资规模均居全国首位。公开推介 190 个民间投资项目、总投资 2204 亿元，民间投资增长 9.5%。共发行专项债券 2831.21 亿元，同比增加 1571.43 亿元，增长 124.7%。其中，新增专项债券 840 亿元，同比减少 292 亿元，下降 25.8%；再融资专项债券 1991.21 亿元，同比增加 1863.43 亿元，增长约 14.6 倍。年末，政府专项债务余额为 6317.35 亿元。

完善超大城市现代物流体系。深化推进流通领域现代供应链体系建设试点。继续深化推动农产品、快消品等流通领域供应链物流标准化、信息协同化建设。2020年，完成16条供应链37个项目试点，参与试点供应链综合成本平均降低20%以上，平均库存周转率同比提高10个百分点以上，单元化物流占比提升10个百分点以上。推进平谷马坊物流基地转型升级。积极打造数字化、智能化、绿色化产业园区，立足运输结构调整，加快线路、场站和路网改造，充分发挥物流中转功能。平谷基地入选首批国家骨干冷链物流基地建设名单，现代化冷链物流建设速度进一步加快。推进国际航空物流发展。

（四）高标准推动“两区”“三平台”建设

北京市主动服务和融入新发展格局，推进国家服务业扩大开放综合示范区和中国（北京）自由贸易试验区，发挥中国国际服务贸易交易会、中关村论坛和金融街论坛“三平台”作用，推动金融等重点领域开放提速，全力打造改革开放“北京样板”。

1. 全面启动“两区”建设

2015年5月，国务院批复同意北京市开展服务业扩大开放综合试点，北京成为全国首个服务业扩大开放综合试点城市。2017年6月，国务院再次批复深化试点方案，北京市服务业扩大开放综合试点进入“升级版”。2020年，国务院相继批复《深化北京市新一轮服务业扩大开放综合试点建设国家服务业扩大开放综合示范区工作方案》和《中国（北京）自由贸易试验区总体方案》，9月，中国（北京）自由贸易试验区设立。国家服务业扩大开放综合示范区和中国（北京）自由贸易试验区建设全面启动，北京市成为全国唯一的“两区”叠加城市。

构建立体化工作格局。按照“两区”建设方案，突出重点、统筹推进，以构建“领域+区域+要素”多维度立体化推进，从金融商贸等纵向的产业，科技创新、高端产业片区等横向的区域，人才资金等支撑开放的要素，构建纵横联动、条块结合的工作格局。实施清单化管理、项目化推进方式，梳理251项改革创新举措，1100个项目纳入数据库，列出清单分清责任部门完成时限，每周调度，挂单销账，确保政策落地和项目落地。“两区”建设迅速拉开框架。

深化产业领域开放，构建高水平开放格局。在科技创新领域，技术转让企业所得税优惠、公司型创投企业所得税优惠两项税收政策落地实施，形成更具竞争力的科技创新税收环境，培育专注硬技术的耐心资本，有力支撑全市乃至全国的科技创新发展。开展知识产权保险试点，2020年，共有142家企业的1660件专利获保。在金融开放领域，私募股权基金份额转让政策在京率先破冰，助力形成行业“募投管退”良性循环的生态体系。在专业服务领域，境外期货职业资格认可机制率先在京实现突破，获准开展专利代理对外开放有关试点工作，印发境外仲裁机构设立业务机构登记管理办法，为境外仲裁机构设立明确路径。

聚力重点区域开放，打造创新试点示范。朝阳区实现首单跨境资金池项下的单一币种主账户升级为本外币一体化多币种账户，CBD国际人才港建成并投入使用，自贸试验区朝阳组团金融综合服务平台正式上线。海淀区落地开放原子开源基金会，参与首批跨境数据流动试点，设立北京市首家自贸业务专营银行机构。昌平区在未来科学城落户国家实验室，推进能源、生命领域深度研究，第一家研究型医院破土动工。大兴区获批全国首家跨省共建共管共享的综合保税区，打造贸易投资新高地。顺义区聚焦打造服务贸易特色的综合保税区，“以保税物流供应链为单元”的全国首创航材保税监管模式取得新进展，率先实施跨境电商进口医药产品。通州区谋划布局绿色金融、资产管理，北京绿色交易所、中美绿色基金、北京绿色金融与可持续发展研究院等机构先后入驻。北京经济技术开发区以四大主导产业为主线，积极优化要素配置，实施工业用地全生命周期管理，做到“拿地即开工”，世界500强企业、世界级气动元件研发、制造、销售公司及气动领域的全球领军者SMC公司中国总部落户经开区。河北自贸试验区大兴机场片区（北京大兴）第一批制度创新清单发布，“试点实行告知承诺审批制”等81条创新措施列入清单。

推动关键要素开放，助力国内国际双循环。在资金跨境流动方面，在全市范围开展资本项目收入支付便利化试点，允许中关村科创企业选择一次性外债登记和便利化额度借入外债，试点以来受益企业借用外债平均利率仅为0.6%。在人才跨境流动方面，国家移民局出台支持北京创新发展10条政策，在CBD和北京经济技术开发区国际人才服务厅率先实现外籍人才工作许可、工作类居留许可“一窗受理、同时取证”。探索制定信息技术安全、数据隐私保护、跨境数据流动方面规则，建成金融公共数据专区，汇聚200余万市场主体约18亿条高价值数据，建成北京公共数据开放创新基地，推动一般公共数据无条件开放。

“两区”建设顺利起步，实现良好开端。截至2020年底，国务院批复的“两区”建设251项任务中，累计落地完成90项，完成率接近 36%，收获一批全国第一或唯一的先行先试政策。项目储备力度不断加强，累计新增项目 815 个，在推项目 867 个，其中外资项目 172 个，多项全国首创或首批突破性的政策及项目在京落地。

2. 强化“三平台”建设

北京市持续强化中国国际服务贸易交易会、中关村论坛、金融街论坛等“三平台”建设，加强国际交流合作，推进高水平对外开放。

2012 年，党中央、国务院批准由商务部、北京市人民政府共同主办中国国际服务贸易交易会，简称“京交会”。2019 年，经党中央、国务院批准，京交会更名为中国国际服务贸易交易会，简称“服贸会”，进入提质升级发展新阶段。2021 年服贸会围绕“数字开启未来，服务促进发展”主题，举办覆盖服务贸易全部十二大领域的展览展示、论坛会议、推介洽谈及边会活动，吸引来自 153 个国家和地区的 1.2 万余家企业线上线下参展参会，参与国家比上届增加 5 个，企业数量增加 4500 余家，参展参会企业数量和国际化程度均超过上届水平。其间，全球服务贸易峰会成功举办，世界影响力持续扩大。突出数字服务，助推服务贸易数字化。首次设置数字服务专区，聚焦数字化体验、数字化服务、数字化治理等相关内容，展示了国内首个裸眼 3D 内球幕影院等多项新兴数字技术。全球服务贸易联盟成立大会预备会在北京召开，申请加入服贸联盟的机构和企业已达 100 余家，覆盖世界五大洲和服务贸易十二大领域。

中关村论坛创办于 2007 年，以“创新与发展”为永久主题，定位于服务国家创新驱动发展战略，聚焦科技革命、科技创新、科技合作，面向创新创业主体的全球性、综合性、开放性的科技创新高端国际论坛，为国内外科技界、产业界人士沟通交流，促进国际创新合作提供平台。2021 年中关村论坛围绕“智慧 · 健康 · 碳中和”主题，共举办会议、展览、发布、大赛、交易、配套活动等六大板块 60 场活动。来自 50 多个国家和地区的上千名嘉宾，围绕全球关注的重大科技议题，开展了广泛而富有建设性的交流合作，形成广泛共识，取得丰硕成果。为打造“全球买，全球卖”的技术交易盛会，本届中关村国际技术交易大会汇集近 3000 项技术交易项目，700 余项国内外新技术新产品和 600 多项数字化转型应用技术需求。其中，29 个项目在论坛期间完成合作签约。大会还发布了百项新技术新产品榜单、百项国际技术交易创新项目榜单、百项数字化转型需求榜单，发布了金额达 100 亿元的北京首发展华夏龙盈接力科技投资基金。

金融街论坛创立于 2012 年，在国内外金融界享有较高声誉，被誉为“中国金融改革发展风向标”之一。自 2020 年起，金融街论坛年会升格为国家级、国际性专业论坛，纳入北京市“两区”“三平台”战略部署，成为北京市高质量发展和对外开放重要平台及专业品牌。10 月 20 日至 22 日，2021 年金融街论坛年会围绕“经济韧性与金融作为”主题，5 个平行论坛、35 个议题密集交流，专场活动、专题展览、多场边会和系列活动精彩纷呈。通过线上线下等方式，400 余名中外嘉宾深入对话碰撞，共商金融创新发展与交流合作。

3. 金融等重点领域开放提速

北京市加快推进金融业扩大开放工作，更好发挥国家金融管理中心作用，取得积极进展和显著成效，为全国金融业改革开放探索了一批有益经验。

资本项目便利化试点政策正式落地，实施范围拓展。2018 年 10 月，中关村国家自主创新示范区正式实施资本项目便利化政策试点，包括外债便利化政策和资本项目收入结汇支付便利化政策。其中，外债便利化业务一年为企业节约财务成本超 10 亿元，收入结汇支付便利化业务提高银行审核效率六成。此后，收入结汇支付便利化试点区域扩大至自贸区大兴机场片区。

稳步推进跨国公司开展跨境资金集中运营管理。认真做好政策宣传及业务辅导工作，不断优化业务流程。截至 2019 年底，北京地区 66 家跨国公司开展跨境资金集中运营业务，共吸收 2847 家境内外成员企业，其中世界 500 强企业占比超四成，国内资金主账户累计结算量超过 4 万亿美元。

持续推动跨境人民币结算和使用。拓宽境外人民币投资回流渠道，支持境外投资者以人民币参与投资境内金融市场产品。优质诚信企业相关跨境人民币结算业务便利化方案落地实施，鼓励试点银行为优质诚信企业相关跨境人民币结算业务提供便利化服务。推动境外投资者以人民币参与境内企业国有产权跨境交易，增加产权交易结算品种，降低汇兑风险。支持银行按规定开展个人人民币薪酬项下跨境收付业务。

有序推进外资金融机构引入工作。2018 年，益博睿征信（北京）有限公司（英国征信跨国集团公司）完成企业征信机构业务备案，标志着北京地区首家外资征信机构获准在国内开展企业征信业务。2019 年，标普中国、PayPal 在京发展，SWIFT 在京设立全资中国法人机构，北京成为金融机构准入成果聚集地。2020 年，北京征信评级市场进一步开放，第二家全国性个人征信机构朴道征信有限公司获批成立。第二家外资独资信用评级机构惠誉博华落户北京，在全国率先实施产权交易所实物资产跨境转让结算方案。

设立人民币国际投贷基金。2020 年 12 月，中国人民银行批复同意在京设立人民币国际投贷基金。人民币国际投贷基金坚持全球视野，突出北京特色，强化制度创新，注重风险防范，采用市场化、专业化运作模式，开展人民币境外直接投资和人民币海外贷款业务，重点支持首都企业对外合作和转型升级，为构建国内国际双循环新发展格局提供跨境资金支持。

推动合格境内有限合伙人试点（QDLP 试点）。橡树资本子公司、东方汇理子公司获批参与北京市 QDLP 试点，并分获 5 亿美元、3 亿美元试点额度。国务院印发《关于深化北京市新一轮服务业扩大开放综合试点建设国家服务业扩大开放综合示范区工作方案的批复》，明确“支持外资投资机构参与合格境内有限合伙人境外投资试点”，北京市 QDLP 试点额度增至 100 亿美元。

（五）持续优化营商环境

北京市以提升企业和群众获得感为导向，以市场化、法治化、国际化营商环境为目标，坚定不移持续推进优化营商环境改革，不断改善营商环境。把强化顶层设计作为先手棋，建立多层次全覆盖的改革推进格局。积极推进政府职能转变，构建高效、规范、透明、简便的服务体系。不折不扣落实中央减税降费政策，推出系列减负让利组合措施。建立市、区两级“服务包”制度，提供“管家式”政务服务。统筹用好资源优势，破解民营企业、小微企业、科技创新企业融资难题，聚焦打好防范化解金融风险攻坚战。

1. 做好优化营商环境顶层设计

北京市从优化顶层设计入手，积极破解营商环境改革涉及领域广、利益主体多、推进难度大等难题，建立起多层次全覆盖的改革推进格局，推动营商环境改革不断深化。

完善制度、强化政策，提升营商环境法治化水平。建立优化营商环境法治保障联席会议制度，着力解决营商环境制度瓶颈问题，充分发挥法治在优化营商环境中的保障作用。2018 年 7 月出台《北京市进一步优化营商环境行动计划（2018 年—2020 年）》，明确近三年优化营商环境的时间表和施工图。持续推出 4 版优化营商环境改革政策。2020 年 3 月，市人大常委会表决通过《北京市优化营商环境条例》，组织各区、各部门对涉及营商环境的地方性法规、规章和规范性文件进行全面清理。

提高司法审判效率。推行“互联网 +”审判，推动商事诉讼全流程提速。实行网上立案，2020 年 3 月进一步将网上立案范围拓展到一审民商事案件、知识产权案件和执行实施案件。推行网上庭审，所有商事案件均可在电子诉讼平台和“北京云法庭”网上开庭审理。积极推进民事诉讼程序繁简分流改革试点，推行简单案件快速审理，运用小额诉讼程序和简易程序结案平均审理用时分别为 29 天和 41 天，较法定审限时间压缩至一半。加强多元调解和速裁，21% 的民商事法官在诉讼前端解决 69% 的民商事纠纷。

切实加强知识产权保护。稳步推进专利申请预审服务，缩短专

2019 年 5 月 14 日，在东城区政务服务中心，通过“e 窗通”申报企业营业执照和涉税事项的群众正在综合出件窗口领取办结的证件，一条龙服务方便了企业群众（和冠欣 摄）

利审查周期，专利申请预审案件的审结周期压缩至 7 天内。构建“一站式”知识产权纠纷解决机制，提升维权效率，促成快速调解专利侵权纠纷 20 天内和解，实现参与展会的知识产权纠纷现场快速解决。打造“一站式”知识产权综合服务窗口，提供专利申请、缴费、资助金申请等 10 余项业务。

完善办理破产机制。针对破产周期长、破产信息查询难等问题，持续完善办理破产机制，帮助企业及时有序退出市场。建立企业破产府院联动机制，12 个相关部门联合出台实施意见，明确职责分工，共同解决管理人履职、企业注销、信用修复等问题。在全国首批成立专门破产法庭，集中优势资源实行专业化审判。

在 2019 年的世界银行营商环境评价中，中国排名跃居全球第

31 位，比 2018 年提升 15 位。北京市作为样板城市，得分 78.2 分，比 2018 年提高约 4.7 分，相当于位列全球第 28 位。

2. 深化“放管服”改革

北京市围绕企业创新创业、投资贸易、市场竞争、法治保障等重点领域，切实解决企业和群众办事痛点、难点、堵点，深入推进“放管服”改革，促进营商环境更加优化、政府服务能力和水平不断提升。

围绕简政放权，打造企业和群众省心工程。2020 年，全市取消行政许可事项 11 项、承接国家下放行政许可事项 3 项、下放区级行政许可事项 1 项，清理 42 项政务服务“零办件”事项，全市行政机关、事业单位、公共服务企业、社会组织设定的证明全部取消。

围绕“互联网 + 监管”，创新事中事后监管方式。建设“互联网 + 监管”数据中心和监管事项管理系统，对纳入系统的监管事项统一编码，规范监管事项的发布、运行，实现对监管事项的动态化、标准化管理。搭建旅游行业信用监管平台，实现信用分级分类管理、动态监管和信用预警，覆盖全市重点旅游企业和旅游从业人员，建立旅游从业者和企业信用档案。运用大数据分析手段，围绕金融等重点领域、失联企业等重点对象，构建投诉举报、风险监测和预测预警模型，建设风险预警子系统。

围绕“贴心服务”，提供更加优质便捷的政府服务。构建以区块链为基础的智慧政务服务。全市 64 个市级部门、16 个区和北京经济技术开发区全部入驻市网上政务服务大厅，除涉密事项外，全部事项实现网上可办，82% 的事项实现“全程网办”。全面推行“综合窗口”服务，全市各级政务服务大厅实现“前台综合受理、后台分类审批、综合窗口出件”，市级政务服务事项95%以上进驻政务服务中心，96%以上实现“一窗”无差别受理。建立“热线+网络”沟通体系，持续加大企业诉求解决力度。在“12345”市民服务热线增设企业服务功能，一般诉求类和投诉举报类事项实行7天内办结答复。

3. 构建规范的监管体系

北京市不断完善“双随机、一公开”（在监管过程中随机抽取检查对象，随机选派执法检查人员，抽查情况及查处结果及时向社会公开）监管，建立以信用为基础的监管制度，持续推进“互联网+监管”和跨部门协同监管，着力加强监管执法制度建设，加快构建权责明确、公平公正、公开透明、简约高效的事中事后监管体系，全面提升监管执法公平公正公开水平。

实现“双随机、一公开”监管全覆盖。2020年，全市市场监管领域各部门全部建立以“双随机、一公开”监管为基本手段，以重点监管为补充，以信用监管为基础的监管机制，不断加大市场监管力度。印发《北京市加强和规范事中事后监管的实施方案》，部门职责进一步厘清，事中事后监管进一步加强。北京市“双随机、一公开”监管工作平台持续优化，1079个抽查检查事项纳入清单，抽查覆盖率达96.92%。

加强全流程信用监管。升级改造北京市企业信用信息网，归集企业信用信息达1.45亿条。对于实行告知承诺制的审批事项，相关审批部门均在规定时间内对承诺人履行承诺的情况进行检查，并将检查成果纳入信用体系，建立红黑名单，实行信用分级分类管理，将相关信息推送至北京市企业信用信息网，实现信息归集，与“信用中国”实现数据对接。

规范监管执法。完成全市行政检查单的统一规范，实现执法检查规范化、标准化和责任具体化。完成全市行政处罚裁量基准规范工作，基本实现市、区、街道（乡镇）行政处罚的裁量基准统一和规范适用。出台《北京市进一步推动公平竞争审查工作的实施意见》，组织市区两级审查文件 2.5 万份。实行执法检查计划公示和行政检查单制度。2020 年 7 月 1 日起全部启用规范后的行政检查单实施检查，执法人员不得擅自增加或删减检查内容，不得擅自改变检查方式。

4. 全面落实减税降费政策

北京市认真落实中央减税降费政策，积极进行有益探索，在地方权限范围内制定一系列减负让利的组合措施，持续为实体经济发展鼓劲添力，在减轻企业负担方面效果明显。

不折不扣落实中央减税降费政策。在个人所得税改革、小微企业普惠性税收减免、深化增值税改革和降低社会保险费率等方面，实施一系列减税降费政策，取得实质性成效，2019 年新增减税降费约 1360.2 亿元，切实减轻企业和个人税收负担，稳定市场信心，激发创新活力。

在地方权限范围内最大限度地推出系列减税降费组合措施，体现出北京特色。顶格减免小微企业“六税两费”，即资源税（不含水资源税）、城市维护建设税、房产税、城镇土地使用税、印花税（不含证券交易印花税）、耕地占用税和教育费附加、地方教育费附加，顶格扣减退役士兵和贫困人口等重点群体相关税费，按最高

50% 幅度减免文化事业建设费，需要缴纳残疾人就业保障金的残疾人就业安置比例，调整为法定下限 1.5%。

加大行政事业性收费及政府性基金清理力度，实现地方性涉企项目零收费。降低部分经营服务性收费，下调公证服务收费标准，取消译文代办费，放开证据保全类等收费，并将政府定价项目调整为政府指导价管理。加大收费基金清理力度，停征水资源费、排污费、地方水利建设基金（防洪费），取消法医检验收费，停征非财政拨款硕士研究生学费、非财政拨款博士研究生学费等收费项目，免征首次申领居民身份证工本费，将药品和医疗器械产品注册费标准降为零。

减税降费支持疫情防控。2020 年，坚决落实国家为应对疫情出台的各项减税降费政策，全年新增减税降费超 2000 亿元（其中减免 1422 亿元社保费），影响地方收入近 1800 亿元。这些措施对保住市场主体、帮扶企业渡过难关发挥了重要作用。增值税政策，对受疫情影响较重和疫情防控企业的收入免征增值税，全额退还疫情相关企业增值税增量留抵税额，下调小规模纳税人增值税征收率、预征率。企业所得税政策，对疫情防控相关企业新购设备允许一次性税前扣除，延长受疫情影响较重、经营困难企业的亏损结转年限等。个人所得税政策，对相关医务人员临时性补助和奖金免征个人所得税，单位发给个人的医疗防护用品等实物（包括现金）免征个人所得税。进口环节税收政策，对进口防疫物资，免征进口关税和进口环节增值税、消费税、关税。捐赠税费政策，企业和个人公益性捐赠全额税前扣除，无偿捐赠免征消费税、增值税及附加税费。降低社保缴费政策，发布《关于做好北京市阶段性减免企业社会保险费工作的通知》《关于延长阶段性减免企业社会保险费政策实施期限等问题的通知》等文件，明确减免政策执行期限、具体适用对象、参保企业划型、减免流程等具体问题。其他降费政策还有免征文化事业建设费，停征中小微企业特种设备检验检测费、污水处理费（非居民）、占道费等。

（六）开放型经济水平不断提升

北京市全面深化改革开放，不断提升开放型经济水平，积极探索，以开放促改革、促发展、促创新，勇立潮头，为中国建设开放型经济体系发挥重要示范和引领作用。大力吸引利用外资，实施“走出去”战略，双向投资成效显著。积极发展对外贸易，推进货物贸易转型升级，推动服务贸易创新发展。不断探索新做法新经验，打造对外开放新模式。

1. 双向投资成效显著

北京市实施全面对外开放战略，持续改革创新、优化环境，利用外资和境外投资规模与质量不断提升，成为发展开放型经济重要组成部分。

北京市利用外资和对外投资始于 1979 年。全市第一家境外企业京和株式会社、全国第一家外商投资企业北京航空食品有限公司等陆续成立，全国第一家合资饭店建国饭店建成开业。1992 年邓小平南方谈话后，利用外资和对外投资进入规模化发展阶段，高新技术产业和第三产业逐步成为投资热点。国内第一家中外合资零售商业企业燕莎友谊商城正式开业，以首钢集团为代表的国有企业相继开展海外投资项目。以中国加入世贸组织为标志，北京对外开放进入加快发展阶段。在加快利用外资步伐的同时，引导外资投向现代制造业和服务业，重点吸引大型跨国公司投资，形成独特的总部经济形态。一批具有首都经济特征和科技优势的企业以合资、股权置换、收购兼并等方式开展对外投资，投资领域拓展到国际贸易、工程承包以及高技术产品的研发与销售等。

党的十八大以来，北京市全面提高开放型经济水平，实行更加积极主动的开放战略，“引进来”和“走出去”步入全面深化改革新阶段，各项试点与改革稳步推进，参与“一带一路”建设取得

位于北京城市副中心的城市绿心与通州运河商务区林立的高楼交相辉映（潘之望 摄）

积极成效。

利用外资规模与质量同步提升。坚持合理有效利用外资，稳增规模、优化结构、提高质量、提升服务。更加注重引进国外高端资源，把吸引外资同引进先进技术、管理经验和高素质人才结合起来，积极引导外资投向高新技术产业、现代服务业。实际利用外资总额从 2012 年的 80.4 亿美元增长到 2020 年的 141.0 亿美元。2017 年 9 月，出台《关于率先行动改革优化营商环境实施方案》，促进内外资企业一视同仁、公平竞争。深化外资企业“一窗受理”改革，实现外资企业设立全程电子化。出台《关于扩大开放提高利用外资水平的意见》，研究制定提升总部经济发展水平的若干意见及实施办法，完善吸引跨国公司地区总部和国际人才政策，提高外资总部经济发展综合能力。建立稳外资工作机制。2020 年 8 月，组建成立北京市稳外资工作专班，建立长效工作机制，加强协同联动，及时共享外资线索和外资企业发展动态，持续跟踪外资项目及入资情况，进一步做好招商、安商、稳商工作。

参与共建“一带一路”。《推进共建“一带一路”三年行动计划（2018—2020 年）》圆满收官，完成 70 项重点任务。国际合作走深走实，与蒙古国、俄罗斯重点城市合作不断深化，推动俄罗斯上乔油气田项目顺利实施。实施“一带一路”科技创新行动，共建实验室、技术转移等国际科技合作取得新进展，人文交流持续拓展深化。多措并举支持企业“走出去”，提高企业在全球价值链中的影响力，有序引导企业融入“一带一路”建设，推动对外投资合作的方式创新和高质量发展。支持商业银行搭建“一带一路”跨境金融服务平台。支持率先实施对外承包工程跨境人民币结算便利化试点，以企业“走出去”带动人民币“走出去”。推动跨境人民币业务创新，稳步推进北京市设立人民币国际投贷基金工作取得积极进展。

境外投资结构持续优化。坚持引导企业境外投资方向，积极提升科技研发、租赁和商务服务业、信息服务业等行业占比，促进新能源、生物医药等战略性新兴产业赴海外投资，投资结构持续优化。组织企业积极参与马来西亚—新加坡、中国昆明—老挝万象等一批国家重大基础设施互联互通项目建设。利用“互联网+政务服务”等信息化手段，搭建“境外投资直通车”在线备案平台，推进对外投资管理信息化改革，提高管理服务水平。建立境外投资协同监管机制，创新对外投资管理方式，严格防范和积极应对对外投资风险。打造投资服务品牌活动，持续办好北京双向投资论坛暨国别日系列活动，办好中国国际经济合作“走出去”高峰论坛。

截至2020年底，北京市企业对全球144个国家和地区开展直接投资，投资存量840亿美元，其中，对“一带一路”沿线42个国家直接投资40.8亿美元。北京城建集团、北京控股集团有限公司等市属国企累计在48个共建国家开展投资；一批民营高技术企业国际业务迅速拓展，在移动互联网、轨道交通等方面形成一批影响力大、美誉度高的国际品牌。

2. 积极发展对外贸易

北京市积极发展对外贸易，扩大开放试点，优化营商环境，提高管理服务水平，外贸动能不断强化。

为适应对外贸易发展形势，1983年北京市进出口管理委员会更名为北京市对外经济贸易委员会，统一管理全市对外贸易。以

“三来一补”（来料加工、来件装配、来样加工和补偿贸易的简称）为主要形式，开展对外贸易。1988 年 9 月起，实施出口商品分类管理，建立责、权、利统一的外贸新型体制。1992 年，逐步放开专营管理，拓宽外贸经营主体。2000 年，开创星网工业园加工贸易模式。借助加入世贸组织的契机，出台北京行动计划纲要，营造公平、规范的贸易和投资环境。2004 年，外贸经营主体管制彻底放开，民营企业和外商投资企业迅速增加。2008 年奥运会提升了北京的国际化程度，为外贸进出口提供了更广阔的平台。

党的十八大以来，北京市聚焦政策服务，优化营商环境，开辟服务贸易新领域，推动外贸稳增长、调结构，加快开放型经济发展。

优化对外贸易发展环境。2014 年 7 月，率先推动京津冀区域通关一体化改革。2015 年 6 月，率先实现跨区域互联互通。2017 年 12 月，整合外贸有关事项，实现外贸领域“十五证合一”，一网采集涉及“多证合一”相关登记信息，减少企业重复提交申请材料 30 余份、各类登记备案事项 130 余项。2018 年 6 月，进一步实现“二十四证合一”，真正实现企业“少跑腿”，降低经营成本。提升服务水平，每年为符合条件的外商投资企业进口设备办理免税确认，解决外籍高层次人才社保、执业资格认证等问题。

推进货物贸易转型升级。积极培育外贸转型升级示范基地。经营主体多元化，外商企业和民营企业占比提高。货物进出口总值从 2012 年的 4081.1 亿美元下降到 2020 年的 3350.4 亿美元，其中出口额从 596.3 亿美元增至 670.1 亿美元，进口额从 3484.8 亿美元降至 2680.3 亿美元，贸易逆差从 2888.5 亿美元降至 2010.2 亿美元。

推动服务贸易创新发展。服务贸易发展迅速，服务出口结构不断优化。文化贸易、技术贸易、服务外包等体现首都文化、科技创新优势的重点领域发展迅速，新兴服务贸易领域出口比重不断提升。国家文化出口重点企业和重点项目中，北京历次入选的企业和项目数量连续多年位居全国第一。服务贸易已成为全市新的对外贸易增长点。服务贸易总额从 2012 年的 1000.2 亿美元增长到 2020 年的 1606.2 亿美元，其中服务贸易出口额从 445.1 亿美元增至 562.8 亿美元，服务贸易进口额从 555.1 亿美元增至 1043.4 亿美元。

3. 打造对外开放新模式

北京市积极适应开放型经济发展的新形势，探索新做法新经验，推出“负面清单 + 正向激励”和“产业开放 + 园区开放”等模式，为开放型经济注入新活力。

探索实施“负面清单 + 正向激励”模式。2018 年 1 月，提出打造“负面清单 + 正向激励”模式，开放力度向自贸区看齐。“负面清单”即《外商投资准入特别管理措施》，对清单之外领域一律按照内外资一致原则不设外资准入条件；“正向激励”即在政府鼓励外商投资的领域和范围，对外商投资实施激励措施。之后，在全面落实准入前国民待遇加负面清单管理制度基础上，进一步放宽外资准入，在科技、信息、金融、文化等八大领域，形成更加精简的负面清单，推出包括放宽外商投资性公司设立条件、允许外资扩大增值电信业务股比等 30 多项措施。

探索实施“产业开放 + 园区开放”模式。2019 年初，探索实施“产业开放 + 园区开放”模式。产业开放方面，制订科技、互联网信息、专业服务等 8 个专项开放改革三年行动计划，推出 190

项开放改革举措。园区开放方面，推动朝阳、海淀、通州、顺义4个试点示范区和“三城一区”等12个示范园区建设，针对重点功能区研究制定政策包。建设城市副中心服务业扩大开放先导区，围绕行政办公、文化旅游、高端商务和金融创新等领域，加速引导高端资源集聚。首都国际机场临空经济区和大兴国际机场临空经济区，以海关特殊监管区域升级为突破口，拓展保税功能，打造“一南一北”两大开放引擎。

加快发展天竺综合保税区。出台实施《北京天竺综合保税区深化改革创新发展纲要》，天竺综合保税区在通关便利化、跨境贸易发展等方面取得积极进展。关税保证保险模式向全国自贸区推广，文物入区鉴定向全国推广，知识产权证券化在深圳中国特色社会主义先行示范区复制。获批5类商品进口指定查验口岸、国家文化出口基地等。产业结构不断升级。高端服务业驱动发展能力增强，科技、文化特色更加凸显。2019年，第三产业营业收入占园区总收入的比重扩大到95%，高出全国综合保税区整体水平45个百分点。

推进跨境电子商务综合试验区建设。北京市作为第三批跨境电子商务综合试验区城市之一，在物流、仓储、通关等方面进一步简化流程，精简审批，完善通关一体化、信息共享等配套政策，推进包容、审慎、有效的监管创新。坚持高端定位，2018年12月，印发实施《中国（北京）跨境电子商务综合试验区实施方案》。提出10个方面16项重点任务，为进一步优化完善北京跨境电商综试区产业发展体系、促进跨境电商持续健康发展提供了重要指导。升级进口通关模式，由“直购进口”的单车道成功升级为“网购保税进口+直购进口”的双车道和快行道。创新“一带一路”快速铁路跨境电商运输贸易线业务，实现顺利落地。

持续推进贸易和投融资便利化改革。全面推进 12 项支持跨境贸易投融资便利化措施在京落地见效，推出一系列符合地区发展特点的外汇便利化举措。稳步推进贸易外汇收支便利化试点，将货物贸易外汇收支便利化试点扩大到服务贸易。截至 2020 年底，32 家贸易外汇收支便利化试点企业累计办理业务 7185 笔，金额 363 亿美元。单笔业务办理时间压缩至 10 分钟以内。外债便利化等重点区域先行先试政策持续升级，推动中关村外债便利化试点额度由 500 万美元提升至 1000 万美元。

四、紧紧抓住疏解非首都功能这个“牛鼻子”，深入推动京津冀协调发展

党的十八大以来，北京市坚持以习近平总书记对北京重要讲话精神为根本遵循，立足首都城市战略定位，以首都发展为统领，坚持新发展理念，深入贯彻落实《京津冀协同发展规划纲要》，牢记北京作为协同发展“一核”的重要使命和责任，将有序疏解非首都功能作为京津冀协同发展的“牛鼻子”，控增量与疏存量双管齐下，疏解与提升同步推进，推动可持续发展和区域产业优化提升；扎实推进城市副中心建设，打造国际一流的和谐宜居之都示范区、新型城镇化示范区和京津冀区域协同发展示范区；大力支持河北雄安新区规划建设，为京津冀区域发展开拓新空间；实现交通、生态、产业三个重点领域率先突破，稳步推进公共服务共建共享。京津冀协同发展的良好态势正在形成，新的区域经济增长极逐步显现。

2019 年 8 月 30 日，即将建成通航的北京大兴国际机场（潘之望 摄）

（一）有序疏解非首都功能

北京市坚持“四个中心”功能定位，把有序疏解非首都功能作为落实首都城市战略定位、解决北京“大城市病”、建设国际一流的和谐宜居之都的先导和突破口，坚持严控增量和疏解存量相结合，内部功能重组和向外疏解转移双向发力，实施“疏解整治促提升”专项行动，有效治理“大城市病”，大力改善人居环境，全面提升城市品质，不断增强发展活力，促进首都高质量发展。

1. 疏解提升区域性市场和物流中心

众多的区域性批发市场，是疏解非首都功能的重点领域。北京市着眼于京津冀更大空间来疏解功能谋发展，聚焦疏解提升区域性市场和物流中心，走出一条减量发展、“瘦身健体”、提质增效的新路。

坚持区域联动，加大统筹协调力度，多途径疏解低端业态。大红门原来是皇家苑囿南苑（南海子）的正门，地处北京南中轴线，交通便利。改革开放后，大红门地区从“路边经济”发展到“大棚经济”，再到“商城经济”，一度成为中国北方最大的服装生产和交易中心。至2014年，大红门地区聚集着45家批发市场3.3万家商户9万余名从业人员，集批发零售、生产仓储、物流配送为一体。随着大红门地区服装产业中心的发展与扩张，其发展短板也日益显现。经营劳动密集型产业，产业形态以服务京外为主，不符合首都功能定位。基础设施不足、公共服务欠缺、交通拥堵和治安管理等问题亟待解决。2014年下半年，大红门地区启动大规模疏解转型工作。北京市统一部署，通过到期停租、调解解约、依法查封、项目带动、业态转型等途径，彻底疏解批发、仓储等业态，关停所有物流库房。2018年，南苑—大红门地区疏解整治促提升取得历史性突破，大红门地区原45家批发市场，拆除15家，关停21家，转型升级9家；拆除市场内违法建设13处11.7万平方米；清理“住改商”323处，仓储物流点位33个，大红门早市正式关停。与河北沧州等地对接协作，成立北京丰台—沧州大红门市场服务中心，帮助1.6万商户“二次创业”，推动大红门品牌京外发展。2021年底，随着大红门服装商贸城、天雅女装大厦、新世纪服装人厦相继关停，商家搬迁至天津以及河北固安、永清等地，大红门商圈疏解进入收尾阶段。

坚持主动服务，协调转移承接地，再造产业升级新环境。北京动物园地区批发市场（以下简称“动批”）地处首都功能核心区西城区，形成于20世纪80年代中期，曾经是北方地区最大的服装批发集散地之一。“动批”拥有天皓成、东鼎、万容天地、金开利德等12家辐射华北、东北、西北的服装和小商品批发市场群，建筑面积约35万平方米，摊位数约1.3万个，从业人员4万余人。地区日均人流量有6万—7万人次，节假日达10万人次。巨大的市场体量和客流带来人口无序过快增长、环境脏乱、违法建设等问题，严重影响发展。2013年8月，北京市开展试点疏解“动批”市场任务。2015年1月，天皓成市场首先闭市。此后近两年，其余市场陆续摘牌闭市。2017年底，“动批”疏解全面收官。为实现“动批”市场平稳有序疏解，北京市创新性地出台配套税收政策，因地制宜地使用产权置换、应用股权收购等经济手段解决难题，还开创了“腾笼”与“换鸟”同步，运用政府引导基金，“减量平移、增减平衡”等方式开展疏解工作。利用津冀政策优势，北京市加强与京津冀协同发展相关辐射区域共同研究产业疏解、合作发展等事宜，与天津西青、河北石家庄、保定、沧州、廊坊等地签订战略合作协议，主动对接，为市场出主意，为商户找出路。通过加强政策扶持力度，与当地政府协商，让“动批”商户享受到当地工商、税务、子女入学等绿色通道的优质服务，最终实现津冀市场、外迁商户的多方共赢。

优化空间布局，促进转型升级。根据《北京城市总体规划（2016年—2035年）》要求，北京在疏解非首都功能后，优化城市

2017 年 11 月 30 日，北京动物园周边最后一家大型批发市场“东鼎市场”闭市，“动批”正式成为历史名词。腾退空间用于打造金融科技示范区（武亦彬 摄）

功能和空间结构布局，统筹腾退空间利用，突出创新发展，依靠科技、金融、文化创意等服务业以及集成电路、新能源等高技术产业和新兴产业来支撑，在引领京津冀协同发展中发挥更大作用。“动批”腾退完成后，依托金融街、中关村优势，引入发展与首都定位相匹配的科技、金融等产业，进行“腾笼换鸟”的升级改造。大红门地区转型为首都商务新区。中关村大街海龙、鼎好、中关村地下广场等电子及小商品批发市场完成腾退后，实施“主题楼宇塑造计划”，形成一批具有创新创业特色的主题楼宇；朝阳区雅宝路服装市场部分楼宇疏解升级后，用于承载文化创意设计产业和创客空间。

2. 关停退出一般制造业企业

为实现城市高质量、可持续发展，按照“控制增量、疏解存量”原则，北京市将退出一般性制造业和清理整治“散乱污”企业列为疏解非首都功能的重点专项工作之一。就地淘汰和迁出一般性制造业，持续开展“散乱污”企业清理整治专项行动，为北京产业结构优化升级留出足够空间。

严格执行产业禁限目录，控制增量。2014 年，北京市率先在全国发布实施新增产业禁止和限制目录，严格禁止明显不符合首都城市战略定位的行业进入。2015 年修订目录，进一步扩大禁限范围，保证增量部分“优中选精”。新版禁限目录涉及全市 599 项行业条目，占全部国民经济行业分类的 55%，堪称“史上最严”。全市严禁发展一般性制造业的生产加工环节，就地清理淘汰“三高”项目，绝不外迁。关闭金属非金属矿山，有序关停高风险的危险化学品生产和经营企业。市、区两级审批联动，推动调整行业税收政策，确保禁限项目“零准入”。2018 年 9 月，再次修订北京禁限目录，将疏解非首都功能与构建高精尖经济结构相结合，强化分区域实行精细化禁限，注重产业领域分类施策，让禁限更为精准、细化，落实更为有力，充分保障城市运行和群众日常生活。截至 2020 年 5 月，全市不予办理的工商登记业务累计达 2.32 万件。

实施退出目录，推进存量污染企业退出。制定《北京市工业污染行业、生产工艺调整退出及设备淘汰目录（2014 年版）》，共计 198 项，涵盖污染较大、耗能较高的行业和生产工艺，以及国家明令淘汰的落后设备。凡所列条目，有关部门不予审批和核准新的投资项目、不予批准新增用地、不予办理生产许可，严格进行环境、安全、土地、规划、节能等执法监察，限期退出相关企业。2017年，再次修订退出目录，目录增至212项，基本覆盖北京市工业领域到2020年计划实施调整退出的污染行业、生产工艺和落后设备。

坚决退出一般性制造业和清理“散乱污”企业。分门别类，对钢铁、有色金属、建材、化工、纺织印染、机械、印刷、造纸等污染较大、耗能耗水较高的行业和生产工艺，实行就地淘汰；对非科技创新型企业特别是制造业零部件配套、石化产业及食品、酿酒、饮料等相关制造企业，进行易地搬迁。明确“散乱污”企业认定标准、清理整治完成标准和考核评分标准。强化协同联动和联合执法，建立“疏解整治促提升”综合调度信息平台，实现对“散乱污”企业动态清零工作的信息化调度。在全市范围内组织开展拉网式、地毯式摸排，聚焦重点，推进建材、家具、包装印刷、化工等行业企业的清理整治，重点整治城乡接合部地区和“工业大院”“出租大院”里非法排污、非法经营的“散乱污”企业。及时将摸排发现的“散乱污”企业纳入台账，依法依规实施关停取缔、整改提升等措施，做到“上账一家、销账一家”。对已清理整治企业开展“回头看”，防止关停取缔或整改提升后“死灰复燃”。充分利用科技手段，采取用电量监控和热点网格分析法等及时发现“散乱污”企业。开展舆论引导和社会参与工作，通过加强环保宣传，引导公众对清理整治“散乱污”企业的广泛认同和支持。2017年至2019年，全市共清理整治“散乱污”企业7471家，实现对“散乱污”企业的“动态摸排、动态清零”。

运用经济手段引导“三高”企业调整转型和退出，促进绿色低碳发展。2015年，北京市制定完善差别电价政策，对限制类、淘氿类装置及单位能耗超标的装置或建筑所用电量，执行高于普通电价的电费标准。最高每千瓦时加价 0.5 元，加价幅度居全国之首。此外，北京市还出台工业污染企业调整退出奖励政策。2008 年起，对调整退出的“三高”企业给予最高 230 万元奖励；2014 年，最高奖励提升至 300 万元，至 2017 年底，累计下达奖励资金 7.37 亿元。

北京市严控产业增量、划定发展边界，使得创新活力持续释放，资源环境不断改善，人民群众获得感显著提升。高精尖产业得到高速成长，规模以上高技术制造业和战略性新兴产业引领作用持续增强，优化提升首都功能。全市新设市场主体中，科技、文化、信息等高端服务业占总量近 50%。区域差异化发展明显，产业结构不断优化升级。

3. 疏解部分学校和医院

北京市为有效解决中心城区人口过于集中而导致的“大城市病”，严格落实《京津冀协同发展规划纲要》，以“疏解整治促提升”专项行动为重要抓手，着力引导核心区优质资源向资源薄弱地区转移，推动实现部分市属教育资源和医疗卫生资源率先疏解，促进教育资源合理布局、优质医疗资源均衡配置。

有序疏解中心城区部分普通高校，压缩中心城区在校生规模。北京市支持在京中央高校和市属高校通过搬迁、办分校、联合办学等方式向郊区或河北、天津转移，统筹推动市属高校本科教育有序迁出中心城区，老校区向研究生培养基地、研发创新基地和重要智库转型。为构筑首都人才新高地，2001 年 10 月，昌平沙河高教园区、房山良乡高教园区开始建设。2004 年至 2011 年，中国社会科学院研究生院、北京理工大学、首都师范大学等6所高校迁入良乡高教园区。中央财经大学、北京航空航天大学、北京师范大学等5所高校陆续入驻沙河高教园区。推进沙河、良乡高教园区向大学城转化，建设科教融合新城，截至2020年底，迁入高教园区的国家“双一流”学科8个，北京市高精尖学科9个，整体迁入的一级学科50个，引导已建科研平台部分或整建制迁入省部级以上科研平台42个。北京市加速推动实现“区区有高校”目标，优化市属高校布局，促进教育资源均衡配置。2017年以来，中国矿业大学等13所高校3万余名学生向中心城区外校区转移；北京城市学院整体搬迁至顺义，实现一址办学；北京电影学院怀柔校区一期项目建成投用；首都体育学院到延庆区办学，并成立“北京国际奥林匹克学院”。

疏解部分中等职业教育功能，逐步压缩中等职业教育和成人教育规模。有序推动职业教育学校发展重心向河北转移，高校不再新增招收京外生源的成人教育机构和办学功能，压缩中等职业学校京外招生人数，引导不符合首都功能定位、办学特色不突出的学校转型、调整或退出。北京市外事学校等4处职业学校由西城区合并迁入昌平区，促进职业教育转型升级。2017年，市属高校和普通中专招生规模较2015年调减1.5万人，累计压缩教育培训机构180个，中心城区占比82.2%。调整优化职业教育结构，引导职业院校向精品化方向发展。原现代职业技术学院等3所职校并入北京城市学院，创建了全国第一个包括中职、高职专科、应用型本科、专业硕士一体化贯通式教育模式。

以优化区域卫生资源配置，提升服务能力为目标，统筹规划调整医疗卫生资源布局。北京市按照增减挂钩原则，统筹谋划20余个市属医疗卫生机构疏解项目，通过整体迁建或建设分院等形式向北京城市副中心、城市南部、“回天地区”①、郊区等资源薄弱地区转移，促进优质卫生资源均衡合理布局。自2018年起，天坛医院实现整体搬迁；东直门医院通州院区、同仁医院亦庄院区、北大人民医院通州院区开诊运行，友谊医院顺义院区、朝阳医院东院、积水潭医院回龙观院区加快建设，引领、辐射、带动区域医疗水平提升。安贞医院、友谊医院、首都儿科研究所附属儿童医院、北京急救中心都在通州布局，补齐疾病控制、妇幼保健等资源短板，高标准建设城市副中心卫生服务体系，提升北京城市副中心对河北周边地区的辐射和带动作用，促进城市副中心医疗卫生事业发展。

加快推进医疗资源疏解和布局优化，持续开展医疗对口支援帮扶。通过对口支持帮扶环京周边河北廊坊等地区医疗机构，提升当地医疗服务水平，促进来京就诊患者分流。据外地患者来京就医数据监测显示，2019年核心区外地患者就诊人次较2017年降低近2%、减少来京就医人数28万人次。通过统筹配置优质医疗资源，进一步发挥辐射带动作用，提高卫生健康供给质量和服务水平。

4. 疏解整治促提升专项行动取得成效

为凸显首都战略定位，深刻处理好“都”与“城”、保护与利用、减量与提质的关系，把服务保障中央政务和治理“大城市病”结合起来，建设政务环境优良、文化魅力彰显、人居环境一流的首

---

① “回天地区”是指北京回龙观和天通苑社区，面积63平方千米，包括一镇六街道134个社区（村），常住人口达80余万人。作为超大型社区，这里人口高度密集、交通拥堵、生活不便、配套不足等问题突出。

善之区，深入推进京津冀协同发展，2017年至2020年期间，北京市大力开展疏解整治促提升专项行动，严格控制增量，有序疏解存量，不断调整优化经济结构和人口规模，疏解非首都功能取得阶段性成果。

坚持疏字当头，在减量中倒逼集约高效发展。严格落实《北京城市总体规划（2016年—2035年)》确定的人口规模和建设规模“双控”要求，严格执行新增产业禁限目录，全市不予办理的工商登记业务累计达2.34万件。坚持内部功能重组与向外疏解转移双向发力，控增调存、分类推动。优化产业结构，依法依规督促高耗能高污染企业、不达标企业整改升级或关停退出。截至2020年末，疏解一般制造业企业近3000家，全市大规模集中疏解专业市场任务基本完成。2021年核心区三级医院床位累计疏解2200余张，外地患者较2019年同期减少约186万人次。加快推进存量制造业企业的高质量发展。将一般制造业腾退空间再利用，承接高精尖项目，如铜牛、罗格朗等一批老厂房腾退空间转型为设计园区、疫苗生产基地。经济结构得到优化，功能疏解为首都高精尖经济发展创造了空间，科技、信息、文化等领域高精尖产业新设市场主体占比从2013年的40.7%上升至2020年的60%。

城市运行秩序和环境面貌明显改善。2018年以来，通过拆除违法建设累计腾退土地169平方千米，综合整治“开墙打洞”、占道经营等行为，累计治理问题点位19万个。完成核心区2336条背街小巷环境整治，推动街巷整治向街区更新转变。利用拆违腾退土地实施“留白增绿”69.22平方千米，建成投用口袋公园、微型绿地约460处，温榆河公园等大尺度绿地成为城市新地标。2017年以来，累计建设提升基本便民网点5133个，完成棚户区改造11.1

万户，以需定项实施中心城区老旧小区综合改造82个。围绕“两轴”、“三金海”、广渠路、亮马河、崇雍大街等重点地区、重点廊道，开展45个重点区域综合治理提升品质，前门三里河、亮马河国际风情水岸等一批网红打卡地亮相，提升了城市品质和活力。

北京市人口规模得到优化调整。北京市常住人口规模自2017年以来持续下降，2020年北京市常住人口控制目标顺利完成。根据北京市第七次人口普查数据，截至2020年11月1日0时，北京市常住人口为2189.3万人，顺利实现2300万常住人口的控制目标。2021年末，北京市常住人口2188.6万人，实现负增长，比上年末减少0.7万人。人口和城乡建设用地连续4年、建筑规模连续3年减量，中心城区常住人口占比由2015年的59.3%下降到2020年的50.2%。北京已成为全国第一个减量发展的城市，减量发展迈出实质性步伐，首都城市发展方式实现深刻转型。

（二）北京城市副中心与雄安新区两翼齐飞

党的十八大以来，以习近平同志为核心的党中央作出了关于建设北京城市副中心、建设雄安新区，与首都北京形成“一核两翼”战略格局，继而带动建设京津冀世界级城市群的一系列重要部署。北京市紧紧抓住疏解非首都功能这个“牛鼻子”，推动京津冀协同发展，高起点规划、高标准建设、高水平管理城市副中心，加快形成城市发展新骨架，发挥“一核”作用，强化“两翼”联动，全力支持雄安新区规划建设，促进副中心与雄安错位发展、两翼齐飞。

1. 高水平规划建设城市副中心

北京市坚持世界眼光、国际标准、中国特色、高点定位要求，精心编制《北京城市副中心控制性详细规划（街区层面）(2016年—2035年)》，2018年12月27日党中央、国务院批复实施。北京市探索形成高位统筹、市区联动的副中心体制机制，推动城市副中心控规落实落地，聚焦基础设施、城市管理、公共服务、生态环境等重点领域，突出科技创新、行政办公、商务服务、文化旅游主导功能，全面朝着全力打造国际一流的和谐宜居之都示范区、国家绿色发展示范区、新型城镇化示范区和京津冀区域协同发展示范区的目标高速迈进。

体制机制创新保障发展。成立市委书记任组长的市委市政府城市副中心建设领导小组，强化顶层设计；组建城市副中心党工委管委会；出台实施政策集成创新、财政管理体制改革等系列政策，形成更加有力的政策保障；完善项目建设统筹推进机制，形成从管理到实施的一整套体制机制；不断深化投融资体制改革，推动形成更高水平开放态势，市区融合的体制全面形成。为城市副中心管理委员会赋权市级行政权力108项，为副中心高质量发展进一步赋能。

坚持高标准，用先进理念规划设计建设城市副中心。北京市坚持高质量发展，编制完成副中心总体城市设计和所有街区层面的控制性详细规划，衔接整合专项规划，实现绿色交通、生态市政、民生共享、风貌景观等专项系统“多规合一”。城市副中心控规落实城市战略定位，明确发展目标、规模和空间布局；明确功能，紧紧抓住疏解非首都功能这个“牛鼻子”，高端产业加快向副中心聚集；副中心作为集中承载地的功能有效发挥，建设新时代和谐宜居典范城区；构建水城共融、蓝绿交织、文化传承、多组团集约紧凑发展的生态城市布局，致力形成“一带、一轴、多组团”① 城市空间结构，形成独具魅力的城市风貌；坚持绿色低碳发展，建设未来没有“城市病”的城区；推动通州区城乡融合发展，建设新型城镇化示范区；推动与河北省廊坊北三县地区统筹发展，出台通州区与北三县协同发展规划，强化产业项目对接机制，建设京津冀区域协同发展示范区，实现城市高质量发展。

明确定位，规划高品质的城市综合功能。着眼于把城市副中心打造成北京重要一翼，聚焦行政办公、商务服务、文化旅游三大主导功能，加强科技创新板块，瞄准科技前沿，加快形成配套完善的城市综合功能。围绕对接中心城区功能和人口疏解，先行建设市政基础设施和公共服务配套设施。发挥城市副中心交通枢纽门户作用，建设以公共交通为主导的内部综合交通体系，优先保障步行和自行车出行，构建“小街区、密路网”的路网体系和全域慢行系统，规划轨道交通线路达到 180 余千米，形成以人为本的综合交通体系。积极吸纳、集聚高端要素和创新资源，构建高精尖经济结构，打造现代化经济体系的重要支点。均衡布置多级公共服务体系，优化城乡职住用地结构，加强住房保障，推动副中心职住平衡发展，建立民生服务体系，围绕社区中心形成 15 分钟步行生活圈，“一刻钟社区服务圈”覆盖率 100%，布局优质公共服务设施，建成和谐宜居城区。

以人为本，突出水城共融、蓝绿交织、文化传承的城市特色。

---

① 以大运河为骨架形成一条蓝绿交织的生态文明带，沿六环路形成创新发展轴，依托水网、绿网和路网形成 12 个民生共享组团，建设职住平衡、宜居宜业的城市社区。

依托北运河、潮白河、温榆河等水系打造景观带，规划亲水自然岸线，布局大区域分洪蓄水，形成多级滞洪缓冲系统，涵养城市水源，营造自然宜人滨水环境，构建水城共融的生态城市。坚持大尺度绿化，形成“两带、两楔”的绿色空间结构，规划建设潮白河国家公园、国家级植物园、运河公园等 33 个公园，建立城市级、社区级两级绿化系统，实现人均公园绿地面积 30 平方米、公园 500 米服务半径全覆盖，构建城市风廊系统，建设低密度生态社区，新建建筑 100% 达到绿色建筑星级标准，构建蓝绿交织的森林城市。深入挖掘、保护与传承以大运河为重点的历史文化资源，突出整体保护、全面保护、古今交融理念，梳理历史文脉肌理，整体保护和利用通州古城、路县故城、张家湾古镇，改造和恢复玉带河古河道及古码头等历史遗迹，重塑古塔凌云、长桥映月、二水汇流等新八景，古为今用，植入新的城市功能，打造古今同辉的人文城市。

发挥城市副中心控规的引领作用，完善规划成果编制和指标体系。全面强化控规与专项规划的衔接整合，加强城乡统筹规划，创新城镇化发展模式，持续推动小城镇与城市副中心的联动发展，保障各项管控要求的精准传导和有效落实。“1+12+N”（“1”为城市副中心控规，“12”为 12 个组团深化方案，“N”为规划设计导则）规划体系基本形成。编制完成 12 个组团控规深化方案和拓展区规划，城市副中心控规由街区层面到单元和乡镇层面再到地块层面逐级递进。以宋庄镇、台湖镇为试点推动乡镇国土空间规划编制，因地制宜开展城市设计和景观设计，探索特而精、小而美、活而新的发展路径。启动城市副中心六环公园及周边用地总体规划、防疫专项规划、城市副中心公共艺术文化空间规划等专项规划成果，不断丰富城市副中心规划成果体系。印发实施《北京市通州区与河北省三河、大厂、香河三县市协同发展规划》，加强交界地区管控，打造京津冀区域协同发展示范区。

2. 加快副中心重点区域建设

城市副中心按照发展定位，聚焦行政办公、商务服务、文化旅游三大主导功能引领产业发展，有序推进城市副中心重点区域建设，全面提升城市综合承载能力和运行效率。

高效推进行政办公区工程建设。行政办公区位于城市副中心“一轴一带一环”空间格局骨架的交会区域，南北毗邻北运河与运潮减河，总用地面积约 7.5 平方千米，是市属党政机关单位搬迁的主要承接地，也是副中心先期启动及重点功能区。办公楼采用中轴线布局，仿照老北京四合院的古城墙设计，建筑风貌端庄厚重、简洁现代。建筑群采取组团式布局，突出建筑的开放与交流功能，100% 使用清洁能源建设。行政办公区外围及内部水系丰富，镜河作为区域纽带，贯穿南北，沟通北运河与运潮减河，并串联各个功能组团。以“山水园林城市”建设理念，综合运用海绵城市、智慧园林、节约型园林等先进技术，构建端庄、大气、稳重的办公区园林景观，形成自然生态的景观风貌与城市格局。2016 年 2 月，行政办公区确定选址及初步概念方案。同年 6 月，一期工程开工，工地 24 小时施工，用时 7 个月，顺利完成办公楼主体结构全面封顶。2018 年 9 月，行政办公区一期工程通过验收，办公楼等主要建筑相继竣工，镜河河道绿廊、千年守望林陆续建成使用。2019 年 1 月，核心区市级党政机关和市属行政事业单位率先搬迁进驻，为发挥疏解非首都功能示范带动作用，远期预计带动 50 万人到副中心工作和生活。行政办公区二期总建筑面积 91.4 万平方米，2019 年底陆续开工建设，至2021年底已全部结构封顶，着力建设科技发展示范区和绿色建造示范区。

高点定位打造运河商务区。运河商务区是副中心建设的先行区、示范区，地处副中心五河交汇处，京杭大运河贯穿其中，总面积20.38平方千米，是疏解中心城商务功能、提升消费功能、积聚文化功能的重要空间载体，打造高端要素集聚、辐射带动明显的国际化现代商务区。投资建设实现新突破。截至2021年底，运河商务区累计完成固定资产投资330亿元，累计完成5.53平方千米建筑体量。高标准完成北环环隧、南环环隧、东关隧道等看不见的地下工程，构建了便捷的地下交通枢纽，新华东街等10条区域内主次干路全面通车运行；综合配套服务中心建成投入使用；千荷泻露桥慢行系统完成提升改造并投入使用。以“金融创新、互联网产业、高端服务”为产业功能定位，运河商务区陆续对接引进三峡集团、北京绿色金融与可持续发展研究院、路孚特信息服务（中国）有限公司、中国信息通信研究院、中国建筑、中石化重型起重运输、首钢、中国银行等企业入驻。截至2021年底，运河商务区共有注册企业14765家，较2019年实现翻番，注册资本金3863亿元。其中外资企业90家，高新企业96家，总部企业48家，金融企业260家。运河商务区金融企业已经形成集聚，成为副中心金融产业发展的重要载体。

打造具有全球影响力的文化旅游区。文化旅游区位于副中心南部，北临运河商务区与行政办公区，规划建设规模约12平方千米，萧太后河从中穿越而过，沿河建设滨河景观带。园区着力打造以旅游产业为核心、以现代服务业为支撑、以高科技体验为特征的高端服务业，发展集信息技术、休闲度假、文化娱乐、特色商业、会议

2020 年 10 月，秋日的北京城市副中心五河（温榆河、小中河、运潮减河、北运河、通惠河）交汇处展示出一幅自然共融的文明和谐美丽画卷（马文晓 摄）

会展等产业于一体的文化旅游产业集群，建成国内首屈一指、具有全球影响力的综合性文化旅游示范区和世界级文化旅游目的地。2016 年，园区全面启动市政基础设施建设。北京环球主题公园是城市副中心“文化 + 旅游”的重要抓手。2021 年 9 月 20 日，北京环球主题公园盛大开园，并迅速成为北京文化旅游新地标，城市大道也成为京城“首店经济”最具规模化的商圈之一。依托环球项目外溢效应，城市副中心正积极推动张家湾设计小镇、台湖演艺小镇与环球项目协同发展，抢抓文化和旅游、文化和科技融合的产业发展机遇，打造北京现代时尚文化旅游目的地，成为城市副中心发展的新引擎。

3. 深入推进副中心重大工程建设

北京市牢牢把握副中心建设这一历史机遇，坚持高质量发展，突出生态优先、绿色发展，深入推进实施重大工程项目建设，着力构建交通基础设施、公共服务配套、生态环境、信息化和智慧城市的城市框架，切实提升城市承载力，为有效治理“大城市病”作出示范，充分发挥副中心示范引领作用。

坚持发展绿色低碳交通，加强城市副中心与中心城区、新城的交通联系，构建城市副中心与廊坊北三县地区的互联互通，以城市副中心站综合交通枢纽为节点，组织城际交通、城市交通和空铁交通的转换，逐步打造以不同层级轨道交通为主、多种交通方式协调共存的复合型交通走廊，建立以公共交通为主导的城市副中心综合交通体系。城市副中心构建“七横三纵”轨道交通网络，“五横两纵”的高速公路、快速路网络。2017 年以来，市郊铁路城市副中心线开通，从北京站到副中心实现半个小时连通，7 号线东延、八通线南延和 17 号线通车运行，轨道交通平谷线（通州段）开工建设。广渠路快速公交系统完工，公交站点与地铁实现“无缝换乘”，从东二环直达副中心仅需 50 分钟。东夏园交通枢纽、通马路、环球影城北交通枢纽等加快建设。加强与京津冀的交通基础设施的互联互通，京秦高速、首都地区环线高速完善京冀区域高速公路网，东六环加宽（入地）改造工程稳步推进，京哈高速加宽改造通州段完工，厂通路、国道 230 开工建设，全力推进副中心站综合交通枢纽建设，构建快捷高效、绿色环保、景观和谐的公共交通走廊，推进高速铁路、城际铁路、区域快线和城市轨道“四网融合”。

改善生态环境，建设绿色空间。全面落实城市副中心园林绿化规划，绿色生态框架基本形成。改善水环境生态质量，治理水系、恢复湿地，推进温榆河综合治理等水环境治理工程，加快推进副中心黑臭水体治理，萧太后河等重点河段实现水清岸绿。先后编制完成《北京城市副中心（通州区）“十三五”时期园林绿化发展规划》等专项规划，高质量实施了 102 项重点绿化工程，新增绿化建设 25.1 万亩，建成各类公园 30 余处，万亩以上郊野公园和森林湿地达到 8 处，千亩以上森林组团达到 32 处，打造了东郊森林公园、台湖公园、千年守望林等一批精品工程，“两带、一环、一心”的绿色生态格局基本形成。特别是占地 1.68 万亩的城市绿心森林公园精心规划、精致建设、精彩亮相，成为城市副中心的亮丽名片。全面启动了永定河综合治理与生态修复工程，编制完成绿化建设实施方案，新增造林绿化面积17万亩，完成森林质量提升31万亩。将“海绵城市”理念融入园林绿化，建设高效供水、防洪体系。2016年以来，副中心累计完成海绵型建筑小区、公园绿地、道路及排水管道、防洪排涝等项目178项，试点区完成项目123项。

建设智慧城市，提升公共服务水平。行政办公区公共区域智慧应用工程进展顺利，推进“雪亮工程”等信息化系统建设，率先在运河商务区等重要节点建立智慧城市体系。以综治信息化为支撑，发挥科技引领和支撑作用，引入多网融合技术，健全立体化、信息化社会治安防控体系，为开展智慧交通、智慧园林、智慧环保等提供基础数据支撑。实现“电信、互联网、有线电视网、物联网”四网融合，搭建共享协同的区域大数据平台，采用新信息化技术解决拥堵、停车等问题。开展“智能信号系统”建设，利用视频监控和交通信息采集与流量分析等技术，对试点路段的信号灯实现自适应优化控制。开展静态交通治理，建立路侧停车电子收费试点，开展共享单车“电子围栏”管理试点，全面提升交通智能化管理水平。

4. 全力支持河北雄安新区建设

北京市牢固树立大局观，将规划建设雄安新区作为疏解非首都功能、推动京津冀协同发展的历史性工程，主动加强规划对接、政策衔接，全力支持河北雄安新区规划建设。

按照高起点规划、高标准建设雄安新区的要求，北京市充分发挥城市规划设计、管理、人才和技术优势，积极配合河北省做好新区规划修改完善和城市设计工作，双方共享北京城市副中心和河北雄安新区在规划、建设、管理、运行等方面的经验，城建集团、首发集团、环卫集团等10余家市属国企分别以设计咨询、工程建设等方式积极参与雄安新区建设，助力新区开发建设和城市管理。2017年8月，北京市与河北省签署战略合作，建立对接协调工作机制，发挥北京核心资源优势支持雄安。京雄两地持续深化拓展合作领域，超千家在京企业机构在雄安注册，共促创新驱动发展。

加强与河北雄安新区产业政策衔接，共建雄安新区中关村科技园。加快制定雄安新区中关村科技园发展规划，充分发挥科技创新中心的辐射带动作用，引导以中关村科技园区为代表的科技创新要素资源向新区集聚，促进雄安新区吸纳和集聚创新要素资源，培育新动能，发展高新产业。2017年12月，中关村科技园区管委会与雄安新区管委会正式签署共建雄安新区中关村科技园协议。围绕雄安新区城市建设和产业发展，将中关村前沿应用技术成果形成技术供给清单，为雄安新区产业转型升级注入科技新动能。一批中关村企业先后落地雄安新区，支持雄安新区规划建设等各项工作。碧水源配合新区研究提出城市生态环境建设整体解决方案，参与白洋淀环境综合整治工作；东方雨虹参与雄安市民服务中心和设计中心建设等；广联达承担新区公共资源交易平台——“智慧交易”建设，打造规范透明、阳光高效、“互联网+智慧”的交易平台。

推进北雄两地交通直联直通，构建便捷通勤圈和高效交通网。北京市依托现有道路京开高速、京港澳高速，新增规划京雄高速、新机场高速（南延至雄安新区）和国道230（良常路南延），通过“4+1”模式（4条高速公路、1条国道）建立区域便捷高效的公路通道。随着京雄高速公路河北段、荣乌高速新线、京德高速公路一期工程建成通车，连同既有的京港澳、大广、荣乌、津石4条高速，雄安“四纵三横”的对外高速骨干路网基本建成，京雄津保“1小时交通圈”已形成。2019年9月，北京大兴国际机场正式投运，2020年底，京雄城际铁路全线贯通，雄安站同步投入使用，实现京雄两地之间快捷连通。2021年底，大兴机场北线高速西延、良常路南延完成主体工程建设，雄安新区直达北京大兴机场的市域城轨R1线和连接京雄最便捷的快速交通走廊京雄高速公路正在加快建设，京雄商高速铁路加快规划，更细密的综合线网还在不断编织和完善，京雄交通联系将更加紧密和通畅。

实施“基础教育提升、医疗卫生发展、职业技能培训”三大工程，提升新区公共服务水平。开展教育医疗合作交流，不断完善公共服务资源共建共享和对接合作机制。2018年3月，北京市启动实施教育援助项目，开展“组团式”援助帮扶，六一幼儿院、朝阳实验小学、中关村三小、北京八十中分别对口帮扶雄县幼儿园、容城小学、雄县二小、安新二中，截至2021年底，北京市已对口帮扶29所雄安学校，实现北京校区与雄安校区一体化管理。除教育援助项目之外，还启动一批重点教育合作项目，支持雄安三县教育管理干部在京对岗交流，选派雄安中小学校长到京跟岗研修，推动北京名优教师在雄安新区设立名师工作室等。北京市通过“交钥匙”工程，在雄安新建高水平幼儿园、小学、中学、综合医院各一所，2021年底，北海幼儿园正式建成移交。史家胡同小学和北京四中两所学校项目和雄安宣武医院项目分别于2022年和2023年陆续竣工移交。北京市充分发挥卫生优质资源作用，全力做好雄安办医支持，通过委派院长，派驻医疗专家团队，接收当地人员进修培训，建设紧密型医联体，远程医疗等方式快速提升当地医院能力水平。截至2020年，共有63所北京知名医疗卫生机构与雄安新区48家医疗卫生机构、乡镇卫生院结对帮扶，帮助新区医疗机构建设重点学科，填补多项技术空白，为新区3000余名患者提供医疗便利。支持雄安新区技能人才培养，北京市与雄安新区建立职业技能培训协作机制。开展职业技术专项招生，为雄安新区免费提供人工智能工程技术员等高技术工种职业技能培训；北京职业技能培训机构与雄安培训学校签署7项合作协议；赴雄安新区举办"京雄职业培训优质资源展示与交流合作活动"，现场达成合作意向50余项。

（三）重点领域协同发展取得新进展

北京市积极落实《京津冀协同发展规划纲要》要求，与天津、河北密切配合，全面加强轨道、公路、公共交通建设力度；统筹推进大气污染防治、水土环境治理和生态修复；有序开展产业转移对接，打造协同发展产业格局。交通、生态和产业三个重点领域率先突破取得积极进展。

1. 全力推进京津冀交通一体化

交通一体化是京津冀协同发展的骨骼系统。2015年，交通运输部联合国家发改委编制《京津冀协同发展交通一体化规划》，三地交通一体化建设进入正式实施阶段。北京市坚决贯彻落实规划要求，联手津冀两地，着力推进区域"单中心放射状"交通格局向综合立体交通网格局转变。以"轨道上的京津冀"为核心，建设区域城际铁路网，连接所有地级以上城市；加快推进首都地区环线等区域国家高速公路建设，打通国家高速公路“断头路”，构建连接重要产业聚集区等节点的高速公路网；推进公共交通一体化，推动客运联程联运、主要城市之间实现交通“一卡通”；实现港口群机场群整体服务、交通智能化、运营管理达到国际先进水平，区域通关一体化。随着重要交通干线开通运营，北京大兴国际机场等标志性工程建成投用，一张覆盖三地所有地级以上城市的综合立体交通网初步建成，京津冀交通一体化格局基本成形。

“轨道上的京津冀”主骨架基本形成。根据京津冀地区城际铁路网建设规划，以京津、京保石、京唐秦三大通道为主轴，以京津石三大城市为核心，打造“四纵四横一环”共 24 条总里程 3000 多千米的轨道交通网络。京津冀三地按照《京津冀协同发展交通一体化规划》，全力打造“轨道上的京津冀”，国家干线铁路、城际铁路、市域（郊）铁路建设推进步伐加快，网络布局日益完善，构成了覆盖广泛、层次分明、安全高效的 3 地快速连通纽带。8 年来，京津冀大地上相继建成开通京张高铁、京哈高铁北京至承德段，市郊铁路副中心线、怀密线等。京津城际铁路实现 30 分钟京津双城互通，京雄城际北京至雄安新区段建成运营，实现从雄安站 19 分钟至大兴国际机场、50 分钟至北京西站。依托京张高铁建设延庆线、崇礼铁路，京张高铁在成为北京与西北地区连接主通道的同时，实现了北京、延庆、张家口 3 个冬奥赛区快速连通；依托京津城际建设天津至于家堡（现滨海站）延伸线，实现天津中心城区与滨海新城的高速连接。至 2021 年末，京津冀铁路运营里程达到 10725 千米，其中高铁里程 2355 千米。随着铁路网越织越密，京津冀城际铁路网将覆盖区域所有地级以上城市，京津冀轨道交通网络逐步从平面交通、点点连接向立体交通、多式联运发展，实现连

2020 年 12 月，随着京雄城际铁路实现全线贯通，雄安站同步投入使用。图为 2020 年 11 月高空俯瞰处于建设收尾阶段的京雄城际终点站雄安站（和冠欣 摄）

续换乘无缝对接和区域内“1 小时交通圈”，三地群众真切体会到前所未有的异地同城感。

公路交通基础设施建设持续推进。北京市抓住协同发展战略契机，加速推动公路交通基础设施建设，构建京津冀高速公路网络。与津冀签订 11 条道路接线协议，着力打通跨省（市）公路线路，相继新增完成京昆高速、京台高速北京段、京秦高速北京段、首都地区环线高速通州到大兴段、京礼高速北京段、大兴国际机场高速、大兴国际机场北线高速京开至京台段等高速公路项目，京津冀三地累计打通“断头路”“瓶颈路”27 条段共 1600 千米，“北京大七环”全线贯通，“断头路”成为历史。“十三五”期间，北京市高速公路建设里程年均达 196 千米，较之前年均 90 千米的建设进度，增速迅猛。

加快建设京津冀世界级机场群。三地空铁联运进一步推进。石家庄机场通过“高铁＋摆渡车”与北京实现“1小时+5分钟”交通行程，天津滨海国际机场T2航站楼及其地下交通中心同步投入使用，进入北京的“1小时轨道交通圈”。三地机场管理体制进一步理顺。天津滨海国际机场、河北机场集团纳入首都机场集团公司管理，京津冀三地主要机场步入统一管理、一体化运营的历史新阶段。京津冀世界级机场群初步形成“双核心”（首都机场＋大兴机场）+“双辅助”（天津滨海机场＋石家庄机场）+“多节点”（支线机场＋通航机场）的三级机场梯队。

京津冀公共交通一体化初步实现。京津冀三地在打通轨道、高速“大动脉”的基础上，着重畅通跨省（市）公共交通“毛细血管”微循环，让出行愈发便捷。为不断提高省际班线公交化程度，截至2020年底，北京公交集团共开通省际公交线路50条，基本覆盖了河北涞水、廊坊、张家口等17个毗邻区，单通州区与廊坊北三县之间就有21条通达公交线路，日均客运量约27万人次，有力支撑了环京地区居民日常和通勤出行。为发挥公共交通的基础服务作用，满足百姓多样化的便捷生活服务需求，北京市于2015年在京津冀范围内率先启动交通一卡通互联互通工程，不仅实现在北京所有地面公交和轨道交通刷卡乘车，还与天津、河北主要城市互联互通。北京市于2018年2月上线“手机互通卡”，京津冀三地乘客可凭借一部手机畅行京津冀，体验交通互联互通和移动出行的双重便利。

多方位协同共治取得突破。为进一步促进京津冀交通一体化，北京市推进完善三地法治协同、政策协同和标准协同以及应急联动。三省市联合印发《京津冀公路立法协同工作办法》《京津冀交通运输行政执法合作办法》等，推进新机场联合执法、冬奥会交通秩序保障等一体化法制建设。联合发布京津冀交通的区域性标准，加强促进区域交通一体化发展的标准制修订，提升区域标准化基础能力。建立三地应急信息常态化互通、应急资源合作共享、联合指挥决策响应等制度，推动京津冀交通应急联动区域化、常态化、实践化。

加速交通智能化发展。完成取消省界收费站系统改造，按照京津冀三地“标准统一、进度一致、技术匹配”原则，北京市稳步推进高速公路跨省界收费系统改造，大力推广电子不停车收费（ETC）应用，修订完善收费政策，于 2019 年底取消 8 个高速公路省界收费站，促进物流降本增效，推动高速公路高质量发展。北京市与交通运输部联网售票系统率先实现互联互通，并同时启动京津冀省际客票异地互售。推动交通大数据向社会开放共享，促进交通行业和互联网企业深度融合，联合高德推出国内首个绿色出行一体化服务平台（MaaS），优化和改善出行引导服务，为市民合理选择出行时间、出行方式和出行路线，提供高品质、精细化服务。推进出行服务信息共享应用示范工作，将全市出行服务信息纳入交通运输部“出行云”平台并向社会开放。

2. 深入推进生态环境协同治理

京津冀地域相接，生态环境相似。实施京津冀协同发展战略以来，北京市加大支持力度，联手天津、河北，实施生态保护与修复重点工程，取得显著效果，区域生态环境问题得到一定程度的改善。

合力开展区域空气重污染联防联控。2013年以来，京津冀持续开展秋冬季大气污染综合治理攻坚行动，加快推进区域产业、能源、运输结构调整，煤电机组、粗钢产能完成超低排放改造，排查并分类整治涉气“散乱污”企业，全面推行车用油品和发动机国六排放标准。2015年，北京市会同津冀探索建立区域大气污染联防联控机制，三地共同发布区域重污染预警，共同采取应急减排措施，共同开展环保联动执法，陆续实施区域空气重污染预报会商和应急联动、区域大气污染防治信息共享、区域联动执法、区域机动车排放控制协调、船舶港口大气污染联防联控等应急措施，并逐步实现常态化运行。北京市牵头进行区域大气污染联防联控的相关科学研究，每年发布PM2.5来源解析，为治理大气污染提供技术支持。拨付专项资金，支持河北廊坊、保定两市燃煤锅炉升级改造，全面淘汰不合规燃煤锅炉，控制大气污染源排放。加快陕京四线天然气管道北京段干线工程建设进度，2017年10月贯通后，有效提高北京及周边区域的天然气输送能力，替代燃煤排放，基本实现散煤清零。区域污染物排放强度大幅降低，空气质量显著改善。2021年，京津冀区域PM2.5平均浓度比2013年下降63%，重度及以上污染天数减少88%；北京市PM2.5浓度从89.5微克/立方米下降到33微克/立方米，重度及以上污染天数从58天减少到8天。

积极推动北部水源涵养保护形成良好机制。张承地区是京津冀的水源涵养功能区，也是首都重要的生态屏障。在前期支持密云水库上游张承地区农业节水基础上，2015年，北京市联手河北省共同编制《密云水库上游生态清洁小流域建设规划》，支持张承地区高标准建设600平方千米生态清洁小流域。北京市拨付专项财政资金，推动污水、垃圾、厕所、河道、环境同步治理，开展水土流失防治和生态清洁小流域建设，密云水库上游来水水质明显改善。京冀还共同编制《京冀密云水库水源保护共同行动方案》，推动通过空间管控、生态修复、联合执法等多项措施，强化源头控制、水陆统筹、科学治理，完善监测体系与信息共享机制，携手实现密云水库水质稳定达到饮用水源要求、水生态稳定向好目标。京冀建立以水质和水量为考核标准的密云水库上游潮白河流域水源涵养区横向生态补偿机制，推进水源涵养和保护量化制度化，密云水库最大来水量保持稳定，水质不断改善，2021 年密云水库蓄水量已达 33.59 亿立方米，突破历史最高纪录。

实施永定河综合治理与生态修复。2017 年，京津冀晋 4 省市启动实施永定河全流域综合治理与生态修复，将永定河打造为贯穿京津冀晋的绿色生态廊道。官厅水库是永定河上历史最久的大型水库，曾经是北京主要供水水源地之一。北京从技术、管理等方面全力支持张家口市启动以退耕还湿、修建人工湿地和水源涵养林为主的生态保护工作，并出资对退耕还湿进行生态补偿，从源头净化官厅水库水质。2019 年底，北京市完成永定河生态修复湿地项目，建成官厅水库国家湿地公园，打造世园会、冬奥会周边重要景观。北京市探索"以水开路、用水引路"的生态治水模式，实施永定河生态补水，调度官厅水库来水、引黄水、南水北调中线引江水等多种水源实施补水。2020 年 5 月，境内永定河 170 千米河段 25 年来首次全线通水；2021 年 9 月，永定河 865 千米河道实现全线通水，初步形成了永定河绿色生态河流廊道，获得社会各界广泛赞誉。北京市正加紧推进永定河山峡段、平原南段综合治理工程开工建设，推动永定河逐步恢复成"流动的河、绿色的河、清洁的河、安全的河”。

加快推进大运河京冀通航。大运河通航是大运河文化带建设重要项目。北京市在深入调研并与天津、河北多次对接的基础上，编制大运河通航水利实施方案，明确了通航航道、水源配置、水质改善等必要条件。完成温榆河、通惠河、凉水河等上游河道生态治理和通州区53条黑臭水体治理，实现水质大幅改善。实施北运河综合治理项目及甘棠船闸、榆林庄船闸建设项目，京杭大运河北京段40千米、河北段20多千米均已通航，现正在进行连接这两段运河的工作，到2022年7月，可实现大运河京冀全线通航。

推进北方防沙带生态保护和修复。2009年启动实施京冀生态水源保护林合作项目，截至2019年底，京冀两地百万亩生态水源保护林已基本建成，森林覆盖率由37.7%提高到44.3%，初步形成护卫京冀水源的绿色生态带，为阻挡泥沙下山筑起了一道生态屏障。国家林业局与京津冀三省市人民政府签定了《共同推进京津冀协同发展生态率先突破框架协议》，完善了森林防火、林木有害生物防治等联防联控机制。“十三五”期间，北京助力河北完成营造林3954万亩，京津保平原生态过渡带造林绿化576.8万亩，“三化”草原生态修复治理272万亩，环京津城市群森林圈初步形成。作为一项专门遏制风沙危害的国家级生态工程，京津风沙源治理工程于2000年6月启动，为期12年的一期工程累计造林营林708万亩，构建起北京抵御风沙的第一道防线，北京市持续推进二期工程（2013—2022年）高质量建设。截至2020年底，京津风沙源治理工程20年造林营林896万亩，同时还实现了小流域综合治理面积748平方千米、人工种草9万亩、生态搬迁14934人。京津冀蓝绿生态空间不断拓展，区域内生态质量梯度持续缩小。

3. 开展产业转移对接

加强产业转移对接是京津冀协同发展的重要内容。京津冀三地共同研究制定《关于加强京津冀产业转移承接重点平台建设的意见》，推动京津冀产业对接，弥合发展差距，贯通产业链条，重组区域资源，建设协同创新共同体，实现“京津研发、河北转化”。北京市以疏解非首都功能为重点，统筹推进产业升级转移，联手河北、天津共建曹妃甸协同发展示范区、新机场临空经济区、天津滨海—中关村科技园等重点协同发展示范区，打造遍布津冀的产业承接平台，促进三地协同发展。

京冀共建曹妃甸协同发展示范区。2014 年 7 月，京冀签署协议，围绕产业协同和公共服务同城化，共建曹妃甸协同发展示范区。北京市出资组建专门机构，编制园区交通、基础设施和信息化建设规划，建设高品质综合配套保障环境。北京选派 4 批干部去曹妃甸挂职帮扶，两地干部创新共管、会商、招商、共建等协同机制，推动首钢、金隅、北控、华能、北汽等 20 多家京企央企落户园区，中铁十六局、北京市政、京能集团等项目在曹妃甸落地投产。据统计，2014 年以来，曹妃甸区累计实施亿元以上北京项目 225 个，总投资 2574.23 亿元。特别是 2021 年，实施京津项目 112 个，引进京津科技成果转化项目 15 个，签约亿元以上京津项目 52 个。

共建北京大兴机场临空经济区。北京大兴国际机场临空经济区由国务院批复设立，是京津冀协同发展示范区。2019 年 10 月，南航华北培训基地等 6 个北京大兴国际机场临空经济区廊坊片区首批重点项目集中开工，首都机场集团总部基地等 6 个项目签约落户。截至 2020 年 9 月，已开工建设临空经济区发展服务中心、自由贸易试验区创新服务中心等。累计新增市场主体 168 家，其中外资 6 家；累计新增注册资本 157 亿元。首批 8 家金融机构注册落地。协同推进大兴国际机场综合保税区建设，综保区作为全国首个跨省级的行政区域，廊坊片区管委会和大兴片区管委会协同首创一体规划、一体建设、一体管理的协同发展新模式，2021 年完成综保区一期验收，促进京冀两地深度融合发展。

共建天津滨海—中关村科技园。2014 年 8 月，北京与天津签署协议，支持中关村分流部分移动互联网、高端制造业等领域高新企业到滨海新区落户，打破天津滨海新区可持续发展的瓶颈。2016 年 11 月，京津共同组建天津滨海—中关村科技园管委会，提供综合配套措施，并逐步完善教育、医疗等公共服务，吸引高新企业来此创业。随后，百度（滨海）创新中心、京东（滨海）云创空间等国内知名企业相继入驻。如今，滨海中关村园建设取得积极成效，新一代信息技术、生物与生命科技等产业聚集态势初现，创新创业生态逐步完善，国际化平台取得突破。

合力打造区域若干产业合作平台。北京市积极协调天津、河北，沿京津、京保石、京唐秦、京九等重要交通干线走向，共建现代制造业承接平台。在北京周边地区打造环首都承接地批发市场、环首都 1 小时鲜活农产品流通圈等服务业承接平台。京津冀大数据综合试验区启动建设，三地建设 7 个大数据示范区，产业集聚逐步显现，形成由基础架构、数据资源、应用服务和支撑服务构成的完整大数据产业链，与实体经济融合成效显著。唐山市引进三地高校科研院所和企业共建石墨烯产业集群。首农集团在河北、天津等地布局现代农业、畜牧业基地。北京·沧州渤海新区生物医药产业园承接京津医药产业转移。亦庄永清高新区承接亦庄经济技术开发区产业链延伸。在京津冀协同发展战略推动下，这些承接平台正逐步发挥规模效应，带动区域经济发展。

交通、生态、产业三个重点领域率先实现突破，有效推动北京非首都功能疏解，充分发挥对京津冀协同发展的支撑作用，初步形成贴近三地实际、可持续发展的产业分工格局，为各个领域的同步推进打下坚实基础。

4. 公共服务均衡发展稳步提升

北京市坚持将非首都功能疏解与共享优质资源相结合，提高区域公共服务均等化水平，促进教育、医疗卫生、文化旅游等领域协同发展。

推动高等教育深度合作，实施职业教育对接，不断缩小区域教育发展水平差距。2017 年 2 月，京津冀召开教育协同发展工作推进会，启动京津两地教育对口帮扶河北的合作项目。京冀每年互派中小学校长、幼儿园园长、骨干教师 250 人，进行工作交流和在岗培训。北京市积极推动区域范围内的教育合作，如大兴区与天津市北辰区、河北省廊坊市签署教育合作协议，推进课题与政策研究、干部教师培训、课堂教学改进、体育艺术科技教育等方面的合作，形成优势互补、共同发展的新局面。高等教育合作创新模式，组建京津冀协同创新联盟，如建筑类高校协同创新联盟，实施课程互选、学分互认、教师互聘、学科共建，设立三省市高校大型科学仪器设备库，建设开放共享的高校学生实习实践基地，试点联合培养研究生。北京市大力支持职业院校通过搬迁、办分校等方式，融入京津冀产业协同发展大局。北京市属中等职业学校与津冀职业院校开展合作对接，采取跨区域合作培养人才、共享数字化教学资源、共享实习实训基地、共享教学科研成果等合作方式，囊括电子商务、烹饪、家政、计算机等多个领域，逐步形成产教深度融合、中职高职衔接、职业教育与普通教育相互沟通、学历教育与职业培训有机结合的现代职业教育体系。北京市以教育领域协同发展为契机，聚焦保定市燕山—太行山连片贫困带乡村学校和建档立卡贫困户学生，实施校际协作促进计划、乡村教师专业素养提升工程和区域职教协作“拔穷根”工程，创造教育扶贫“京保模式”，帮扶对口支援贫困地区实现“培养一人、就业一个、脱贫一家”的扶贫目标。

分享优质医疗资源，开展区域医疗卫生事业合作。实施医疗机构结对帮扶，先后启动与河北张家口、唐山、承德、廊坊、保定等多个重点地区的医疗卫生合作项目。北京朝阳医院、积水潭医院、友谊医院、航天中心医院等与河北相关医疗机构建立对口帮扶合作关系，通过加强人才培训培养、主动交流交往协作、支持重点科室建设、开展远程医疗、加强医疗基础设施帮扶和建设等方式，积极支持提升当地医疗服务能力，满足当地人民群众的健康需求。创新三地医疗卫生领域合作新模式，北京市属医院与河北各地医院实行“一对一”整院托管，如北京儿童医院托管保定市儿童医院，通过技术合作、干部挂职、人员进修、绿色转诊、带教讲学等形式，打造区域医疗中心。推进京津冀医疗机构临床检验结果互认、影像检查资料共享。北京定点医疗机构对河北群众在当地医院的检查结果直接采纳，作为确诊和治疗根据。如今，43 项临床检验结果在京津冀 485 家医疗机构实现互认，21 项医学影像检查资料在三省市 239 家医疗机构试行共享。京津冀地区 4200 余家定点医疗机构实现异地就医门诊费用直接结算，三地医疗同质化水平有效提升。

着力推动京津冀在公共文化、非遗保护领域的合作，促进文化协同发展。通过推动旅游产品对接、提升旅游服务品质，深入开展京津冀旅游合作。加强公共文化领域合作，丰富三地群众文化生活。北京市会同津冀两地统一进行规划，在图书阅读、群众文艺、演出艺术等领域开展深度合作。成立京津冀图书馆协同发展联盟等合作组织，挂牌成立首都图书馆固安分馆等一批区域图书馆，丰富当地群众文化生活。陆续推出京津冀群众合唱节、京津冀民俗摄影大赛、京津冀快板邀请赛等区域性群众文化活动，打造京津冀公共文化品牌。规划建设京津冀旅游示范区，打造区域旅游产业集群。2018 年，京津冀规划共建京东休闲旅游示范区、京北生态（冰雪）旅游圈、京西南生态旅游带、京南休闲购物旅游区、滨海休闲旅游带共五大旅游示范区。三地加快示范区旅游基础设施建设，全面提升公共服务质量。北京市与河北签订“京东文旅圈”战略合作框架协议，平谷、宝坻、蓟州、兴隆、遵化、三河共同举办了多项大型主题活动，联合推出了京东皇家休闲文化游等 6 条精品旅游线路，囊括燕山文化、长城文化等多种旅游主题，形成京东休闲旅游深度融合发展的新格局。北京市设计推出 10 条京津冀冰雪旅游线路，每年冬季以冰雪旅游为主题，举办“京北冰雪旅游季”系列活动，积极普及发展群众性冰雪运动，营造浓厚的冬奥会氛围。出台旅游配套措施，三地以北京、天津、石家庄等城市为中心，陆续开通班线化旅游直通车 40 多条，全面覆盖承德避暑山庄、北戴河、野三坡、古北水镇等环京津重点景区。开通“野三坡号”“大好河山张家口号”“西柏坡号”“正定号”等京津冀旅游专列，实现区域内主要旅游景点快捷直达。

五、推动区域协调发展，圆满完成脱贫攻坚任务

推动区域协调发展是贯彻新发展理念、建设现代化经济体系的重要组成部分，北京市全面落实区域协调发展战略各项任务，优化市域内区域协调发展机制，实施差别化的财政、产业、投资等区域引导政策，促进区域协调发展向更高水平和更高质量迈进。全面实施乡村振兴战略，对标全面小康目标扎实推进“三农”各项重点任务，因地制宜发展特色经济，激发农村发展活力，带动农民增收致富，大力推进美丽乡村建设，促进乡村产业兴旺、生态宜居、乡风文明、治理有效、生活富裕。党的十八大以来，党中央把脱贫攻坚摆在治国理政突出位置，北京市不断强化首都职责使命，创新扶贫工作机制和扶贫模式，优化扶贫支援工作体系，形成全方位、多层次、宽领域的扶贫工作格局，圆满完成党中央交给北京的扶贫协作任务，以首善标准高质量打赢脱贫攻坚战。

（一）统筹推进市域内区域协调发展

北京市着力构建区域协调发展新格局，主动融入京津冀协同发

展战略，促进市域内区域平衡发展。深入推进城南行动计划，推动南部地区“筑高地”“上水平”。以国家级产业转型升级示范区建设为主抓手，促进京西地区产业转型升级。促进平原新城高质量发展，建设高新技术和战略性新兴产业集聚区、城乡综合治理和新型城镇化发展示范区。促进生态涵养区建设，提升生态涵养水平和质量。

1. 推进城南地区发展

北京城市南部地区是首都的南大门，包括丰台区、房山区、大兴区和北京经济技术开发区，是首都高质量发展的重要承载空间。2010 年，城南行动计划掀开了全市区域协调发展的崭新篇章，已实施 3 轮城南行动计划，地区生产总值由 2296 亿元增长到 5592 亿元，城南地区正在加速崛起。

第三轮城南行动计划收官。2018 年 8 月，北京市制订实施《促进城市南部地区加快发展行动计划（2018—2020 年)》。2019 年，成立城南行动计划工作专班，切实推进各项工作有效落地。2020 年，第三轮城南行动计划收官，推动实施重点项目 193 项，3 年共完成投资 3318 亿元，圆满完成各项任务目标。丰台区、大兴区、北京经济技术开发区、房山区地区生产总值分别为 1854.2 亿元、932.8 亿元、2045.4 亿元、759.9 亿元。

重点功能区建设取得阶段性进展。2019 年底，北京大兴国际机场正式投运，机场外围骨干交通基础设施基本成形，临空经济区进入实质性建设阶段；丽泽金融商务区发展提速，一批金融机构加快入驻；北京经济技术开发区科技创新成果转化能力增强。跨区域交通体系逐步完善，绿色生态空间持续扩大，新城综合承载能力不

丽泽商务区（刘平 摄）

断提升，特色小镇建设加快推进，新型城镇体系逐步完善。不断以改革创新增强发展活力，大兴区共 8.35 万亩集体土地入统到镇级联营公司，完成集体经营性建设用地交易 14 宗；北京经济技术开发区实施大部制改革，工委、管委会机构由 60 个精简到 23 个；试点企业投资项目承诺制审批改革，试点企业实现开工建设。城南地区发展步伐明显加速，城市面貌和发展环境明显改善，从“打基础”“补短板”阶段逐步转入“筑高地”“上水平”阶段。

制订实施新一轮城南行动计划。2021 年 7 月，北京市发布《推动城市南部地区高质量发展行动计划（2021—2025 年）》，计划实施十大工程包，安排项目 260 余项，5 年完成投资约 5900 亿元，力争把城南地区打造成为首都发展新高地。行动计划提出，聚焦“一轴、两带、多点”城市服务功能组织架构，发挥重大功能性项目带动作用。“一轴”即南中轴及其延长线，着眼未来首都发展，规划建设博物馆群，建设中央芭蕾舞艺术中心、中国杂技艺术中心等重大文化设施，高效利用疏解腾退空间，打造城市更新样板。在交通方面，将优化区域综合交通体系，建设道路里程400千米以上；在教育方面，将深化与市属优质学校结对共建，建设北京第四实验学校（大兴区）等21所学校，新增学位3万个以上；在医疗方面，布局建设北京口腔医院新院区等医院，促进优质医疗资源提质扩容、均衡布局；在提升城市品质和活力方面，将重点围绕城市品质提升，建设南苑森林湿地公园、永定河滨河森林公园等一批重点项目，新增绿化面积1万公顷以上。新一轮城南行动计划将有效助力京津冀协同发展、加强与北部地区协同联动、搭建南部各区合作新平台，汇聚形成城南崛起的发展合力。

2. 京西地区产业转型升级

京西地区工业历史悠久，石料开采可以追溯到汉代，煤炭开采始于辽代。延绵不绝的京西群山，曾经是北京市最重要的煤炭供应基地。新中国成立后，以首钢为代表的“京西八大厂”快速发展，书写了波澜壮阔的现代工业史诗。随着首钢老工业区整体搬迁调整、京西煤矿关停，百年钢铁史、千年采煤史告一段落，京西地区填补产业空心化迫在眉睫，转型发展刻不容缓。京西地区紧抓北京冬奥会的历史性机遇，相继出台了首钢老工业区发展意见、京西示范区实施方案、新首钢三年行动计划、十大攻坚工程等一系列政策，先后实施了一系列重大项目，一座新时代首都城市复兴新地标迅速崛起。

城市功能日趋完善。新首钢三年行动计划完成投资近600亿元，建成各类载体156万平方米；滑雪大跳台被称为“最美水晶鞋”“工业迪士尼”“京西新地标”，国际奥委会主席巴赫评价为“奥林匹克运动推动城市发展的典范”；“四个复兴”稳步推进，昔日的炼钢高炉等“工业锈带”加速蝶变为亮丽的“生活秀带”。石景山区利用“京西八大厂”创建了一批国家级、市级和区级文创园，先后3次获得国务院办公厅“老工业基地真抓实干成效明显”通报表彰。门头沟区聚焦生态涵养，坚定不移开展生态治理，永定河逐渐恢复往日生机，改革开放40多年来首次实现碧水长流，完成从北京能源建材基地到国家“绿水青山就是金山银山”实践创新基地、国家生态文明建设示范区的华丽转身。

产业加速迭代升级。加快培育现代产业体系，打造“三个高地”，实现产业协同“抱团取暖”。北京银行保险产业园建设国家级金融产业示范区，与金融街、丽泽商务区错位发展、协同发展；人工智能科技园打造具有重要影响力的中关村智能创新基地；工业互联网产业园打造国家级工业互联网创新示范基地。与首钢搬迁停产时相比，如今京西地区的地区生产总值是那时的2.8倍；固定资产投资是那时的2.1倍；一般公共预算收入是那时的2.6倍；二、三产业结构优化到2∶8。中关村石景山园总收入突破3400亿元，现代金融业总收入超1000亿元，成为京西首个千亿级的产业集群。

宜居水平稳步提升。交通条件大幅改善，长安街西延线全线贯通，新首钢大桥建成通车，地铁S1线、冬奥支线开通运营；生态环境明显改善，京西地区统筹“山水林田湖草生命共同体”，创建国家水生态文明试点城市，合理配置外调水，提升水源涵养能力，一步步解决生态系统退化、水资源过度开发、河道干涸断流等突出问题。总体来看，经过 10 多年发展，京西老工业区的市容面貌发生了根本性改观，发展基础实现了全方位提升，城市功能得到了深层次强化，为进一步加快推动京西地区转型发展打下了坚实的基础。

全力服务保障北京冬奥会。京西地区以筹办北京冬奥会、承办中国服贸会为核心，开展一系列赛事活动和会务准备，强化首钢地区后工业文化体育创意基地和国家体育产业示范区的品牌建设。在工程建设方面，重点推动冬奥场馆及其他各项服务保障设施建设等工作，完成首钢滑雪大跳台中心配套工程及临时设施、首钢冬奥广场等项目；在城市运行和环境保障方面，做好场馆外围保障，统筹推进环境综合治理、赛时市政运行保障等工作。同时，整合莲石湖公园、永定河休闲森林公园、首钢工业遗址公园等资源，注入马拉松等体育元素，全面建成北京冬季奥林匹克公园。首钢园还以承办中国服贸会为契机，提升会展功能，打造“小而美、专而精”的会展产业。中国服贸会首钢园会场以首钢工业遗址公园为核心，对众多工业遗存进行结构加固和建筑改造，共设展览场馆 15 个，面积约 9.4 万平方米。

加快建设京西产业转型升级示范区。2019 年 8 月，北京市以石景山区和门头沟区部分产业转型区域为主，谋划京西产业转型升级示范区，成功获批国家级试点，纳入全国第二批产业转型升级示范区。京西产业转型升级示范区总面积约 100 平方千米，以推动新首钢打造新时代首都城市复兴新地标为核心，拓展丰台区和门头沟区涉及新首钢地区的部分区域，结合不同区域空间的发展基础和资源条件，培育产业集聚、产城融合、竞争力强的经济增长新空间，全面带动示范区产业转型和结构调整。京西产业转型升级示范区获批以来，各项建设任务取得了积极进展，走出了一条老工业基地转型升级的新路。2022 年 3 月，市新首钢领导小组印发《深入打造新时代首都城市复兴新地标加快推动京西地区转型发展行动计划(2022—2025 年)》，为京西发展注入更多源头活水。

3. 促进平原新城高质量发展

平原新城是首都面向区域协同发展的重要战略门户和承接中心城区适宜功能、服务保障首都功能的重点地区。根据《北京城市总体规划（2016 年—2035 年)》，平原新城主要包括顺义、大兴、亦庄、昌平、房山的新城及地区，土地面积约 1016 平方千米，常住人口约 690 万人，占全市常住人口的 31.5%。截至 2021 年 6 月底，平原新城地区生产总值同比增加 30%，超过全市同比增速一倍以上；固定资产投资同比增加 28.3%，超过全市同比增速两倍以上。

建立健全政策保障机制。2021 年 8 月，北京市正式印发《关于促进平原新城高质量发展提升平原新城综合承载能力的实施方案》，为全面增强平原新城吸引力绘就“路线图”与“施工图”。为全力保障实施方案各项工作顺利开展，北京市促进平原新城高质量发展提升平原新城综合承载能力实施方案联席会议制度及相关工作机制同步建立并发挥实效，建立市区联动机制，推动重点任务和重大项目加快落地，平原各区制订具体实施方案，合力促进平原新城高质量发展。

组织编制公共服务资源补短板项目清单。组织召开教育、医疗、文化、体育、民政 5 个领域专项协调推进会，推动平原新城从 5 个领域梳理地区情况、工作计划、项目清单等，并联合各市级相关部门加强工作对接，配合推进工作进程。通过研究制定平原新城公共服务资源补短板项目清单，坚持承接与提升并重，有序引导中心城区教育、医疗等公共服务资源向平原新城精准转移，着力提高平原新城的综合承载能力。

“三大领域”夯实新发展基础。补齐公共服务短板，提升人居环境水平。平原新城坚持集约高效发展，控制建设规模，提升城市发展水平和综合服务能力，建设高新技术和战略性新兴产业集聚区、城乡综合治理和新型城镇化发展示范区。打造大尺度生态蓝绿空间，实现每个平原新城至少建设一处成规模的城市森林公园，制定专项设计导则强化交通承载能力，集约打造站城融合。以公共交通为主导，加快完善中心城区与现有交通通道，增强与中心城区之间的快速轨道交通联系能力。进一步促进大枢纽站城融合和小站点一体化实施，推动平原新城轨道交通“微中心”建设，实现商业、商务、公共服务等公共功能用地面积占比达到 30%。推动产业发展，建立新城职住平衡。平原新城布局优势主导产业，进一步完善中关村“一区十六园”合作共建科技成果转化机制。加大平原新城、产业园区及开发区周边等租赁房源有效供给，有针对性地配套建设一批集体土地租赁住房。

4. 推进生态涵养区绿色发展

北京三面环山，处于山区的门头沟、平谷、怀柔、密云、延庆 5 区的全域和昌平、房山 2 区的山区是首都的重要生态屏障和水源保护地，被划为生态涵养区，全市约 80% 的林木资源、60% 的水资源、65% 的湿地、95% 的生态保护红线划定范围均聚集于此。多年来，北京市将保障首都生态安全作为主要任务，坚持走生态优先、绿色低碳的高质量发展之路，推动生态涵养区成为践行绿水青山就是金山银山理念的高水平北京样板，着力将生态涵养区建设成为展现北京美丽自然山水和历史文化的典范区、生态文明建设的引领区、宜居宜业宜游的绿色发展示范区。

完善生态涵养保护制度体系。北京市提出“全市一盘棋”共同守护首都生态的思路，在全国率先出台山区生态林补偿机制，相继出台《关于推动生态涵养区生态保护和绿色发展的实施意见》《北京市生态涵养区生态保护和绿色发展条例》，首次对城市功能区进行立法保护，生态涵养区生态保护和绿色发展工作走向法治化、规范化。通过健全多元化生态保护补偿机制，对专项补偿、综合补偿、发展补偿、横向补偿等方面均作了较为全面的规定，这些都为促进生态涵养区绿色发展提供了有力的法治保障。

严守生态保护红线。生态涵养区坚守功能定位，不断扩大生态环境容量，严格遵循“两线三区”（“两线”即生态控制线和城市开发边界线，“三区”即生态控制区、集中建设区和限制建设区）管控要求，围绕“两山三库五河”（燕山、西山，密云水库、官厅水库、怀柔水库，洵河、潮白河、北运河、永定河、拒马河）实施高水平生态涵养保护，有序推进生态保护红线勘界定标，高质量完成专项整治任务，积极推进拆除违法建设、腾退土地等任务落地，以退促进。绿色生态空间不断扩大，空气质量保持优良，森林质量不断提升，2020年生态涵养区森林覆盖率达到62%，高于全市17.6个百分点，真正成为“后花园”“大氧吧”。持续抓好生态清洁小流域建设、小微水体整治等，密云水库、怀柔水库水质稳定达标。

提升公共服务和基础设施建设水平。加大市级投入保障力度，完善生态保护补偿转移支付引导政策，总体上给予生态涵养区全市最高支持比例的投资和财政补贴，聚焦生态涵养区园林绿化、乡村治理、人居环境整治、交通设施改善，以及义务教育、基层医疗、养老服务、产业园区等领域，有针对性地完善相关政策措施，安排实施建设项目，补齐重点基础设施和基本公共服务短板，提升区域建设管理水平，引导群众树牢生态保护理念，养成绿色生活习惯。从“软”“硬”两方面环境、“输血”“造血”两个维度提升生态涵养区综合承载能力，增强内生发展动力。

因地制宜地走绿色发展之路，鼓励和引导新兴业态发展。北京市重点围绕生态涵养区综合承载能力提升、绿色产业发展、资金支持保障等加大改革创新力度，在现有新增产业禁止和限制目录（即“负面清单”）基础上，研究制定产业发展“正面清单”及其相关政策措施，明晰产业发展的模糊地带、解决产业发展的堵点问题。注重推动传统产业转型升级，构建高精尖经济结构，夯实绿色发展产业基础，“一城两带多园”（“一城”指怀柔科学城，“两带”指长城文化带、西山永定河文化带，“多园”指中关村科技园区各区分园、雁栖湖国际会都、2019 年北京世园会、北京·平谷世界休闲大会、2022 年北京冬奥会冬残奥会延庆赛区等功能园区和绿色产业园区）绿色发展格局逐渐清晰。各区注重转型升级、错位发展，着力培育和壮大特色农林业、生态旅游、乡村精品民宿、森林康养、数字经济、科创智能等业态发展，逐步构建特色化、品牌化、差异化发展格局。重点功能园区不断集聚高端功能和产业要素，对区域发展的带动引领作用进一步增强。雁栖湖国际会都、北京世园会、长城文化节等成为生态涵养区新“名片”；延庆区高标准践行冬奥可持续发展理念，建设占地面积为 22 公顷的冬奥森林公园；在怀柔科学城、平谷、门头沟“一线四矿”、北京世园会举办地和冬奥小镇、昌平未来科学城和房山高端制造业基地等地，一批重大项目纷纷落户，区域绿色发展新引擎逐步启动。

（二）推动城乡融合发展

北京是典型的“大城市小农业、大京郊小城区”。广阔的农村地区是首都城市的战略腹地、生态屏障和重要水源地，在加强“四个中心”功能建设、提升“四个服务”水平方面发挥着重要作用。北京市从全面建设社会主义现代化国家、实现中华民族伟大复兴的战略高度来认识、谋划和推动“三农”工作，农村改革全面推进，加强村庄人居环境整治，美丽乡村建设取得重大进展，城乡融合发展体制机制初步建立，激发乡村内生动力和发展活力，进一步推进首都农业农村现代化。

1. 深化农业农村改革

北京市坚持中央关于农业农村改革的方针政策，率先打破高度集中统一的计划经济体制，不断深化农业生产经营方式、农村产业结构、集体经济产权制度、农村集体“三资”管理等多领域改革，始终坚持服务首都、富裕农民的目标，推动农业农村建设快速发展，为率先全面建成小康社会创造了有利条件。

改革首先从建立健全农业生产责任制开始。1978 年底，全市开始实行“包工到组，联产计酬，超产奖励”生产管理办法，建立和推广以专业承包、联产计酬为主的多种形式农业生产责任制，并逐步发展到“包产到户、包干到户”等多种形式，极大调动了农民生产积极性。农业生产责任制建立后，郊区有限的土地资源难以容纳众多劳动力，乡镇企业应运而生，为壮大集体经济、转移农村剩余劳动力、促进农民致富开辟了一条新路。1985年后，全市不断调整农村产业结构，推进土地适度规模经营和农业专业化生产，提升农业市场化、现代化水平。逐步放开农产品市场，取消农产品统购统销，农村多种经营逐步发展起来，非农产业收入逐步提高。党的十六大后，全市深入贯彻落实党中央提出的“多予、少取、放

2016年9月，俯瞰平谷区金海湖花间集小镇。小镇位于金海湖旅游风景区入口附近，占地10万平方米，是集休闲旅游、文化创意、教育拓展、活动体验等为一体的新型文化旅游项目（邓伟 摄）

活”方针，统筹城乡经济社会发展，全面推进农村税费、农产品流通体制、农村金融体制、农村社会保障体系等改革，加快社会主义新农村建设。

党的十八大以来，北京市找准“三农”工作定位，坚持农业农村优先发展，以深入推进农业供给侧结构性改革为主线，以“土地流转起来、资产经营起来、农民组织起来”的“新三起来”建设为抓手，全面加快农村土地制度、农村集体经济产权制度、新型农业经营体系和农村集体“三资”管理等改革，进一步激发和释放农业农村发展新活力。

深入推进农村承包土地、集体经营性建设用地和宅基地“三块地”改革。2015 年开始农村土地承包经营权确权颁证登记工作，支持农民通过土地入股、订单生产、代耕代种等多种形式，促进土地承包经营权有序流转。截至 2018 年底，基本完成农村土地承包经营权确权颁证登记工作，共有 2580 个村完成了权属调查、审核公示、农户签字和数据入库工作，确权承包地面积 280.7 万亩。进一步稳定农村土地承包关系，妥善解决承包地块面积不准、四至不清、空间位置不明、登记簿不健全等问题。2019 年至 2020 年开展证书发放工作，截至 2020 年底，全市共颁发证书 51.4 万份，发证率 98.5%。大兴区西红门镇、海淀区东升镇、丰台区长辛店镇、通州区台湖镇等地区通过镇域统筹集中集约利用集体产业用地，提升了集体土地对高端资源的集聚力，建立了农民依托产业用地实现收入增长的长效机制，使农民和农村集体通过出租房屋获得长期稳定收益，分享城乡统筹发展成果。结合乡村规划和美丽乡村建设，开展盘活闲置农宅的实践探索。例如，怀柔区田仙峪村发展健康养老产业、密云区干峪沟村发展休闲旅游、延庆区岔石口村发展创意文化产业，吸纳了一批当地劳动力就业，多渠道增加农民收入，唤醒了农村“沉睡的财富”。

全面推进农村集体经济产权制度改革。为解决农村集体资产权属不清、权责不明、保护不严、流转不畅等问题，总结推广丰台区南苑乡东罗园等村集体经济产权制度改革试点经验，提出“撤村不撤社，转居不转工，资产变股权，农民当股东”的改革思路，使村级组织真正成为产权明晰、农民入股、主体多元、充满生机和活力的市场主体。昌平区北店村撤村建立北店嘉园社区后，采取“存量资产量化”方式推行产权制度改革，社区居民可以获得股份分红收入、工资性收入、部分住宅楼出租收入，实现足不出村当股东、拿工资、分红利。为解决农村集体资产经营管理问题，全市开展财务管理规范化建设，加大审计监督，创新监管方式，全面提升农村“三资”监管水平。海淀区成立全国首家农村集体资产监督管理委员会，形成区、镇两级统一协调、上下联动、齐抓共管的工作机制，管好村集体的“钱袋子”。截至 2017 年底，全市完成产权制度改革的村达到 3899 个，占总数的 98%，基本完成农村集体经济产权制度改革任务。

培育新型农业经营主体。持续加大扶持力度，以农民合作社、专业大户、家庭农场、龙头企业为重点，培育新型农业生产经营主体，提高农民组织化程度。开展农民合作社质量提升整区推进试点，加强农业社会化服务体系建设。举办 5 届农村创业创新大赛，开展“百师进百村”、休闲农业专家辅导团工作。建立农民培训联席会议制度，制订改进农民培训和学历教育工作方案，市区两级培训一产农户、合作社带头人、下乡创业人员数万人次。截至 2021 年 7 月底，全市纳入统计调查的农民合作社总数为 7213 家，市级示范社 226 个，录入“全国家庭农场名录系统”的家庭农场 4212 个，村集体经济实力不断增强，农民生活水平不断提升。“十四五”期间，北京市计划创建 5 个国家级现代农业产业园，提升 7 个国家农业科技园区，建设 100 家左右农业科技示范基地。

深化农业供给侧结构性改革。全市严守 150 万亩永久基本农田和 166 万亩耕地保有量底线，坚决遏制耕地“非农化”。2020 年，统筹抓好疫情防控和农业生产，粮食生产播种面积、产量同比分别增长 5.1%、6.2%，蔬菜生产播种面积、产量同比分别增长 22.4%、23.7%，生猪存栏数同比增长 143.9%，交出了稳产保供成绩单。积极推进“五个百万”工程建设，即打造提升百万亩粮菜生产空间、发展百万亩林下经济、优化提升百万亩优质果园、确保百万头生猪出栏、协同津冀共同建设环京百万亩农产品供应基地。截至 2021 年底，全市粮食播种面积、产量稳定在 73 万亩、31 万吨以上，蔬菜生产播种面积、产量达到 62 万亩、156 万吨以上，生猪存栏数达到 50 万头左右，坚决守住农业基本盘。“十三五”时期，北京市组织制定地方标准 71 项，新建农业标准化基地 415 家。农产品抽检合格率连续 5 年稳定在 98% 以上。坚持绿色兴农、质量兴农，统筹“种满”与“种好”、“优质”与“优价”，推动农业与科技、服务相融合，不断提升农业的质量效益与竞争力。累计培育大兴西瓜、昌平草莓、京西稻、北京鸭等北京特色农产品 117 个。“国家农产品质量安全市”整市创建完成，“北京农产品绿色优质安全示范区”建设有序推进。发挥首都科技创新资源优势，在国家打好“种业翻身仗”中努力争当先头部队，聚力打造“种业之都”“农业中关村”，全市农业科技进步贡献率达到 75%，平谷区“国家农业科技创新示范区”等一批示范项目扎实推进。

2. 发展都市型现代农业

北京市坚持都市型现代农业的发展方向，充分发挥首都科技、人才、市场等优势，加大生态友好型农业科技研发力度，积极推进农业结构调整升级，着力提升农业发展的质量和效益。传统农业生产规模总体收缩，以观光园、民俗旅游、设施农业和会展农业为主的都市型现代农业加快发展，有力促进了京郊农业增效、农民增收、农村增绿，为北京市农业高质量、可持续发展提供了有力支撑。

20 世纪 90 年代至 21 世纪初，北京市发挥集体经营和家庭经营积极性，提高农业综合生产能力，以设施农业、籽种农业、创汇农业、精品农业、加工农业、观光农业"六种农业"为切入点的都市农业迅速兴起。2003 年，大力发展都市型现代农业，确立了北京农业的发展方向。随着农业商品化、市场化水平逐步提高，全市不断适应市场消费需求，推动产业升级，大力发展"六种农业"，基本形成与科技、旅游、教育、文化、健康养老等产业相互渗透，一、二、三产业深度融合的绿色低碳农业。党的十八大以来，北京市认真贯彻落实习近平总书记关于"三农"问题重要论述和对北京重要讲话精神，坚持走绿色发展道路，积极调结构转方式，主动调减粮食、生猪、家禽等传统农业规模，发展高效节水农业，加强"菜篮子"工程建设，积极发展乡村旅游和休闲农业、现代种业、"互联网 +"现代农业等新业态，实施两轮百万亩平原造林工程，开展区域规模化高效节水灌溉行动，不断增强生态产品、休闲产品和优质农产品的供给能力。

会展农业蓬勃发展。成功举办 2019 年北京世园会，为期 162

天的北京世园会生动诠释了“绿色生活、美丽家园”的主题，作为展出规模最大、参展国家最多的一届世界园艺博览会，其展示内容最丰富、文化活动最密集、办会影响最广泛，在世界园艺博览会发展进程中具有里程碑意义。连续举办7届农业嘉年华，集科技展示、园艺观光、休闲娱乐、科普教育于一体，实现农业与旅游休闲、文化创意、现代物流等产业相互融合促进，成为北京发展都市型现代农业的一张亮丽名片。联合天津、河北办会，推广京津冀三地特色农业。北京还成功举办世界草莓大会、食用菌大会、种子大会、葡萄大会、马铃薯大会、月季大会等国际性农业会展活动，扩大了农业的国际交流，带动相关产业发展。首都会展农业及农事节庆活动成为郊区农业文明和农村文化的展示窗口，成为农村地区产业融合的重要平台，成为农业和旅游业的结合点。

推进绿色休闲农业发展。积极推进绿色生态产业功能区建设，打造奥林匹克水上公园、国际鲜花港、顺义三高科技农业试验示范区、舞彩浅山4个板块，创建微旅游、慢生活、憩田园、品文化的生态休闲产业新典范。坚持把乡村旅游作为支柱产业来抓，以市民需求为导向，打造一批休闲农业和乡村旅游路线，建设一批乡村民宿精品，推动传统农家乐提档升级，吸引广大市民到农村旅游消费，带动农民增收致富。党的十八大以来，北京市加大财政支持力度，建立京郊旅游融资担保平台，引导金融资本为行业服务，促进乡村休闲旅游行业提档升级。积极创建全国休闲农业和乡村旅游示范县、中国美丽休闲乡村、全国休闲农业与乡村旅游星级园区（企业）等，不断丰富乡村旅游业态和产品，培育了一批功能完备、特色突出、服务优良、示范带动力强的美丽休闲乡村、休闲农业园、民俗接待户、精品民宿等休闲农业经营主体，形成“一区一色”“一沟（村）一品”的特色发展道路，成为引领休闲农业发展的样板。2017年，北京市制定实施《关于加快休闲农业和乡村旅游发展的意见》，引导北京市休闲农业持续健康发展。中国农民丰收节、北京农业嘉年华、海淀樱桃文化节、大兴西瓜节、平谷桃花音乐节等农事节庆活动成为北京休闲农业新名片。“门头沟小院+”田园综合体、延庆精品民宿集群、怀柔长城风情线路等区域品牌不断涌现。2020年4月，印发《北京市休闲农业“十百千万”畅游行动实施意见》，着力打造10余条精品线路、百余个美丽休闲乡村、千余个休闲农业园区、近万家民俗接待户，全面构建覆盖各区、乡村、园区与农户的全要素配套、全方位布局、多层次提升的休闲农业产业体系，推动休闲农业高质量发展。培育打造“京华乡韵”休闲农业品牌，全面启动休闲农业宣传推介，延庆区、怀柔区成功创建全国休闲农业重点区。截至2021年底，全市休闲农业园突破1000个，休闲农业观光园总收入18.4亿元，同比增加19.4%；乡村旅游总收入14.1亿元，同比增加48.4%。农业生态服务价值大幅提升，乡村旅游活力持续释放，实现休闲农业提质增效。

聚力打造“种业之都”。北京市发挥首都种业创新资源优势，推动北京种业创新高质量发展。加快推动平谷国家畜禽种业产业园、通州农作物种业创新示范区和国家玉米种业技术创新中心建设，搭建品种展示、种子交易、科研交流、企业孵化和国际交流平台，率先探索实践新型种业体系建设，成为国内种业创新的“排头兵”。集中全国80%以上的国家级种业科研力量研制世界首个水稻全基因组芯片、西瓜和鲤鱼全基因组图谱，建成世界最大的玉米标准DNA指纹库，京科968、京欣2号、京秋3号、京葫36号等自育品种广泛推广。现代种业深入推进，农业、渔业种业收入大幅增长。发布现代种业发展三年行动计划，组织实施种质资源保护利用和种业创新攻关、企业扶优、基地提升、创新环境优化五大行动20项重点工程。稳步推进11个物种联合攻关项目、5个特色资源保种项目、设施农业良种更新换代工程，认定21家农业种质资源保护单位。2021年10月，成功举办第二十九届中国北京种业大会，国内外400余家种业领军企业、创新企业、自主知识产权企业、国际合作企业参加，覆盖农作物、畜禽、水产、林果花卉四大种业，现场成交量逾2.7亿元。在全国率先启动11个北京优势特色物种联合攻关项目。建设现代种业创新中心，其中国家玉米种业技术创新中心、通州区国家现代农业产业园、平谷区国家畜禽种业产业园落地建设。通州、顺义、大兴、房山等高效设施农业试点片区全面启动，翠湖智慧农业10万平方米智能温室投入使用。2021年，种业收入11.9亿元，其中农业1.3亿元、林业0.2亿元、牧业10.1亿元、渔业0.3亿元。

建设“农业中关村”。2019年，平谷区成为全市农业科技创新示范区，以发展现代种业、智慧农业、农业智能装备、生物技术、营养健康、食品安全六大产业为主导，全力建设“农业中关村”。与荷兰瓦赫宁根大学联合成立北京京瓦农业科技创新中心，探索建立“政府+科研机构+企业”合作模式，打造集技术研发、展示示范、成果转化、人才培养、国际交往、战略咨询于一体的创新机构。组建产业联盟，探索政、产、学、研、用紧密结合的开放式合作机制。2021年10月，北京市与农业农村部签订合作框架协议，在政策规划、资金安排、试点示范、技术人才、改革创新等方面寻求政策支持，助力北京发展都市现代农业，打造大城市乡村全面振兴的示范和样板。

3. 深入实施乡村振兴战略

北京市深入贯彻落实《中共中央、国务院关于实施乡村振兴战略的意见》精神，按照产业兴旺、生态宜居、乡风文明、治理有效、生活富裕的总要求，以大城市带动大京郊、大京郊服务大城市为发展战略，以推动农业农村高质量发展为主题，以城乡融合发展、农业绿色发展、农民全面发展为主线，全面推进乡村振兴，农业农村经济总体形势呈现稳中向好、巩固发展态势。

提供坚强政治保障。进一步加强对“三农”工作的全面领导。市、区两级分别成立了党委农村工作领导小组，设立由党委和政府负责同志领导的工作专班，聚焦聚力推动乡村振兴。2021 年 5 月，市农业农村局加挂“北京市乡村振兴局”牌子，负责统筹推进全市实施乡村振兴战略工作，进一步健全了乡村振兴工作格局。出台《市委贯彻〈中国共产党农村工作条例〉实施办法》，完善市负总责、区和乡镇抓落实的农村工作领导体制。研究制定北京市《“十四五”时期乡村振兴战略实施规划》《关于全面推进乡村振兴加快农业农村现代化的实施方案》等，进一步明确首都乡村振兴“任务书”和“施工图”。不断强化农业农村优先发展投入保障，调整土地出让收入使用范围，用于农业农村的投入比例逐年稳步提高，到 2025 年将达到 8%。连续选派 5 批共 1400 名“第一书记”。党建引领“吹哨报到”改革和“接诉即办”机制向农村深入拓展。

建立健全“村地区管”机制。北京市高度重视基层涉地乱象和涉地腐败问题，为进一步加强农村集体土地管理，深入推进规划和自然资源领域专项整改，2020 年 6 月，市政府印发《关于进一步加强农村集体土地管理加快建立健全“村地区管”机制的指导意见》，将“村地区管”纳入推进乡村振兴战略年度实绩考核之中，建立健全查处惩戒问责机制，开展“大棚房”问题清理整治“回头看”和百日专项整治行动，杜绝产生涉地违法问题。市级文件出台后，各区落实“村地区管”要求，研究制定区级管理办法或实施细则，构建了市、区两级“村地区管”政策体系，进一步强化区级政府管规划、管用途、管合同、管程序、管监督、管查处的权责。严格土地用途管制，确保农地农用，各相关区建立了涉地经济合同联预审机制，严格落实合法合规、规划用途、条款规范、价款合理、对方资质、违约责任“六必审”的具体要求，切实规范涉地集体经济合同管理。

农村人居环境整治工作成效显著。2014 年以来，全面开展农村地区环境整治，大力推进基础设施“六网”改造提升、“千村整治”工程，推进农村“煤改清洁能源”和“厕所革命”等重点工作。2017 年，把扎实推进农村人居环境整治和美丽乡村建设作为实施乡村振兴战略的第一场硬仗，举全市之力在全域推进并取得明显成效。2018 年 5 月，出台《关于实施乡村振兴战略的措施》，开展三年专项行动，加快美丽乡村建设步伐。持续加大投入，建立农村人居环境整治资金保障机制，每年安排美丽乡村建设引导资金，支持农村基础设施建设和管护项目。不断建立健全体制机制，印发《实施乡村振兴战略扎实推进美丽乡村建设专项行动计划（2018—2020 年)》，市委、市政府分管领导牵头，市社会主义新农村建设领导小组成员单位具体组织实施，各区落实属地责任，建立美丽乡村建设专班，加快推进各项建设工作。坚持规划引领，2018 年以来先后制定出台《关于加强传统村落保护发展的指导意见》《北京市“百村示范、千村整治”工程实施方案》等文件，制定一系列工作导则和标准，健全乡村规划编制体系。广泛开展党员“双报到”、“美丽庭院”评选创建、“小手拉大手”、周末大扫除等活动，发挥农民主体作用，增强维护环境建设的自觉性，不断推进北京乡村从“一时美、一处美”向“时时美、处处美”转变。深入实施“百村示范、千村整治”工程，农村生活垃圾治理水平、生活污水治理水平得到显著提升，农村“厕所革命”扎实推进，村容村貌得到明显改善，长效管护机制基本建立。启动 1041 个美丽乡村基础设施建设村，已整村完工 953 个；加强乡村风貌规划和整体管控，无害化卫生户厕覆盖率达到 99.4% ；开展村庄清洁行动，全市 3200 多个村分三批通过市级考核验收，村庄环境普遍达到干净、整洁、有序的要求，门头沟区、通州区、延庆区、大兴区 4 个区被评为全国村庄清洁行动的先进区；强化污水治理，全市污水处理设施覆盖的村庄增加到 1806 个，生活垃圾处理基本实现村全覆盖，累计创建垃圾分类示范村 1500 个、首都绿色村庄 1000 个；全市 3386 个村庄约 130 万户实现了清洁取暖，为打赢蓝天保卫战作出了积极贡献。农村人居环境整治整出了村庄肌理，极大消除了几十年来形成的顽疾，广大农民群众的获得感、幸福感明显提升。

4. 推进城乡接合部减量提质增绿

城乡接合部地区是构建平原地区生态安全格局、防控首都安全隐患、遏制城市摊大饼式发展的重点地区，主要包括第一道绿化隔离地区、第二道绿化隔离地区（分别简称为一绿地区、二绿地区），总面积约 1220 平方千米，占市域面积的 7.4%，承载全市约 90% 的用地减量任务和 160 多万人的疏解任务。北京市坚持以首都发展为统领，将城乡接合部建设融入首都城市工作体系，2015 年启动城乡接合部建设三年行动计划，推进一绿地区城市化建设，加快二绿地区城乡一体化建设，构建环境优美、配套设施完善的绿色生态发展区，促进建立良性的城市格局，推进城乡一体化发展。

健全规划和实施体系。修订一绿地区规划建设管理办法，强化减量背景下一绿地区城市化建设指导，构筑首都功能核心区战略屏障，确保实现 2035 年“一绿建成，全面实现城市化”目标；按照首都核心区控规和副中心控规标准，高质量编制二绿地区减量提质规划，制定印发《关于加强第二道绿化隔离地区先行管控减量提质工作意见》，统筹各层级规划目标和各类要素管控要求，搭建覆盖全域、全要素的管控和引导体系，首次印发先行管控意见，统筹林、田、水、草、路、村等要素，按照宜园则园、宜林则林、宜田则田、宜野则野的原则，严格落实耕地保护要求，构筑拱卫首都的 9 条楔形绿色廊道。2021 年 11 月，北京市编制发布《“十四五”时期绿化隔离地区建设发展规划》，确定 7 项主要任务 26 项重点工作和重点地区发展指引，这是北京首个针对绿隔地区的 5 年发展规划，明确了到 2025 年一绿地区将实现城乡建设用地减量 7—10.5 平方千米，二绿地区实现城乡建设用地减量 20—30 平方千米。同时建立绿隔地区“十四五”时期重点项目库，作为规划实施的有效支撑。

推广减量发展试点经验。20 世纪 90 年代一绿地区大规模启动建设，共划分为 24 个规划实施单元，制订“四个一批，每批六个”工作计划。截至 2019 年底，顺利完成第一批朝阳区将台、来广营、太阳宫、常营、南磨房、豆各庄 6 个乡的城市化建设试点，累计完成拆迁腾退448万平方米、实现绿化5.04平方千米、转居转工1.98万人，拆迁腾退、绿化实施、转工转居任务全部完成。2019年2月，朝阳区王四营乡启动试点工作，按照“用地整合、功能组合、空间围合、高低结合”建设组团的“新四合”设计理念推进试点工作开展，在降低超转人员成本、节省建筑规模、新增绿地面积、提升绿地养护标准、解决绿地长效管护问题等方面取得积极成效，成为全市农村城市化新经验。全市开展联合督查，推广王四营乡减量发展试点经验，优化剩余规划单元的规划综合实施方案，梳理2000个重点项目，推动规划实施项目化，充分利用拆迁腾退空间，加强城乡接合部地区改造和综合整治，打造环境治理精品区域。王四营乡减量发展试点经验稳步上升为一绿地区建设规范，减量发展背景下二绿地区建设规划路径逐步完善。

减量增绿取得明显成效。截至2020年底，城乡接合部圆满完成第一阶段目标：一绿地区城乡建设用地减量约20平方千米，绿色开敞空间提至41%左右，规划公园实施率达93.5%；二绿地区城乡建设用地减量约42平方千米，拆除违法建设3000多万平方米，绿色开敞空间提至63%左右，累计绿化面积达443.2平方千米，逐步形成环绕城市的绿色生态景观带。依托各乡疏解腾退以及土储代征代拆等方式，实现集体土地增绿。朝南森林公园一期、镇海寺公园二期等一批一绿城市公园，孙河郊野公园、金盏森林公园等一批二绿郊野公园，以及地处副中心西部生态隔离带的温榆河公园实施建绿，提升了人民群众对绿色空间的获得感。城乡接合部高人口密度、高建筑密度、高风险隐患问题得到历史性治理，为遏制中心城摊大饼式发展、标本兼治“大城市病”、拱卫首都核心区安全发挥了战略作用。

（三）圆满完成北京市脱贫脱低任务

北京市深入贯彻习近平总书记关于实施乡村振兴战略、打好精准脱贫攻坚战的重要指示精神，从建设国际一流的和谐宜居之都和践行以人民为中心的发展思想的高度，明确率先全面建成小康社会的目标任务，以坚定的政治担当和攻坚克难的勇气，持之以恒地贯彻落实党中央扶贫开发方针、脱贫攻坚战略决策。牢固树立创新、协调、绿色、开放、共享的发展理念，充分发挥政治优势和制度优势，坚持帮扶与经济社会发展相互促进，坚持帮扶与生态保护并重，坚持帮扶与社会保障有效衔接，切实增强低收入农户自我发展能力，促进全体人民共享改革发展成果。

2010 年 7 月，“北京云艺手工艺品专业合作社”成立，自 2018 年起运用“传统工艺 + 合作社 + 居家式”扶贫车间模式，建立传统手工艺品玲珑枕制作对贫困户进行帮扶的桥梁，带动当地妇女和残障人士创收（王海欣 摄）

1. 提高山区农民收入水平

山区约占北京市总面积的62%，由于自然、历史、社会等原因，山区仍是全市经济和社会发展的薄弱环节。对此，北京市高度重视，立足实际，把加快山区建设作为首都发展战略的重要组成部分，给予政策扶持，加大投入力度，切实提高山区农民收入水平。

分步开展帮扶。20 世纪 80 年代中期以来，北京市把城乡一体化作为发展郊区农村经济的基本指导思想，积极组织有关部门深入山区调查研究，决定以点带面改变山区面貌。1985 年，出台《关于帮助贫困山区改变面貌的决议》，从山区划出 37 个贫困乡，制定规划目标，实施优惠政策，重点开展开发扶贫工作。市政府农林办公室成立山区建设处，各山区区县也相继成立山区建设专门机构，负责山区开发建设。经过艰苦努力，1989 年，37 个贫困乡提前一年实现脱贫目标。1990 年，又将 10 个相对贫困乡镇纳入重点扶持行列。1991 年，制定《北京市边远山区乡村十年（1991 年—2000 年）致富工程纲要》，加快建立城乡互补的经济体系和城乡统一的生态体系，将开发建设山区列为全市的一项重要任务，增加 13 个重点扶持的乡镇，从财力、物力和教育、科技等方面给予支持，重点扶持的边远山区乡镇达 60 个。

实施综合开发。分别实施“四四”攻坚计划和水利富民工程，1994 年起，部署实施《边远山区“四四”奔小康攻坚计划》，计划用 4 年时间实施资源开发工程、工业小区工程、搬迁工程、基础设施建设工程、“一帮一、同富裕”工程，实施建立小康基金、税收优惠、给予山区开发政策性贷款、照顾山区乡镇企业用电增容免购用电权、通信费用优惠等政策。使 60 个边远山区乡镇的 40 万农民人均劳动所得达 1600 元以上，基本消除人均劳动所得 1500 元以下的乡镇和 1200 元以下的村，实现小康目标。1997 年，制定实施山区水利富民工程（1997—2003 年），各山区区县将水利建设作为促进发展的抓手，着力推进“五小工程”(“五小”即小水窖、小塘坝、小水池、小泵站、小水渠）建设和抗旱节水工作，大力发展喷灌、滴灌、渗灌等，提高水资源利用效率。2000 年，山区全面完成水利富民综合开发第一阶段任务，共完成抗旱灌溉面积 210 万亩，比规划任务超额完成 8%，实现了人均一亩水浇果园和一亩水浇粮田的目标。山区水利富民工程带动山区基础设施建设和各项社会事业的发展，推动山区养殖业、林果业和旅游业的综合开发，促进山区生态环境建设，有效增加了农民收入。

统筹社会力量。1993 年，根据山区土地资源优势尚未充分发挥的实际情况，实施土地经营形式、开发形式、生产方针“三放开”政策，极大调动了农民开发建设的积极性。同时，加快将山区建设纳入全市各行各业的共同任务，加强对口支援力度，帮助山区搞好规划、改善交通、推广技术等。2000 年，京郊 89 个山区、半山区乡镇农村经济营业收入实现 349 亿元，比 1995 年增长 65.4%；农民人均劳动所得 3954 元，比 1995 年增长 52%，经济发展相对落后的 114 个边远山区村全部越过 1500 元的低收入线，山区农民从整体上解决了温饱问题。

推进生态富民。2005 年，颁布《关于实施富民养山工程加快山区发展的意见》，决定利用 5 年时间实施富民养山工程，以富民促进养山，以养山带动富民，加快山区发展，富裕山区农民。2010 年，发布《关于促进沟域经济发展的意见》，开展 7 条沟域经济发展规划国际招标，大力实施环境整治、生态建设、基础设施建设、新民居建设和特色产业发展等，引导沟域建设投资向低收入村、低收入农户集中地、农村经济薄弱地区倾斜，培育以休闲农业与乡村旅游业为主体的特色产业形态，实现生态治理与低收入农户增收相互促进。

2. 促进低收入农户增收

低收入农户帮扶工作是北京市打好三大攻坚战的一项重点任务，也是率先全面建成小康社会必须完成的硬任务。北京市围绕新农村建设，加大“三农”投入，完善惠农富农政策，多措并举促进农户增收，实现低收入农户人均可支配收入快速增长。

深化农村税费改革。北京市率先在全国实施免征农业税及其附加税，对农村基层运转费用实行财政转移支付。2003 年 7 月，召开全市农村税费改革试点工作动员大会，明确提出“四取消”，即取消乡统筹费、农村教育集资等专门面向农民征收的行政事业性收费和政治性基金集资、屠宰税、统一规定的劳动积累工和义务工；实行“两调整”，即调整农业税政策、原征收农业特产税的土地改征农业税；推行“一改革”，即改革提留征收使用方法。2004 年起，全市免征农业税，减轻农民负担 7300 万元。同时，市财政还安排补贴资金，确保基层政权正常运转。

实施共同致富行动计划。建立农村最低生活保障制度，有效保障低收入农户基本生活。对城乡居民中没有享受社会保障的老人，每月补助其基本养老金，并建立农民养老保险政府补助制度。2008 年，制定实施关于率先形成城乡经济社会发展一体化新格局的意见，提出“占农户总数 20% 的相对低收入户人均纯收入到 2015 年翻一番”的目标。2009年，制订实施2009年至2011年共同致富行动计划，对全市人均纯收入低于4500元的20.5万户低收入农户50.4万人进行帮扶。以提高低收入农户致富能力和收入水平为中心，坚持因地制宜、全面覆盖的原则，建立帮扶机制，落实帮扶举措，促进发展产业，推动转移就业，鼓励创业致富，完善保障制度。

加大财政支农力度。从调整城乡投资重点入手，把更多财政资金投向农村薄弱环节和关键环节，促进农民增收。2004年，颁布《关于推进郊区城市化，促进农民增收的意见》，加大对郊区投资力度，提高农村经济社会发展水平，实现农民富裕、农村繁荣，当年市级财政专项投入达17.1亿元。围绕新农村建设，成立由35个职能部门参加的新农村建设领导小组，建立部门联动、政策集成、资金整合、资源聚集的工作机制。2006年，推出惠农政策百余项，启动新农村建设工程108项，投入资金111.8亿元，2007年提高到130.6亿元。连续4年实施“让农村亮起来、农民暖起来、农业资源循环起来”的“三起来”工程，直接投入40亿元，改善农民的人居环境和生产生活条件，直接惠及3800个村100多万农户。2004年起，建立山区生态林补偿机制，每年支出1.92亿元，补助从事山区生态林抚育、保护和管理的农民，数万山区农民养山就业，生态林得到有效管护。此外，以政府购买形式建立水管员、保洁员、护路员队伍，加强农村公共事务管理，为6万多名农村劳动力提供就业岗位。加大对观光休闲农业、设施农业的支持力度，实施低收入村百村万户“一户一棚”援助型设施农业工程，重点支持特色产业发展项目，促进郊区都市型现代农业发展。

持续加强配套政策落地。2012年，制定《关于推进农村经济薄弱地区发展及低收入农户增收工作的意见》，系统提出推进农村经济薄弱地区发展及低收入农户增收工作的总体要求，明确认定标准、目标任务和帮扶措施。在取得“十二五”成绩的基础上，2016 年印发《关于进一步推进低收入农户增收及低收入村发展的意见》，明确帮扶对象。2018 年，制定实施《关于进一步加强低收入农户帮扶工作的措施》，明确“十三五”期间低收入农户人均可支配收入增速快于农民平均水平的目标任务。2020 年，充分考虑新冠肺炎疫情影响，制订《2020 年低收入农户帮扶工作方案》，明确工作重点。2021 年，围绕“就业带动、产业联动、资源撬动、帮扶拉动”，出台促进农民增收的 20 项扶持措施，全年累计帮扶 3.99 万名农村劳动力实现转移就业，吸纳约 4 万名农村劳动力参与基础设施管护和村庄保洁。深入实施农村集体经济薄弱村专项帮扶行动，消除 283 个薄弱村。健全防止“返低”的监测和帮扶机制，巩固低收入农户帮扶成果。2021 年，全市农村居民人均可支配收入 33303 元，同比增长 10.5%，高于城镇居民人均可支配收入 2.7 个百分点，增速为 2015 年以来最高，城乡居民收入差距逐步缩小。

3. 深入开展“六个一批”精准帮扶

党的十八大以来，北京市坚持以精准帮扶为工作着力点，扎实推进低收入农户帮扶工作，全面打赢脱低攻坚战。按照党中央、国务院关于打赢脱贫攻坚战的决策部署，北京市没有国家标准下的贫困人口。2016 年，市委、市政府印发《关于进一步推进低收入农户增收及低收入村发展的意见》，启动新一轮低收入帮扶。以家庭年人均可支配收入低于 11160 元为标准线，共认定低收入农户 7.26

万户 15.6 万人，低收入村 234 个，明确帮扶对象。深入实施“扶持产业、促进就业、山区搬迁、生态建设、社会保障兜底、社会力量帮扶”的“六个一批”精准帮扶措施。

健全工作机制，强化责任分工。北京市将脱低帮扶工作作为重大政治任务来抓，市委、市政府主要领导挂帅，深入低收入村调研，召开专题会、现场会研究部署，以上率下层层压实工作责任，形成市、区、乡镇、村 4 级书记一起抓的领导体系，市级统筹、区负总责、乡镇抓具体落实的工作体制。建立精准帮扶机制。逐村逐户精准识别认定低收入农户，建立监测信息系统，实行“一户一档”；动态掌握低收入农户帮扶需求，制定“一村一策”“一户一策”帮扶措施。建立动态管理机制。明确实行有进有出的动态管理，对家庭人均收入超过标准线的低收入农户进行持续监测和巩固帮扶，不提前退出。建立统计监测机制。动态掌握所有低收入村、户发展状况及帮扶工作情况，抽取其中 3100 余户样本记账，作为考核各区的重要依据。建立监督考核机制。将脱低帮扶工作纳入年度绩效考核内容，持续开展专项督查检查、专项审计，以及抽查检查；组织第三方对超过标准线的低收入农户家庭的真实性开展专项评估核查，严防“数字脱低”。对有劳动能力的低收入人口，坚持帮扶与“扶志”“扶智”相结合，强化产业和就业帮扶；对无劳动能力的低收入人口着力提高社会保障水平；对山区低收入农户加大山区搬迁和生态建设帮扶力度。广泛调动社会各界力量参与帮扶工作，形成合力。健全对低收入村的专项帮扶、行业帮扶、社会帮扶“三位一体”长效帮扶机制，进一步夯实低收入农户增收基础。

实施产业帮扶一批。产业作为区域经济发展的源泉和吸纳就业的载体，成为增强低收入村户“造血”功能的重要手段。2016 年以来，市级财政共安排12.1亿元帮扶资金，转移支付至各区，专项扶持低收入村、户产业发展。2018年，进一步加大力度，由市属国企与低收入村开展“一企一村”结对帮扶，发展一批各具特色的精品民宿，成为带动农民就业增收和村集体发展的支柱产业。鼓励低收入村、户与企业、专业合作社等市场主体合作，对产前生产资料、产中技术服务、产后市场销售提供全产业链支持。“十三五”期间，市、区共投入14.4亿元低收入产业帮扶资金，扶持952个产业项目，涉及特色种植、养殖，休闲旅游，异地物业等，通过项目建设和管护用工、产业收益分红等，形成一批长效可持续的特色优势产业，惠及3万户低收入农户。

实施就业帮扶一批。动态监测、主动服务、精准帮扶有转移就业意愿的低收入劳动力，70%的低收入劳动力实现二、三产业就业；将低收入劳动力纳入就业困难人员范围，享受岗位补贴和社会保险补贴政策；开发公益岗、公共服务岗等，优先吸纳低收入劳动力就业；落实残疾人就业政策，给予助残补贴，对低收入农户家庭应届毕业生实施就业帮扶。通过一系列综合帮扶措施，全市低收入劳动力就业率由2016年的59.4%提高至2020年的97%。

实施山区搬迁帮扶一批。2004年起，北京市开始实施山区农民搬迁工程，2004年至2014年，市级财政累计投入资金20.43亿元，完成搬迁3.4万户8.4万人，整建制建成新村180多个。2018年，印发《关于实施新一轮山区农民搬迁工程的意见》，启动全市第四轮山区搬迁，将地质灾害易发区、受洪水威胁地区及饮水困难、居住分散、交通不便等生存条件恶劣地区纳入搬迁范围，低收入村、户优先列入搬迁计划。“十三五”期间，全市共搬迁低收入农户2574户5342人，涉及低收入村45个，基本实现符合搬迁标准、有搬迁意愿、搬迁条件成熟的低收入村、户全部搬迁。一批“美丽乡村”和“最美乡村”应运而生，民俗旅游乡村和民宿不断涌现，农民依靠青山绿水发展乡村旅游，走上了生态致富路，有力促进了山区社会经济发展和环境建设。

实施生态建设帮扶一批。2016 年以来，落实生态补偿政策，提高补偿标准，山区生态效益促进发展资金由每年每亩 40 元提高到 70 元，3.5 万户低收入农户直接受益；通过生态建设和管护等生态就业岗位，优先吸纳低收入劳动力，共选聘 4700 余名低收入劳动力成为生态林管护员。

实施社会保障兜底帮扶一批。2018 年，制定《关于进一步加强低收入农户帮扶工作的措施》，推动从单纯的“增收”向包括加强教育、医疗、住房保障在内的“帮扶”转变。推进符合条件的社会救助“应保尽保”，全市低收入农户中有 1.31 万户低保户和 2386 户特困户依靠社保兜底实现脱低。落实医保免缴政策，实现符合参保条件的低收入人口全部参加医疗保险，帮助 1601 名无养老保障的老年人享受城乡养老保险待遇；制定落实针对低收入农户的非义务教育阶段帮扶政策，累计帮扶 1.55 万人次，低收入农户中没有一个适龄学生因贫失学、辍学；实施住房帮扶，摸排鉴定 4553 户低收入农户危房，实施改造的 2886 户危房全部竣工，1667 户通过其他方式获得安全住所，危房问题全部得到有效解决。

实施社会力量帮扶一批。开展“第一书记”、中心城区、市管国企、市属高校、科研院所、民营企业、统战力量等“七个对接”帮扶活动。“第一书记”发挥引领作用，扎根低收入村，帮助强化党建、谋划思路、统筹资源、引进项目、宣传政策、服务农户；市管国企发挥骨干带头作用，45家国企结对帮扶54个低收入村，投入帮扶资金，实施帮扶项目；市农口系统提供科技支撑，结对帮扶99个低收入村，投入帮扶资金，引进新技术、新品种、新产业；市统战力量积极参与，统筹民主党派结对帮扶低收入村，统筹建成科技小院，筹集公益金建成“同心卫生室”。“十三五”期间，全市1300余家党政机关、企事业单位参与低收入村帮扶，实现234个低收入村结对帮扶全覆盖，通过党建、产业、就业、科技、消费等多种帮扶方式，累计投入帮扶金额超过4亿元。

北京市在率先全面建成小康社会的道路上不让一个人掉队。2020年，市低收入农户家庭人均可支配收入由2016年的8961元增加到17588元，年均增长18.4%，超过标准线11160元，低收入农户全部脱低，现行标准下的低收入村全部消除。伴随着低收入帮扶任务如期完成，农村居民收入稳步增加，民生得到有效保障和改善，农民的获得感、幸福感、安全感持续提升。

（四）助力受援地区脱贫

北京担负着河北、内蒙古、新疆、西藏、青海5省区和新疆生产建设兵团73个县级单位的扶贫支援任务，助力对口帮扶地区全面打赢脱贫攻坚战是北京义不容辞的政治责任。党的十八大以来，北京市认真贯彻落实党中央、国务院关于脱贫攻坚各项决策部署，先后选派干部人才8298人次深入扶贫一线，市、区两级投入财政帮扶资金381亿多元，实施项目7879个，深入开展携手奔小康行动，16个区主动对接，结对帮扶660个贫困乡镇1373个贫困村及

842所学校、663家医院，形成了持续稳定的帮扶机制。党的十八大以来，北京援建道路1300多千米、安居房15.4万套、厕所9000多座、卫生室1046个、学校344所，实现消费扶贫。2020年，面对新冠肺炎疫情冲击，最大限度克服疫情影响，助推73个贫困旗县全部摘帽、200多万贫困人口全部脱贫，圆满完成各项扶贫支援任务，以首善标准高质量打赢脱贫攻坚战。

1. 积极开展对口支援

针对东西部地区发展不平衡、经济水平差异较大的实际情况，北京市树牢大局意识，全面开展对口支援工作，聚焦对重大工程实施地、边疆民族地区、深度贫困地区的支援，作出应有贡献。

对口支援西藏拉萨市。1994年以来，按照中央部署，北京市以项目建设为主要抓手，以干部人才选派为支撑，高质量完成了中央各时期部署的援藏任务，有效推动了拉萨市经济社会全面发展。自2015年底国家部署脱贫攻坚任务以来，北京市援藏工作围绕“两不愁三保障”目标，坚持援藏资金向深度贫困镇村倾斜、向建档立卡贫困户倾斜，80%以上援藏资金用于精准扶贫。积极创新援藏模式，从医疗、教育、产业、科技、旅游、人才等方面不断加大援藏力度。汇聚22家市属医院人才、技术及管理资源，将拉萨市人民医院创建成三级甲等医院，助力当地实现卫生扶贫攻坚目标；出资援建拉萨北京实验中学，从全市优质学校抽调优秀教师援助4所学校；划拨专款招收经济困难学生设立京藏宏志班；着力开展产业扶贫，支持开展拉萨市净土健康产业项目、城关区西藏奶业项目和奶牛养殖基地项目、当雄旅游产业项目和纳木措天然饮用水项目、尼木德青源藏鸡养殖项目等带动贫困户参与到产业发展中实现增收；发挥科技优势，打造高原畜牧业示范基地，促进当地居民就业，产生广泛社会经济效益；引进平谷美玉、早玉、瑞蟠等8个品种桃树苗和高密植栽培技术，开发农业观光产业，推动建档立卡贫困户就业。2018年9月，拉萨市城关区、堆龙德庆区、尼木县和当雄县“两区两县”全部脱贫摘帽。拉萨市成为全国首批整体脱贫的深度贫困地区地级市，是第一个整体脱贫的北京市对口支援地区。

对口支援新疆和田地区、新疆生产建设兵团第十四师。和田地区是国家级集中连片深度贫困地区，1997年2月，第一批北京援疆干部抵达和田，着力打造“京和一家亲”工程。2010年，北京市启动新一轮援疆，对口支援和田地区和田市、和田县、墨玉县和洛浦县，以及新疆生产建设兵团第十四师5个贫困团场，高效推动援疆工作。推动北京和田工业园区落地成形，夯实工业发展基础；设立招商引资专项经费，引入企业投资；实施“种子号”工程，培育养殖繁育基地，打造畜牧业全产业链扶贫机制，带动当地农牧民增收脱贫；启动建设兵团第十四师昆玉市皮墨北京工业园区，重点发展纺织服装、农产品深加工等重点产业；助力昆玉市发展设施农业；加大教育援疆资金投入，新建、改扩建中小学、幼儿园上百所，和田地区适龄学生入学实现“应入尽入”；推进“组团式”教育援疆，把先进教育理念、管理经验、学科教学技能引入当地；投资建成兵团第十四师昆玉中学，结束了昆玉市没有高中的历史。完善医疗基础设施建设，高标准新建、改扩建医院7所，对30多所乡镇卫生院实施达标建设或供暖设施改造，为17所医院、妇幼保健院配备医疗设施，改善当地医疗卫生条件；投资建设昆玉市医院，让各族群众享受优质医疗服务。持续改善城乡居民生活条件，帮助数十万群众住上安居房；实施道路提升改造、供暖、垃圾处理等综合配套建设；实施安全饮水工程，新建、改扩建4个城镇水厂，使近居民喝上放心水。拓宽消费扶贫渠道，以大宗商品集团采购构建稳定购销关系，有效解决农产品滞销问题；支持成立和田枣业联盟，搭建新疆农产品北京交易会等多种平台，特色农产品销售额超10亿元，和田大枣、核桃等优质产品走入首都千家万户。截至2020年11月底，和田地区4个贫困县（市）及兵团第十四师5个贫困团场陆续脱贫摘帽，绝对贫困问题得到历史性解决。

对口支援青海玉树“一市五县”。玉树藏族自治州是青海省最贫困的地区之一。2010年，中央确定北京支援玉树后仅数月，突如其来的大地震给玉树社会经济发展带来巨大创伤。北京市专门成立青海玉树指挥部，组织力量投入灾后重建，拉开对口支援玉树的序幕。2013年，完成灾后重建任务后继续聚焦精准扶贫，注重“输血”和“造血”相结合，重点从民生、医疗、教育、产业扶贫等多个领域帮助玉树决胜脱贫攻坚，实现跨越式发展。开展“组团式”医疗帮扶，成功创建玉树藏族自治州首个三级综合医院。实施教育扶贫，异地办班培养学生数千人，有效弥补当地高中教育资源短缺的短板。开发特色产业，组建龙头企业，布局牦牛、黑青稞、藏羊三大产业链，助力产业发展，带动农牧民就业。助力基层组织政权建设，扶持开展“村寺并联治理”工程和“三基”干部学院建设，帮助实施千名村级后备干部培养培训工程，以及江南县红色革命教育基地、禅古村党员教育基地等工程。注重智力支援，开展智力培训项目118批次，培训行政管理、公共服务、市政运营等方面人才；开展贫困村致富带头人赴北京等地学习考察培训，加快贫困户

青海省玉树藏族自治州囊谦县人民医院为当地藏族同胞提供了更加优质、便捷的医疗卫生服务（邓伟 摄）

增收步伐，增强玉树发展的内生动力。对口援青以来，北京市派出4批176名援青干部人才投身玉树发展，实施各类援建项目319个，助力超19万贫困人口脱贫。经过长达10年的持续发力，2020年4月，玉树市及称多县、囊谦县、杂多县、治多县、曲麻莱县“一市五县”退出国家贫困县序列。

2. 优化升级东西部扶贫协作

北京市在1996年启动京蒙对口帮扶的基础上，根据中央关于进一步加强东西部扶贫协作的部署，自2016年起陆续对口帮扶内蒙古自治区赤峰、乌兰察布、通辽、兴安盟的31个贫困县（旗），并以京津冀协同发展为契机，对口帮扶河北省张家口、承德、保定的23个贫困县（区）。把东西部扶贫协作作为党中央交给北京的光荣政治任务，推动扶贫协作向纵深推进。

助力内蒙古贫困旗县脱贫。“十二五”期间，京蒙对口帮扶对象从分属8个盟市的18个贫困旗县调整为重点帮扶赤峰市和乌兰察布市。2017年，对口帮扶重点地区新增通辽市、兴安盟。2018年，全面深化京蒙扶贫协作三年行动启动，推动内蒙古贫困旗县决胜脱贫攻坚。加大重点产业项目支持。鼓励支持京企到内蒙古投资，京能、北控、首创等一大批京企项目相继落户内蒙古，北京成为内蒙古第一大投资来源地。乌兰察布市马铃薯加工和村级光伏电站建设项目、赤峰市巴林左旗笤帚苗产业和喀喇沁旗现代化种鸭繁育基地、兴安盟突泉县肉牛和奶牛产业、科右前旗秸秆转化产业、通辽市科左中旗育肥牛周转基地等精品工程建成投产后，成为当地支柱产业。促成新发地批发市场与当地农民专业合作社签订长期采购合同；积极推动优质特色农畜产品“七进”消费活动；推动京企以牛羊肉、杂粮、果蔬三大产业为支柱，打造赤峰市“赤诚农品”平台，开展长期供销合作；在北京消费扶贫双创中心内蒙古展区汇集1200余种产品；推动知名电商平台实现自治区贫困旗县全覆盖，年度线上销售额达数亿元。定向实施就业扶贫。全市16个区向自治区贫困旗县全面开放劳动力市场，将用工信息直接推送至贫困户，提供跟踪式就业服务；定期举办专场招聘会、建设扶贫车间、开发公益性岗位，满足贫困群众的就业需求；多批次举办各类培训班，帮助6万多贫困人口实现就业，其中进京就业2000多人。深入开展教育、医疗卫生合作。组织首都师范大学等高校与各盟市建立战略合作关系；组织16区中小学校与贫困旗县学校建立对口帮扶关系；多批次组织名师特级教师赴自治区讲学，组织自治区教学骨干、农牧区教师数千人次赴京学习培训；推动全市数字学校同步优质课程资源共享，为自治区广大师生推送海量优质教育资源。选派医疗扶贫专家团队对自治区因病致贫人口免费进行健康医疗筛查，建立贫困人口健康档案，实施医疗救助；建立区、县、乡三级远程医疗网络，搭建远程会诊和教学平台，为贫困群众和当地医疗团队提供会诊、教学、培训等多种医疗服务。全面深化京蒙扶贫协作三年行动期间，北京市累计投入援助资金45.96亿元，实施扶贫协作项目2000余个，超过30万人次的贫困人口受益。截至2020年3月底，北京市对口帮扶的内蒙古贫困旗县全部符合退出贫困县序列条件，圆满完成帮扶任务。

探索京张扶贫协作特色道路。张家口是首都重要的水源涵养区和防风固沙区。京张扶贫以生态帮扶为重点，产业、民生、消费帮扶齐头并进，开创了一条独具特色的京张扶贫协作道路。实践探索特色生态扶贫模式。试点建设官厅水库国家森林湿地公园，一期工程涉及怀来县7个村8000多人，按每亩每年1000元的价格流转，远高于传统种植收入，湿地公园运营可提供5000多个就业岗位。另外，潮白河流域生态保护补偿机制、密云水库上游生态清洁小流域建设等一系列生态帮扶举措，在改善区域生态环境的同时切实推动当地群众就业增收。聚力产业扶贫，创新利益联结机制。累计投入帮扶资金14.26亿元，引进企业182家，共建产业园区16个，援建扶贫车间95个；利用草莓种苗繁育和鲜果生产优势，建成扶贫协作草莓园区，辐射带动3000多贫困人口人均年增收6000元；集中打造吉利领克汽车、京赤科技示范园等高端科技产业园区；建立食用菌试验基地、种猪核心育种基地等供应链产业基地；引进精深加工企业，培育蔚州贡米、崇礼彩椒等特色农产品品牌。共建共享资源，解决“两不愁三保障”突出问题。全市128所学校与当地多所学校建立长期合作关系，北京海淀外国语实验学校等一批优质教育资源落地，逐步缩小城乡教育水平差距；全市165所医院与当地乡镇卫生院结对帮扶，实现疑难病症远程会诊，提升基层诊疗能力；建立流动村卫生室，帮助解决8.1万贫困人口的看病难问题；筹集资金，为贫困县购买医疗设备；为185家乡镇卫生院实施健康扶贫云平台项目。创新消费扶贫，举办“大好河山瓜果香——张家口特色农产品进北京”等多种形式的消费扶贫活动，开拓产品销路。京张开展扶贫协作以来，北京市累计投入财政援助资金25.86亿元，组织实施协作项目998个，55.15万贫困人口受益。截至2020年2月底，对口帮扶的13个县（区）全部摘帽，扶贫协作取得丰硕成果。

助力承德脱贫攻坚圆满收官。2016年起，北京市承担对口帮扶承德市滦平县、丰宁县的任务。基于当地优良的生态环境，致力打造首都优质农产品供应首选之地，力促承德“生态优先、绿色崛起”，助力脱贫攻坚。着力培育绿色农业产业。打造“承德山水”区域公共品牌，涵盖果菜牧菌游等九大特色扶贫产业，认定扶贫产品数百个，将滦平进京蔬菜基地等项目列入《环首都1小时鲜活农产品流通圈规划（2016—2020）》，组织“承德山水”扶贫农产品进北京活动专场，打开北京销售市场，丰富了首都“米袋子”“菜篮子”“肉盘子”；加快百万亩经济林、百万吨食用菌、百万亩中药花海、百万头优质肉牛、百万只优质肉羊“五个百万基地”建设，培育农业产业化龙头企业和农村合作社，实现对贫困户的全覆盖。

加强就业扶贫，构建覆盖县、乡、村三级的公共就业服务平台，组织开展劳动技能培训班100多期，帮助近万名贫困劳动力实现就业；培育认定一批扶贫工厂、扶贫车间，促进就近就地就业。积极开展教师队伍学习培训，组织对口帮扶地区中小学校长、骨干教师定期赴京进修；组织“手拉手”老校长下乡活动，提升当地办学水平，提高教学质量；北京朝阳医院等市属医院与当地医院建立对口合作关系，每所医院重点支持2—4个专科，加强相关医院学科建设，提高整体医疗服务水平。共建生态文明先行示范区，联合推出以历史山水、民俗等文化为主题的长城游、山水游、古镇游，开发跨区域旅游新线路；围绕丰宁坝上草原风光、奇峰异洞等旅游资源，定位“京郊马术小镇、草原游乐天堂”，打造京北第一草原旅游扶贫片区。京承开展扶贫协作以来，北京市累计投入财政帮扶资金超4亿元，实施对口帮扶项目100多个，直接带动1.9万贫困人口脱贫。滦平县、丰宁县分别于2019年5月和2020年3月退出贫困县序列，京承扶贫完美收官。

京保携手打赢脱贫攻坚战。保定市是京津冀协同发展的中部核心功能区，也是燕山—太行山片区扶贫攻坚主战场。2016年，北京市对口帮扶保定市6个贫困县，2018年又新增帮扶2个贫困县，实现与保定市8个贫困县全部结对帮扶。开展京保教育扶贫协作，投入资金新建、改扩建学校，购置教学设备；实施校际协作促进计划，共建立结对帮扶关系61个，联合办学10所；分门别类开展培训，覆盖当地全部教育人才；组织首都师范大学等市属高校开展培训，累计培训交流贫困县乡村教师近6000人；联系北汽等知名车企成立阜平梦翔汽车培训基地，安置建档立卡贫困家庭学生就业（实习）3000多人，人均年收入达4万—6万元；对贫困学生全面提供免费体检和大病救治。京保教育扶贫协作实现全学段的全覆盖，累计助力5.7万人脱贫。深入开展产业协作。组织100多家京企到保定开展产业扶贫，实施产业脱贫项目700多个，京车产业园、中关村保定创新中心、涞源县玖兴养鸡项目、阜平县硒鸽健康产业园等优质产业相继落地，并全部与建档立卡贫困人口建立利益联结机制，收益分配计算到户。拓展消费扶贫。认定扶贫产品1000多个，全面对接北京党政机关、互联网平台、大型商超；实施电商产业全覆盖，开拓线上市场；推动消费扶贫产业双创中心保定馆与600多家爱心单位建立供货关系，打通农特产品生产、包装、运输、销售全产业链。投资实施龙门天关、百里峡、南峪休闲康养等一批旅游项目，带动近6000人脱贫。截至2020年2月底，8个贫困县陆续摘帽，京保扶贫交出首善答卷。

3. 完成南水北调水源区对口协作任务

南水北调中线工程是优化我国水资源配置，解决北京、天津、河北、河南4省（市）水资源短缺，促进经济社会可持续发展的重大战略工程。2014年，北京市按照国务院对口协作推动南水北调水源区发展的决策部署，对口协作河南、湖北两省水源区16个县（市、区），重点支持水质保护、生态型特色产业、精准扶贫、民生改善、公共服务等领域发展。

突出生态环保，促进调水水质稳定达标。坚持把保水质作为第一要务，安排水质保护项目230项，协作资金超10亿元，重点实施主要入库河流及支流污染治理及生态修复工程、环库生态隔离带建设、沿河两岸乡村环境综合整治、新建和改扩建污水处理厂等重大工程，动员北京技术资金雄厚的企业积极参与水源区水质保护。

南水北调的自来水已占北京城区日供水量的70%以上，直接受益人口1200余万，自来水硬度降低、水碱减少，改善了居民用水水质，保障了首都的用水安全。

聚焦精准扶贫，增强群众增收致富能力。结合水源区实际，将推动特色产业发展作为推动水源区绿色发展的主要抓手，促进生态产业化、产业生态化。实施项目180项，资金超10亿元，支持国家杂交小麦产业化基地落户邓州，推进高效种养业和绿色食品业发展，支持西峡香菇、猕猴桃，淅川软籽石榴、小龙虾，内乡石斛，竹溪茶叶，竹山食用菌，房县黄酒，丹江口柑橘等特色产业基地发展，带动贫困村发展。打造了“栾川印象”“渠首印象”等一批绿色农产品品牌。加强旅游合作，充分挖掘水源区旅游资源，推动旅游产业发展。积极开展消费扶贫，建立北京消费扶贫产业双创中心，帮助库区100多家企业的茶叶、鱼产品、柑橘、黄酒、香菇、木耳、药材等500多个特色优质农产品进入北京市场。通过实施系列举措，不断发展壮大生态特色产业，辐射带动水源区5万多贫困人口脱贫，助力水源区11个贫困县全部脱贫摘帽。

加强科技与人才交流合作。发挥北京科技、人才优势，积极开展多层次、多领域人员交流等活动，干部双向挂职384人次，16县（市、区）又积极开展结对区县间科级干部挂职交流活动，累计1000多人次参与交流活动。积极开展各类培训班，培训教育、医疗、科技、农业、旅游等方面党政干部专业技术人才1万多人次。连续6年组织开展院士专家行活动，共有院士40多人次、专家150多人次先后到十堰、南阳的100多家企事业单位解决各类难题，建立工作站10多家，培养当地高精尖人才500多名，开发新产品近100项，授权部分专利技术。北京科研院所、高等院校、创新型企业深入水源区，开展一批高技能实用人才培训，促进两地人力资源有效开发、合理配置和有序流动，建成中国中原人力资源服务产业园区等高层次人才引进和创新创业基地，为北京高层次人才赴水源区交流服务和投资创业提供平台。

着力解决民生领域突出短板。支持学校、医院、急救中心、卫生院等一批打基础、强民生的基础设施项目。实施学校“手拉手”、医院“手拉手”帮扶计划，100多所中小学“手拉手”，水源区3000余名教师到北京参加短训；40家医院结对合作，开展医疗专家赴水源区义诊活动50余次，直接惠及数千人；水源区1000余名医生到北京参加短训。研究推动京豫、京鄂高等教育合作，13所高校与北京的相关高校建立结对合作关系。

深化产业合作，实现互利共赢。结合水源区实际需求，积极搭建平台，依托各类经贸交流合作机会，开展各类政务、商务对接交流活动1000多次，广泛动员企事业单位到水源区投资兴业、一批优质企业落户水源区，涉及环保、文旅、光伏发电、风电、饮用水、扶贫等20多个领域，50多家企业投资300多亿元，有力推动产业转型升级。南阳中关村科技产业园、南阳创业大街项目、北京农林科学院世界领先的杂交小麦基地项目纷纷落地；结合水源地优质旅游生态资源，引导中青旅控股股份有限公司与南阳市卧龙区政府签订卧龙岗武侯祠文化园建设运营合作协议，共同打造卧龙岗文化旅游高地；京能热电、北京碧水源、北排集团、京城机电、工美集团、北京康明斯、忠和酒业等积极参与水源区建设。

深化区县结对协作。实施市级统筹与区县结对的机制，北京16区与水源区16个县（市、区）一对一结对协作，效果显著。在全面落实区县大结对的基础上，深化中小学、职业学校、医院和工业园区的“四小结对”工作，结对关系延伸到了部门和乡、镇、村一级，基本实现乡镇结对全覆盖。结对县区定期开展高层互访对接，交流互访 300 多次、经贸交流 200 多次，签订合作协议 100 多项。另外，北京各区累计利用额外支持资金近 3 亿元支持水源区生态环保、精准扶贫、民生事业发展。

自启动对口协作工作以来，北京市共安排协作资金 35 亿元，实施协作项目 995 项，重点支持水质保护、生态型特色产业、精准扶贫、民生改善、公共服务、产业转型、干部人才、交流合作等领域发展，为水源区生态环境改善和经济社会高质量发展发挥了支撑作用，达到预期目标，圆满完成了国家交给北京的各项协作任务。

六、把文化建设放在突出位置，做好首都文化这篇大文章

全面小康是物质文明和精神文明协调发展的小康，党坚持经济发展、文化繁荣两手抓、两手都要硬的方针，坚持走中国特色社会主义文化发展道路，增强文化自觉，坚定文化自信，建设社会主义文化强国，铸就中华民族精神大厦，使中国人民的精神生活更加丰富、精神面貌深刻改变、精神力量显著增强。

北京是享誉世界的历史文化名城，这座伟大的城市有着3000多年建城史和800多年建都史，积淀了中华民族优秀传统文化的精华，传承了五四运动以来形成的革命传统文化精髓。新中国成立后，北京市作为首都汇聚了大量文化资源，极大地推动了文化事业的繁荣发展。改革开放以来，北京市在党中央、国务院的坚强领导下，推动文化体制改革，构建公共文化服务体系，党的十七届六中全会提出发挥首都全国文化中心示范作用，明确打造中国特色社会主义先进文化之都，建设具有世界影响力的文化中心城市的目标。2014年，习近平总书记考察北京时，进一步明确了北京市全国文化中心的定位，为推动新时代首都文化发展指明了方向。

党的十八大以来，北京市深入贯彻落实习近平总书记关于社会主义文化建设的重要论述和对北京系列重要讲话精神，成立市推进

2019 年 10 月 1 日，庆祝中华人民共和国成立 70 周年大会在北京天安门广场隆重举行（邓伟 摄）

全国文化中心建设领导小组，以社会主义核心价值观引领文化建设。充分发挥北京市推进全国文化中心建设领导小组专题会议协调机制优势，确定“一核一城三带两区”的总体框架，以社会主义核心价值观引领文化建设，丰富高品质文化供给，推动文化新业态健康发展，大力传承和发扬源远流长的古都文化、丰富厚重的红色文化、特色鲜明的京味文化、蓬勃兴起的创新文化，精心做好首都文化这篇大文章，助力全面建设小康社会。

（一）以社会主义核心价值观引领文化建设

北京市全面巩固马克思主义在意识形态领域的指导地位，坚持筑牢社会主义意识形态高地，培养和践行社会主义核心价值观，推进城市精神文明建设，提升网络舆论引导水平，用马克思主义的立场、观点、方法引领小康社会建设。

1. 筑牢社会主义意识形态高地

意识形态工作事关党的前途命运，事关国家长治久安，事关民族凝聚力和向心力。北京市作为首善之区，坚持用习近平新时代中国特色社会主义思想武装头脑、指导实践、推动工作，增强“四个意识”，坚定“四个自信”，做到“两个维护”，深入培育和践行社会主义核心价值观，不断增强社会主义意识形态的凝聚力和引领力。

（1）加强党的创新理论的学习宣传教育

北京市一贯重视意识形态工作，坚决反对资产阶级自由化，有针对性地解决被资产阶级自由化搞乱的思想理论问题，批判极端个人主义、拜金主义和崇洋媚外思想。先后制定《北京市党委（党组）中心组理论学习暂行办法》《党委（党组）意识形态工作责任制实施细则》《北京市贯彻〈2009—2013 年全国党员教育培训工作规划〉的实施意见》等文件，发挥市委理论学习中心组示范带动作用，经常、深入地对党员进行马列主义教育，开展党的创新理论全方位、多层次的宣讲活动。

发挥中心组示范带动作用。深入学习贯彻党的十八大、党的十九大及历次全会精神，制定《关于深入学习贯彻习近平总书记系列重要讲话精神的意见》等文件，深化习近平总书记系列重要讲话精神和对北京重要讲话精神的学习宣传贯彻，把学习领会习近平新时代中国特色社会主义思想作为重中之重。发挥中心组的示范带动作用，2021 年市委理论学习中心组开展专题学习 31 次，包括举办“构建新发展格局”讲座16次；加大对全市各级党委（党组）理论学习中心组学习的指导督促，印发中心组重点学习内容安排、通报学习情况等。

加强党员教育规划和学习。成立党员教育工作协调领导小组，制定党员教育工作规划，发挥好市委党校、各级党校、各级团校和干校作用，建立健全各级干部培训制度，编写党员教育教材等，对干部进行常态化理论教育；组织编写《〈习近平新时代中国特色社会主义思想学习纲要〉北京读本》和《习近平关于北京工作论述摘编》等教材，抓好《习近平谈治国理政》（第一卷、第二卷、第三卷）等重要理论读物的学习宣传，学好《论中国共产党历史》等党史学习教育材料，及时跟进学习习近平总书记关于党史教育讲话精神。

推进理论学习宣传研究。市领导和各级领导带头讲党课，开展宣讲活动；保护、利用好北大红楼、香山革命纪念地等红色资源，促进红色文化主题片区协同发展；制作通俗理论电视片，发挥《北京日报・理论周刊》、《前线》、宣讲家网、千龙网等市属党报、党刊、党网作用，请大专家说百姓话、写小文章，让当代中国马克思主义“飞入寻常百姓家”；“学习强国”北京学习平台的全市在职党员注册率达100%，首都地区注册用户达1046.1万人，阅读量居全国各省级平台前列；开展党史专题宣讲、“理论＋百姓＋文艺”特色宣讲等4.5万余场，直接受众超3000万人次，打造学习、研究、宣传习近平新时代中国特色社会主义思想的坚强阵地。

（2）深入实施马克思主义理论研究和建设工程

北京市先后制定《中共北京市委关于加强党的建设和思想政治工作的决定》《关于新时代繁荣发展首都哲学社会科学的意见》等文件，搭建发展平台，汇聚各方资源，推动中国特色社会主义理论体系等重大理论与现实问题研究。

支持全国重点马克思主义学院建设。北京市深入推进马克思主义理论研究和建设工程及马克思主义学院建设，支持北京大学、清华大学、中国人民大学、北京师范大学、首都师范大学等高校全国重点马克思主义学院的建设。

加强北京市重点马克思主义学院建设。加强中央财经大学、北京科技大学、北京交通大学、北京航空航天大学、北京理工大学、中国政法大学、中国农业大学、首都经济贸易大学等高校的北京市重点建设马克思主义学院建设。

推进马克思主义学院“1+1”共建。对教学薄弱学校进行帮扶，开展首都高校马克思主义学院与当代中国马克思主义读书活动试点单位共建活动；认定18家当代中国马克思主义读书活动试点单位，推动首都18家高校马克思主义学院和试点单位共建，推动理论大众化形成合力。

深化马克思主义理论研究和传播。构建马克思主义“1+9”立体传播工程，即“中国共产党北大红楼革命精神研究”和“北大红楼与中国共产党创建历史丛书”、电影《革命者》等9部文艺作品。自2017年起逐年举办“首都当代中国马克思主义论坛”，针对“新中国70年社会主义道路的伟大探索”“21世纪马克思主义的理论创新与时代价值”等主题展开讨论，推进党的理论创新成果的学习阐释。成立北京市习近平新时代中国特色社会主义思想研究中心，建设20余家研究基地，2017年至2021年该研究中心在中央“三报一刊”上发表文章884篇，重点理论文章发表数量居全国首位。

（3）大力建设首都高端智库

北京市制定下发《关于加强首都新型智库建设的实施意见》

《首都高端智库试点单位建设管理办法》等文件，推进高端智库建设。

2018 年至 2019 年，北京市确定第一批 14 家首都高端智库建设试点单位，成立首都高端智库理事会，部署智库重大选题 160 余项，编制《首都高端智库报告》95 期，310 篇成果获中央和市领导肯定性批示或被相关政府部门采用。2019 年，制定并实施《首都高端智库试点单位考核奖励办法》，健全智库运行制度体系；围绕“回天有我”大型社区治理、中轴线申遗等工作开展专题调研，编报《首都高端智库报告》69 期、《首都高端智库动态》23 期；95 篇成果获中央和市领导批示，15 篇成果被市发展改革委等部门采用，多项调研成果被市人大、市委研究室、市文资中心等部门转载或作为学习材料采用。组织智库专家参加市委、市政府专家学者征求意见会，围绕“如何扩大消费促进北京消费结构升级”“2020 年市委市政府重点工作”等主题建言献策；2019 年，组织成立北京人才发展战略研究院，主要职能为战略研究、人才培养。

2020 年，组织开展北京市第十六届哲学社会科学优秀成果评奖工作，首都高端智库 131 篇研究报告得到中央和市领导肯定或被决策部门采用。

2021 年，首都高端智库对首都发展内涵、首都服务功能、人口老龄化对策、共同富裕路径研究等 112 个选题开展深入研究，161 篇研究成果获得中央和市领导批示或被相关部门采纳，为首都发展提供了实实在在的智力支撑。

2. 培育和践行社会主义核心价值观

北京市以培育和践行社会主义核心价值观为根本，广泛开展道德模范评比表彰和宣传学习，开展爱国主义教育活动，大规模、高频次地宣传社会主义核心价值观。

（1）坚持发挥榜样引领文明风尚作用

北京市精心组织道德模范、榜样评选活动，充分发挥榜样的引领和示范效应，持续打造培育和践行社会主义核心价值观的品牌活动，在全市推动形成良好的舆论氛围、文化氛围、社会氛围。

开展众多模范评选表彰活动。北京市精心组织全国道德模范候选人评选推荐工作，广泛发动各区、各系统群众参与，严格把握评选标准，坚持优中选优原则，全力做好推荐、政审、评选、征求意见等各环节工作，北京市积极参加自 2007 年开始每两年举办一次的全国道德模范评选活动，在全部 8 届全国道德模范评选中，共有王绶琯、杨孟飞等 20 人获得“全国道德模范”称号；北京市共组织开展 8 届首都道德模范评选表彰活动，经过严格审核、社会公示、评委会评选等程序，共有姬莉莉、李蕊等 80 人获得“首都道德模范”称号；2011 年起，逐年评选“北京榜样”，共有史晓刚、李永乐等 110 人获得“北京榜样”称号；还组织举办“最美职工”“北京少年·孝心榜样”“首都最美家庭”“北京孝星”“最美逆行者”“最美儿媳”等众多评选活动。

构建榜样事迹立体传播格局。协调中央、市属媒体，引导各类传统媒体和网络媒体大规模、高频次宣传道德模范、“北京榜样”“三八红旗手”“首都劳动奖章”等获奖人物，推出综合报道、评论文章、报告文学、专版、专栏和短视频、动漫等新媒体产品，倡导学模范、做模范；打造“北京榜样”“北京少年·孝心榜样”“首都最美家庭”系列品牌，打造“北京榜样·最美警察”、市旅游委“北京旅游行业榜样”、市扶贫支援办“北京榜样·扶贫之星”、市政务服务局“北京榜样·政务服务之星”等子品牌。道德模范和榜样身上充分体现出了习近平总书记赞扬北京市民热情开朗、大气开放、积极向上、乐于助人的优秀品质，具有良好的综合道德素质，是首都地区社会各界和广大市民群众公认的道德标杆、文明道德风尚的示范引领者。

（2）扎实开展爱国主义教育

北京市认真贯彻落实《新时代爱国主义教育实施纲要》，印发《北京市新时代爱国主义教育实施方案》等文件，精心组织一系列全市性的重大纪念和教育活动，开展举办专题活动，在全市形成浓郁的爱国主义氛围，激发广大人民群众爱国热情，振奋民族精神。

建立爱国主义教育工作体制机制。印发《北京市新时代爱国主义教育实施方案》，组织落实爱国主义教育主体责任，各级党委承

2021 年 9 月 29 日，在什刹海街道大石作胡同，景山社区的社区工作者与居民们一同将鲜艳的五星红旗挂起，喜迎国庆（方非 摄）

担政治责任和领导责任，把爱国主义教育纳入意识形态工作责任制，建立健全党委统一领导、党政齐抓共管、宣传部门统筹协调、有关部门各负其责的工作格局；强化法治保障，加强爱国主义法治宣传教育，使普法过程成为爱国主义教育过程；将弘扬爱国主义融入学校教育教学之中，健全爱国主义课程体系，加强思政理论课教师队伍建设；把爱国主义教育抓在经常、融入日常，举办退休人员爱国主义教育宣传系列活动，举办“我和我的祖国”主题百姓宣讲、“向国旗敬礼”、“我和国旗合个影”、“我向国旗献支歌”等活动，在爱国主义教育的深化、转化上下功夫；构建立体传播格局，开展先进典型学习宣传活动，推出爱国人物系列专题专栏、新闻报道、言论评论以及融媒体产品，生动地讲好爱国故事。

聚焦重大主题宣传，加强爱国主义教育。北京市聚焦重大主题宣传，抓住中国人民抗日战争暨世界反法西斯战争胜利 70 周年、中国共产党成立 95 周年、中国工农红军长征胜利 80 周年、中国人民解放军建军 90 周年、“一带一路”国际合作高峰论坛、亚洲文明对话大会、北京世界园艺博览会、中华人民共和国成立 70 周年、中国共产党成立 100 周年大会等契机，通过组织保障重大活动，以及举办文艺晚会、举办主题展览、拍摄影视片、出版重点图书、组织宣讲等方式传承和弘扬党的优良传统与作风，深化爱国主义理想信念教育。

（3）建好用好爱国主义教育基地

北京市印发《北京市爱国主义教育基地管理办法》《北京市革命历史类纪念设施、遗址和爱国主义教育基地工作联席会议制度》《革命遗址普查工作实施办法》等文件，加强革命遗址的保护开发，加强爱国主义教育基地的管理，充分发挥爱国主义教育基地的社会教育功能，为全面建设小康社会提供强大精神动力。

加强对革命遗址的修缮和环境整治。北京市对革命遗址开展大范围普查工作，对香山公园双清别墅、陶然亭公园高君宇石评梅墓、北京植物园“一二·九”运动纪念亭等革命遗址进行保护性修缮和环境整治，高标准推进中共中央北京香山革命纪念地保护传承利用；以首善标准推进北大红楼与中国共产党早期北京革命活动旧址保护传承利用工作，使北大红楼成为继香山革命纪念地之后在首都红色文化建设方面取得的又一重大突破。

深入挖掘爱国主义资源。利用首都的优势，充分利用北京市博物馆、纪念馆进行民族文化、革命传统和爱国主义教育，近年确立天安门、圆明园遗址公园、焦庄户地道战遗址纪念馆、首都博物馆等 39 处爱国主义教育基地，完成中国人民抗日战争纪念馆二期工程和 8 处勿忘国耻纪念地建设；北京市全国爱国主义教育示范基地，总数达到 42 家，位居全国第一；市级及以上爱国主义教育基地数量达到 209 家，各区确立近百处爱国主义教育基地，深入挖掘爱国主义资源；打造“京华丹心”融媒体传播平台，开展“探访红色印记——中国共产党早期北京革命活动旧址”系列直播活动，推出“1+9”系列展览，即“光辉伟业　红色序章——北大红楼与中国共产党早期北京革命活动主题展”和“伟大开篇——中国共产党早期北京组织专题展”等 9 个专题展。

3. 持续推进城市精神文明建设

北京市在制订发展国民经济的五年计划的同时制订首都精神文明建设计划，逐步形成党委统一领导、政府组织实施、部门各负其责、社会协同推进、群众共同参与的精神文明创建工作格局，推进公共文明引导行动，引导开展志愿服务，拓展各类道德实践活动，推动和规范市民文明行为，树立文明标杆，培育时代新风。

（1）深化精神文明创建活动

1984年，北京市发布《首都人民文明公约》，后修改为《首都市民文明公约》，并进行过几次修订。北京市先后制定《首都市民文明守则》《北京市文明行为促进条例》《关于建立和完善村规民约和居民公约工作的指导意见》等文件，通过重点专项整治、群众性精神文明创建等活动，唱响文明主旋律、集聚社会正能量、树立道德新风尚，为全面建设小康社会提供强大精神动力和道德支撑。

推进文明城区、村镇、单位、家庭和校园建设。北京市开展创建文明单位、文明社区、文明村镇、文明旅游景区、文明行业、文明区县等创建活动，创建活动随着经济社会发展逐渐演变为创建文明城区、文明村镇、文明单位、文明家庭、文明校园活动。东城区、西城区、朝阳区、海淀区、通州区、延庆区获得“全国文明城区”称号，创建全国文明村镇30个、全国文明单位92个；推进优良家风家训传承、家庭低碳减排、家庭志愿服务建设，创建全国文明家庭14户；推进文明校园创建活动覆盖大、中、小学校，创建全国文明校园11所。

推进公共文明引导行动。注重从广大市民最关心的实事做起，开展纪念“公共文明引导行动”10周年主题系列活动，将“排队推动日”提升为“公共文明引导日”；开展“文明有我健康行”主题宣传实践活动，发布《争做文明健康好市民倡议书》；大力倡导“文明一米线”，广泛开展“公筷行动”，引导市民养成讲文明、讲科学、讲卫生的健康生活方式；精心组织“光盘行动”专项宣传引导，制定餐饮门店、机关食堂等9个分场景指引，每月开展督导检查，餐饮浪费现象得到明显改善；持续推进“礼让斑马线”专项行动，打造市、区两级示范路口500个，发动800余家社会单位就近就便认领路口开展文明引导活动；扎实开展“V蓝北京”“空调调高一度”“垃圾分类”主题宣传实践活动，大力倡导绿色环保生活方式；抓好“理性追思 文明祭扫”引导行动，营造健康向上的文明祭扫社会环境；开展“消防连着你我他，平安幸福进万家”“节水护水我先行”等主题宣传活动；举办示范站台评选、自觉排队好市民评选、公共文明引导服务技能竞赛等活动；弘扬雷锋精神，广泛开展志愿服务，拓展各类道德实践活动；开展“聚力首善 共建文明”主题实践活动，通过组织互鉴交流活动、开展优秀案例评选、创办地铁文明专列等形式，凝聚齐创、共建精神文明的力量。

（2）建设新时代文明实践中心

北京市贯彻中央全面深化改革委员会《关于建设新时代文明实践中心试点工作的指导意见》，把建设新时代文明实践中心作为深入学习宣传习近平新时代中国特色社会主义思想的重要载体，全面总结延庆区试点经验，将新时代文明实践中心建设扩展到全市。

新时代文明实践中心实现区域全覆盖。成立推进新时代文明实践中心建设领导小组，制定《北京市新时代文明实践工作规程（试行）》《北京市推进新时代文明实践中心建设工作方案》等，吸收23个市级部门参与并提出40项重点支持举措和活动项目。2020年，北京市推出50个新时代文明实践基地，海淀区被确认为全国10个新时代文明实践中心建设重点联系县（市区）之一。北京市率先实现新时代文明实践中心全市覆盖，构建形成17个新时代文明实践中心、347个新时代文明实践所、6962个新时代文明实践站、50个新时代文明实践基地的组织体系。

拓展新时代文明实践中心平台服务。以新时代文明实践中心、区级融媒体中心和区政务服务中心贯通建设为目标，推进各区在融媒体上加载新时代文明实践内容，构建“点单派单”精准化服务模式；推出新时代文明实践活动统一标识，组织“新时代文明实践推动日”活动，每月各区组织文明实践活动3000余场，参与志愿服务10万余人次；北京市各区均成立新时代文明实践志愿服务总队，组建志愿服务中队972支、分队8857支，建立6400余人的新时代文明实践志愿指导员队伍；整合志愿服务项目，重点培育“思想理论传习”“方针政策宣讲”“党员志愿服务”等志愿服务品牌项目。

（3）提升志愿服务制度化规范化水平

北京市志愿服务历经1949年至1980年的萌芽与初创阶段，1981年至1990年的初步建立阶段，1991年至2000年的全国性组织体系形成阶段，2001年至2007年的项目国际化与本土化同步发展阶段和2008年以后的全面发展阶段，逐步形成党委领导、政府主导、组织动员、社会参与的志愿服务体制机制，形成各部门齐抓共管的工作体制和覆盖全市的志愿服务组织体系，不断完善志愿者组织领导体制，在打造具有首都特色的志愿服务活动上形成长效机制。

完善志愿者组织领导体制。先后出台《关于组织全市共产党员、共青团员积极参加学雷锋志愿服务活动的意见》《关于推进北京妇女儿童家庭志愿服务工作的意见》《关于进一步加强志愿助残工作的意见》《关于支持和发展志愿服务组织的意见》《北京市志愿服务促进条例》等政策制度，加强地区之间助残志愿服务制度化合作，促进志愿服务事业长足发展。2014年，北京市志愿服务联合会成立。2017年，《志愿服务条例》出台并施行。2021年，修订后的《北京市志愿服务促进条例》施行。北京市逐步形成首都文明办领导，市委宣传部（首都文明办）、市委社会工委、市民政局、市委政法委、团市委等部门共同联动的工作机制；市级层面形成“三会一中心，一平台”（即联合会、基金会、研究会、市志愿服务指导中心和志愿北京平台）架构，发挥统筹协调作用。北京市 16 个区均成立志愿服务组织，形成市、区、街道（乡镇）三级组织体系，329 个街乡实现志愿服务组织全覆盖。全市 27 个委办局、83 所高校、643 所中学建立了志愿服务组织。

志愿者的微笑是北京最好的名片。全市志愿者在服务国家战略、城市治理、民生需求、重大活动保障等各方面大显身手，以“西城大妈”“朝阳群众”“平安红”“志愿蓝”“柠檬黄”为代表的志愿者服务遍布京城大街小巷。全市志愿者、志愿服务组织快速增长，实名注册人数突破 440 万人，注册志愿服务组织 7.7 万个。2020 年，北京市组织 150 余家社工机构、3000 余名社会工作者参与 770 个社区（村）新冠肺炎疫情防控，直接提供服务总量约 8 万人次。协调市志愿者联合会对接志愿服务项目，“志愿北京”信息平台发布疫情防控志愿服务项目 8680 个，招募志愿者 25.6 万人次，为打赢新冠肺炎疫情阻击战起到了重要作用；2021 年，在庆祝中国共产党成立 100 周年活动服务保障中，共有 20 多万名志愿者，为庆祝大会、文艺演出、党史展览、保障城市运行、交通指引等提供进场引导协助、现场运行服务、疏散引导协助、观众互动组织、应急处置配合等志愿服务；由 100 名党团员组成的先锋志愿服务队，到各高校、城市志愿服务站点等地开展“我为党旗增光辉”“我为首都添光彩”“我为群众办实事”系列活动，累计开展宣讲活动 100 场，涉及人数超 3 万人。

4. 提升网络舆论引导水平

北京市认真贯彻落实习近平总书记关于网络安全“四个坚持”重要指示，加强阵地管理，加快建设网络综合治理体系，依法依规管好各类意识形态阵地，加快推进媒体融合，全面提升首都网络治理效能。

（1）维护网络意识形态安全

北京市制定《网站首页要闻区新闻登载规范》《重大突发公共事件网络信息应急处置办法》等文件，建立约谈制度等，维护网络意识形态管理。

建章立制依法依规治理。北京市先后出台《关于加强互联网舆论引导工作的意见》《党委（党组）意识形态工作责任制实施细则》等，成立网络安全和信息化领导小组，强化跨部门、跨地区联动，协调新闻出版、广电、文旅、经信等行业管理向线上延伸，构建网信部门统筹、行业主管部门协同、线上线下联动的工作格局；坚持属地管理、分级负责和谁主管谁负责，层层压紧压实各级党委（党组）领导班子网络意识形态工作主体责任；督促网站完善总编辑负责制，健全内容审核制度；注重互联网新闻信息管理，实施负面清单制度；对未持证网络视听平台开展备案制管理，做法在全国试点推广。

开展网络专项整治行动。开展规范网络传播秩序、自媒体基础管理、网络直播等专项整治行动；对属地重点网站加强管理，要求各网严格落实主体责任，清理各类违法违规信息，开展“清朗”“清网”“清风”行动和泛娱乐化不良信息集中整治等专项行动；加强移动客户端整治，打击整治网上涉枪涉爆违法犯罪有害信息专项行动；完善网络新闻评议会、妈妈评审团、网站自律专员、网络监督员、违法和不良信息举报热线等自律体系，实现网站自我管理和社会监督相结合；把网络舆情应对和解决实际问题相结合，加强网上舆情和网民诉求收集研判，做好与“12345”市民服务热线对接，积极受理和回应网民诉求。

（2）加快推进媒体深度融合发展

北京市制订《关于加快推进媒体深度融合发展的实施方案》《关于加快推进北京市广播电视媒体深度融合发展的三年行动计划(2021—2023)》等文件，加快推进媒体深度融合发展。

构建“1+4+17+N”全媒体传播格局。北京市以“北京云”为龙头，4个市级主移动端，17个区级融媒体中心，N个“京字号”新媒体品牌新型格局。《北京日报》、北京时间、《新京报》、北京头条4个市级媒体客户端用户达1.5亿；17个区级融媒体中心全部获得信息网络传播视听节目许可证，推进区级融媒体中心记者证等牌照资质发放工作；完善“北京云”融媒体市级技术平台一期系统建设，推进区级融媒体中心接入“北京云”。促进区级融媒体中心提质增效，推动区级融媒体中心、新时代文明实践中心、政务服务中心“三个中心”建设，打通基层宣传“最后一公里”；围绕聚合新闻功能、政务功能、服务功能，加快推进区级融媒体中心建设提质增效；建立新闻策划机制，提高舆论引导能力，放大融合传播效能。

成立中国（京津冀）广播电视媒体融合发展创新中心。2020年9月，由北京市广播电视局、天津市文化和旅游局、河北省广播电视局联合创建的中国（京津冀）广播电视媒体融合发展创新中心成立。该创新中心与京津冀主要媒体、网络平台和科技企业、高校和研究机构、相关重点实验室及投资基金等50余家单位进行合作共建，主要从理论研究、模式探索、技术应用、项目孵化、区域协同 5 个方面进行合作，发挥京津冀协同发展的优势，推动京津冀媒体融合向纵深发展，切实做好主流舆论引导。

（二）丰富高品质文化供给

北京市统筹用好各类文化资源，不断丰富高品质文化供给。深化文化体制改革，激发文化市场活力；完善扶持机制，持续推进文化精品工程，优秀文艺作品不断涌现；健全公共文化服务政策，创建公共文化服务体系示范区，不断完善公共文化服务设施建设；努力提升公共文化服务水平，具有较大影响力的品牌文化活动精彩纷呈；丰富文化产品和服务供给，满足人民群众多样化、多层次文化消费需求，提升城市文化生活品质。

1. 大力实施文化精品工程

北京市推动繁荣文化创作，大力实施文化精品工程。充分发挥首都文化资源优势，设立文化发展专项扶持资金，激发创作人才活力，强化示范引导作用，紧紧围绕时代主题，创作出更多讴歌党、讴歌祖国、讴歌人民、讴歌英雄的精品力作。

（1）深化文化体制改革

北京市坚持正确方向，不断深化文化体制改革，营造文化产业健康发展的良好环境，出台《关于深化市属国有文化企业改革的意见》，分类推进国有文化单位改革，优化结构，激活文化生产力，开展具有北京特色的系列文化活动，创新文化精品创作机制，社会主义文化事业进一步繁荣。党的十八大以来，北京市深入贯彻习近平新时代中国特色社会主义思想，统筹推进“五位一体”总体布局，协调推进“四个全面”战略布局，聚焦全国文化中心建设，进一步深化文化体制改革。

深入推进“放管服”改革。进一步规范管理，开展权力清单、公共服务事项以及涉及企业群众办事创业各类证明等事项的清理。统一市、区两级文化市场审批平台，探索互联网审批模式，实行“一处制”“全流程”审批。推进全市性行业协会、商会与行政机关脱钩试点工作。落实北京市服务业扩大开放综合试点新一轮开放措施，丰富文化市场经营主体，在文化教育服务业允许外商投资设立演出场所的经营单位，不设投资比例限制。

加大国有文化资产监督管理体制改革和企业重组力度。在全国率先设立国有文化资产监督管理办公室，组建推进全国文化中心建设产业发展组。推动国有文化企业把社会效益放在首位，实现社会效益和经济效益相统一。出台加强分类监管推动市属国有文化企业健康发展的意见、深化市属国有文化企业改革的意见。建立出资人监管事项权力清单和责任清单、章程管理、资产统计报告等监管制度。加快推动全民所有制企业公司制改制，建立现代企业制度，健全法人治理机构，提升管理水平和经营效益。持续推进国有文化企业压缩管理层级减少法人户数，进一步优化组织结构。推进国有文化企事业单位薪酬绩效制度改革，组织开展绩效评价，完善绩效考核体系。组建新媒体集团，打造“北京时间”新品牌。北教传媒成为全国首个登陆“新三板”的国有控股图书出版企业。推动北京文投集团参与国家互联网新闻信息服务行业特殊管理股试点。

完善多方力量参与协同发展机制。2016 年，率先制定出台关于政府向社会力量购买公共文化服务工作的实施意见，并公布指导性目录，鼓励社会力量积极参与公共文化建设。2016 年，设立北京文化艺术基金，每年投入 1 亿元，打破行业、系统、体制界限，面向全社会，重点围绕舞台艺术创作、文化传播交流推广和艺术人才培养三大方向开展资助。制定推进京冀两地文化协同发展的工作意见，推动京津冀文化协同发展和城市副中心文化建设。明确北京与河北文化协同发展的重点区域和重点领域，签订京津冀文化人才交流与合作框架协议，加强区域人才互通共享。发挥北京作为全国文化中心的示范引领作用，深入推动京津冀在公共文化、演出艺术、产业发展等重点文化领域的合作，增强城市副中心的文化辐射力，推动城市副中心文化建设。

（2）优秀文艺作品不断涌现

影视剧佳作精彩纷呈。全市电视剧工作者坚持以人民为中心的创作导向，创作生产了大量脍炙人口的精品佳作，创造了国内电视剧数个“第一”，包括第一部长篇电视连续剧《四世同堂》、第一部大型室内长篇电视连续剧《渴望》等。全市电影工作者遵循电影创作规律，适应市场化需求，以高度的政治责任感，创作出一系列优秀影片，如《杨善洲》《第一书记》《湄公河行动》《离开雷锋的日子》《集结号》《张思德》《智取威虎山》等获得华表奖和全国精神文明建设“五个一工程”奖。

精品读物日益丰富。广大出版工作者坚持社会主义核心价值观，不断丰富图书出版市场，一批精品读物连续出版，满足人民群众精神文化需求。长篇小说《平凡的世界》畅销不衰，《穆斯林的葬礼》《少年天子》《天行者》等多部作品获茅盾文学奖，《妈妈的心有多高》、“漫画金头脑丛书”、《八月狂想曲》、《上庄记》等获

2020 年 8 月 22 日，第十届北京国际电影节在北京怀柔雁栖湖国际会展中心开幕（和冠欣 摄）

得全国精神文明建设“五个一工程”奖。

舞台艺术百花齐放。首都舞台艺术百花齐放，精品文艺作品不断绽放于国内国际舞台，频频荣获国内外大奖。话剧《旮旯胡同》《阮玲玉》，京剧《风雨同仁堂》《宰相刘罗锅》，评剧《马本仓当官记》《母亲》，儿童剧《想飞的孩子》，广播剧《京城第一家》《代表中国》《伟大的转折》，歌曲《北京欢迎你》《从头再来》《卢沟谣》《我和你》等获得全国精神文明建设“五个一工程”奖。

（3）打造“大戏看北京”文化名片

2021 年 7 月，北京市提出打造“大戏看北京”文化名片。同时，制定出台推动“大戏看北京”36 条、深化国有文艺院团改革发展 22 条、加强新时代北京文艺评论 14 条等系列方案措施。2021

年，北京13家市属文艺院团和国家大剧院共创排舞台剧111部，其中新创原创58部，加工复排演出剧目53部。2021年是中国共产党成立100周年，红色主题创作成为演出市场的主旋律，比如北京人艺首次创排重大革命历史题材话剧《香山之夜》、国家大剧院制作的原创当代舞剧《冼星海》，话剧《冬日1948》《上甘岭》《直播开国大典》，舞剧《28天》，昆曲《国风》，音乐剧《新华报童》，交响乐《没有共产党就没有新中国》，钢琴协奏曲《北京颂歌》，广播剧《北大红楼》《播火者》，经典复排的歌剧《党的女儿》《洪湖赤卫队》，加工提高的京剧《李大钊》《许云峰》等。北京曲艺团和中国评剧院推出评书《伪装者》和评剧《伪装者》。由国家大剧院委约创作、中国国家话剧院出品的话剧《直播开国大典》首次在戏剧方面探索委约创作这一新型合作模式。北京交响乐团与北京京剧院联合推出大型京剧交响套曲《京城大运河》，通过京剧不同流派的典型声腔与交响乐的结合，实现中西方文化的交融创新。2021年，北京国际戏剧中心在北京人艺落成，新增曹禺剧场、人艺小剧场两个剧场。这座历史悠久的剧院有了更大空间为观众奉上精彩的戏剧大餐，全年共制作完成29部剧目，上演406场。2021年以来，在市委宣传部统一部署下，北京演艺集团和东城区、西城区密切合作，用文化激活百年会馆资源，推出“会馆有戏”系列演出。此系列演出在湖广会馆、颜料会馆、台湾会馆、临汾会馆等8个会馆率先启动，根据每个会馆旧址建筑和空间特点，实行“一馆一策”“一馆一韵”，形成“大戏看北京，好戏在会馆”的生动局面。2021年4月11日，国家大剧院线上系列演出已开展整整一年，64期线上演出全网点击量接近20亿次。京演集团打造线上演出季、北京人艺开启线上直播、北京京剧院推出“京戏云剧场”，做足线上文章，“云彩排”“云练功”“云导览”“云发布”“云签约”等更多元的在线艺术分享形式成为常态。

2. 公共文化服务体系不断完善

改革开放以来，北京市为推动首都社会主义文化大发展大繁荣，加强首都公共文化服务体系建设，以政府为主导、以公益性文化单位为骨干，鼓励全社会积极参与，不断创新公共文化服务运行机制，大力推动公共文化服务体系建设。

党的十八大以来，北京市着力加强公共文化建设，坚持问题和需求导向，印发《北京市公共文化服务体系示范区建设标准》《北京市基层图书服务资源整合实施方案》《北京市基层图书服务资源整合实施管理办法》等文件，促进实现基层公共文化设施网络的标准化、均等化，为满足群众基本文化活动提供硬件设施保障。完善15分钟文化服务圈，形成全市4级公共文化服务网络。

（1）健全公共文化服务政策

北京市落实国家新闻出版广电总局等5部委印发的《关于推进县级文化馆图书馆总分馆制建设的指导意见》，制订《关于推进文化馆图书馆总分馆制实施方案》，突出北京特色，构建以首都图书馆、北京群众艺术馆为龙头馆，区文化馆、图书馆为总馆，乡镇（街道）综合文化中心为分馆，行政村（社区）综合文化室为基层服务点的总分馆制服务体系，推动市、区、街乡文化资源下移，互通互联，共建共享，提高资源使用效率。

健全公共文化服务运行机制。按照首都“四个中心”城市战略定位要求，2015年在全国率先出台《关于进一步加强基层公共文化建设的意见》《首都公共文化服务示范区创建方案》《北京市基层公共文化设施建设标准》《北京市基层公共文化设施服务规范》，即“1+3”公共文化政策文件。市文化局、市发展改革委、市财政局等19个部门联合建立北京市公共文化服务体系建设联席会议机制，进一步加强工作统筹。借鉴国家公共文化服务体系示范区创建经验，开展首都公共文化服务示范区创建工作，以典型示范带动全市公共文化服务水平的整体提升。

加强公共文化人才队伍建设。采取多种形式，为每个乡镇（街道）配备3—4名文化专职工作人员；采取政府购买公益服务等方式，为每个行政村（社区）配备至少1名群众文化组织员。培养基层公共文化干部、群众文化组织员和文化志愿者3支队伍。2015年起，扩大培训规模，以“六会”（即会组织活动、会指挥合唱、会舞蹈编排、会乐器演奏、会计算机技能、会做群众工作）为标准，开展“千人培训计划”，市级层面每年培训1000名群众文化组织员。

（2）创建公共文化服务体系示范区

为全面提升公共文化服务水平、发挥典型示范引领和带动作用，北京市启动首都公共文化服务示范区创建工作，朝阳区、东城区、海淀区、石景山区成功创建国家公共文化服务体系示范区；石景山区、大兴区、通州区、房山区、丰台区成功创建首都公共文化服务示范区；密云区、顺义区、延庆区等区积极推进全市公共文化服务体系示范区建设。全市公共文化设施不断完善，首都公共文化服务水平显著提升。

制定相关政策。制定《关于加快推进公共文化服务体系示范区建设的意见》《北京市公共文化服务体系示范区建设中长期规划（2019年—2035年）》，将示范区创建作为区域公共文化服务水平提升的重要突破口。规划围绕建设均等化、智能化、提升市民群众文化素养和推动经济社会发展的公共文化服务体系展开，明确建设目标，提出工作框架，重点部署6个方面的工作举措。印发《北京市公共文化服务体系示范区建设标准》。编制北京市文化和旅游公共服务设施规划。石景山区、门头沟区、西城区完成第四批国家公共文化服务体系示范区（项目）验收工作。

提升公共文化硬件设施条件。以步行15分钟为服务半径规划基层文化设施布局，推动疏解后腾退的空间用于公共文化服务，鼓励设置区域综合文化中心，改扩建街乡综合文化中心，基层公共文化设施硬件条件不断提升。

（3）建设4级公共文化服务设施网络

为全面普及基层文化服务设施，满足人民群众日益增长的精神文化需求，北京市加快建设市、区、乡镇（街道）、行政村（社区）4级公共文化服务设施网络。2015年，北京市出台基层公共文化设施建设标准，对文化设施选建位置、盘活扩建、合理布局、建设规模等作出规定，推出文化设施功能“2+X”的基本模式，“2”是设有1个多功能活动厅和1个户外文化广场，“X”是设有图书室、展览室、辅导培训室、排练室、电影厅和健身室等设施。鼓励以政府购买的方式建设文化设施，形成以政府为主、社会力量积极参与投入的建设格局。在加快推进市文化活动中心、运河图书馆等市级重点文化基础设施建设的同时，加大资源向基层倾斜力度，将基层文化设施建设纳入各区固定资产投资基本建设项目，以居民需求为导向规划布局，以步行15分钟服务半径为目标完善文化设施配置，陆续建成并投入使用一批重点镇文体中心和中心城区市民文化休闲中心。2017年，全市4级公共文化服务设施网络已经形成，基层文化设施达到6815个，覆盖率超过98%。截至2020年底，全市建有首都图书馆和北京文化艺术活动中心（北京群众艺术馆）两座市级公共文化设施；建有区级图书馆22个，区级文化馆19个，街道综合文化中心152个，乡镇综合文化中心182个；社村综合文化室共6467个，其中社区综合文化室3098个、行政村综合文化室3369个。

（4）建设数字化社区

北京市贯彻中央关于“开展群众性文化活动，开展全民阅读活动”要求，加快建设数字化社区，依托高清交互有线电视网络和互联网，结合无线网络技术，建设覆盖全市的文化共享工程数字服务网络体系，通过社区文化站基层点，向居民提供融资讯查询、艺术欣赏、文化传播以及交流互动为一体的公共文化数字学习空间，使基层群众便捷地参与公共文化生活。截至2017年底，开通206家街道乡镇图书馆“一卡通”服务。服务农村的文化信息资源共享工程站点达4295个，实现全覆盖，数字化社区已达300个。

3. 提升公共文化服务水平

为保障人民群众基本文化权益、提高全民文化素质、促进经济社会全面协调发展，北京市不断完善现代公共文化服务体系建设，增加优质的公共文化产品和资源供给。开展首都市民系列活动，培养文化消费理念，引领文化消费意愿，激励文化消费行为，促进文化创新发展。

（1）建设“博物馆之城”

党的十八大以来，随着市政府对公共文化的投入大幅度增加，北京地区博物馆建设速度明显加快。2019年末，北京地区备案博物馆为183座；截至2021年底，北京地区备案博物馆达204座。北京地区博物馆在数量与质量上均居于全国前列，部分博物馆硬件条件已接近或达到发达国家博物馆的平均水平。

2020年发布的《北京市推进全国文化中心建设中长期规划(2019年—2035年)》指出，北京要打造布局合理、展陈丰富、特色鲜明的博物馆之城。2020年5月，北京正式提出建设“博物馆之城”。“博物馆之城”的建设是新形势下首都文博事业发展的新目标，也是北京推进全国文化中心建设的重要内容和载体。

2021年5月18日，国家文物局与北京市人民政府签订了共建北京“博物馆之城”战略合作协议，北京博物馆事业发展进入快车道。截至2021年末，北京市共有204家各类备案博物馆，免费开放的博物馆达94家。北京地区博物馆藏品总数达1625万件（套），可移动文物数量和三级以上珍贵文物数量均居全国首位，持续开放基本陈列520个，每年平均举办展览600多场，开展活动上千场，年均接待观众超过5000万人次。从博物馆数量、密度、布局、办馆水平、发挥公共服务效能上看，北京地区博物馆是我国规模最大、实力最强的博物馆集群聚落。

为配合北京“博物馆之城”建设，部分区级部门结合区域特色纷纷提出响亮的博物馆建设口号。朝阳区率先提出建设“博物馆之城”，计划在“十四五”末建成100家博物馆、美术馆等文化场馆。北京经济技术开发区宣布打造一座全域开放、自建共创、高端定位的“科技馆之城”。东城区、西城区也相继提出建设“博物馆之城”的目标，并且针对腾退的空置古建、老旧厂房，主动引进建设博物馆等文化场馆。大兴国际机场与首都博物馆等文博单位合作，引入展览、文化活动等博物馆功能，向广大国内外游客推介北京历史文化，提升机场乘客休息空间的文化品位。在推进北京“博物馆之城”建设的目标引领下，北京已经形成了多学科、多层次、广布局的博物馆体系，以及纵横有序、精美交织的博物馆布局。

2022 年 2 月 13 日，《北京博物馆之城建设发展规划》发布。3 月 2 日，北京市政协举行“推进建设‘博物馆之城’助力全国文化中心建设”议政会情况通报会，“十四五”期间将推进北京自然博物馆、中国长城博物馆等 6 处博物馆的建设。

（2）建设书香京城

“书香中国 · 北京阅读季”是国家新闻出版广电总局和北京市共同发起的大型群众性读书活动，始于 2011 年，每年举办一届，2014 年升格为全国首个国家级品牌全民阅读活动。

“书香中国 · 北京阅读季”成立由市委领导亲自挂帅的领导小组，市委宣传部、市新闻出版局等 17 家单位为成员单位，统筹指导活动广泛、深入、持久、高效地开展。紧扣中国梦、社会主义核心价值观、中华优秀传统文化等主题，每年举办盛大的阅读盛典，同时推出几十项重点阅读活动。实施“领读者计划”，形成稳定的阅读推广骨干队伍；打造“读书、评书、荐书”平台，解读和分享精品出版物；举办大学生读书节、少年读书节、亲子阅读月、女性主题阅读周、公务员阅读汇等系列活动，增强阅读针对性和实效性；开展书香家庭、阅读示范社区、金牌阅读推广人等系列评选活动，发挥典型示范引领作用。推出“阅读 + 我”行动，提炼“联结 + 创变”阅读推广新理念，鼓励社会机构、广大民众积极参与推广阅读。

2018 年 7 月 17 日，市政府办公厅《关于支持实体书店发展的实施意见》发布，重点鼓励实体书店跨界融合发展，通过“书店 +

设计”“书店+文创”等模式打造“有特色、聚人气”的特色文化空间；倡导书店利用互联网、物联网等新技术手段创新经营业态，推进数字化升级改造，打造新一代“智慧书城”等。

北京第一家24小时书店——北京三联韬奋24小时书店于2014年4月开业运营。新华书店花市店、中国书店雁翅楼店、新华书店香山24小时书店、三联韬奋书店三里屯店等一批24小时书店相继亮相，形成丰富市民群众的文化生活、开展“全民阅读”的生动实践。2016年起，北京市加大资金扶持力度，启动实体书店扶持工作，每年扶持书店70家。2018年7月，出台《北京市关于支持实体书店发展的实施意见》，2020年，北京实现一区一书城，建成200家标志性书店，打造15分钟公共阅读服务体系。2021年底，北京市实体书店数量达2076家，位列全国第一。

（3）丰富线上文化资源

北京市各级公共文化机构充分挖掘、整合现有各类文化资源，提供丰富的线上群众文化活动和数字文化资源，开展“云演出”、线上演出和演出直播等新业态，提供优质在线文娱产品，活跃市民精神文化生活。

探索线上演出新形式。原创京剧《李大钊》《许云峰》首演搬到线上，实现“线上看大戏”“线下聚人气”。推出传统大戏赏析栏目，将《龙凤呈祥》《四郎探母》等传统经典剧目搬至“云剧场”。推出“文艺抗‘疫’·‘云’赏雅集”系列活动，线上推送《续琵琶》《牡丹亭》等优秀剧目。推出线上“首都市民音乐厅”《艺术抗“疫”专辑》，观看量近5000万人次。

创系列直播“云盛宴”。推出“线上演出季”，策划6场原创直播演出，包括室内音乐会《夏夜》、“云歌汇”、非遗主题直播等。

线上演出覆盖上亿网民，观看量达4500万人次，点赞量1015万次。

打造全天候网络剧场。整合市属文艺院团优质资源，推出线上演出品牌“京演剧场”，每周设定固定内容直播在线集中呈现，实现“栏目化”运营，打造艺术品类丰富的全天候网络剧场，丰富网上文化供给。

经典剧目线上线下同步展演。依托市剧院运营服务平台，利用新媒体融合传播技术，线上线下同步举办北京市属院团优秀剧目展演、“一城三带”舞台艺术作品展演、北京市属院团优秀剧目年度展演季、第九届北京市文学艺术奖舞台艺术获奖剧目展演等活动。

4. 公共文化活动丰富多彩

改革开放以来，北京市开展了丰富多彩的公共文化活动。“五月的鲜花”等品牌文化活动不断进步、创新，成为广大群众熟知的“文化大餐”，丰富了居民的业余生活，也为群众提供了自我展示的舞台。党的十八大以来，北京市大力推进公共文化服务标准化、均等化、社会化，努力让百姓得到实惠，让市民能“低门槛”享受“文化大餐”。

（1）举办首都群众性文化活动

首都市民系列文化活动是市委宣传部、市文化局组织举办，相关单位、媒体参与支持的市级综合文化品牌项目，被纳入市政府的重要实事和折子工程。首都市民系列文化活动蓬勃开展，逐步形成市、区、乡镇（街道）、村（社区）4级文化活动联动机制。一是以“六个北京”创新引领，打造六大活动板块，包括“歌唱北京”“艺韵北京”“戏聚北京”“影像北京”“阅读北京”等。二是以传统节庆日为依托，在元旦、春节、清明节、端午节、“七一”等举办丰富多彩的活动。二是大、小型活动相得益彰。举办“首都市民音乐厅”、农业嘉年华等活动，同时组织社区知识竞赛、故事会、剪纸培训等，丰富市民日常生活。

（2）举办惠民文化活动

党的十八大以来，北京市坚持改革创新，加大文化惠民力度，不断满足人民群众对美好生活的新需求，积极举办各级各类首都市民系列文化活动，提升惠民服务效能，形成贯穿全年、覆盖全市、4 级联动的系列文化活动模式。适应消费升级新变化，创办北京惠民文化消费季品牌，通过实施政府企业并举、线上线下互动、城镇乡村一体、境内境外对接等举措，不断引导消费升级。广泛开展送文化下乡、低票价补贴的农村“文艺演出星火工程”“周末场演出计划”“百姓周末大舞台”等公益惠民演出活动。年均开展基层公益演出过万场。持续开展“首都市民音乐厅”“首图讲坛”“市民读书计划”等品牌文化活动，提供高品质的公益惠民文化服务。出台《北京市推进文化馆图书馆总分馆制实施方案》，4 级总分馆制管理模式促进资源和服务向基层衍生。连续开展“文化惠民逛庙会、欢欢喜喜过大年”活动，每年向首都市民发放 30 万张庙会门票，群众满意度持续保持在 99%。随着经济的发展和生活水平的提高，北京文化惠民力度越来越大。丰富多彩的文化惠民活动为广大群众送去丰富的精神食粮，在培养文化消费理念、引领文化消费意愿、激励文化消费行为、促进文化创新发展等方面发挥了积极作用。

（3）推出百姓周末大舞台公益演出

为丰富市民文化生活，特别是满足低收入群体和外来务工人员精神文化需求，北京市持续推出“百姓周末大舞台”公益惠民演出。“百姓周末大舞台”由市文化局牵头组织筹办，每年4月至10月的周末或假期集中演出，重点面向镇（街道）、村（社区）百姓，以政府购买公共文化服务的形式，组织各类专业和业余文艺表演团体，在市内露天景观剧场免费向观众提供演出服务。2013年11月，为规范和加强基层公益性演出活动专项资金管理，印发《基层公益性演出活动专项资金管理办法》，对“百姓周末大舞台”等公益性演出活动补贴政策作出明确规定。演出专项补贴纳入市对区专项转移支付资金，由区文化委员会进行审核并报区财政局批准后给予补贴。通过政府采购公开招标方式确定演出团队，中国歌剧舞剧院、中国儿童艺术剧院、中国广播艺术团、风雷京剧团和北京曲剧团等多家专业团体参加演出。演出节目形式多样，有戏曲、歌舞、音乐、话剧、杂技、魔术等，深受百姓喜爱。自开展以来，“百姓周末大舞台”公益演出形成组织严密、节目丰富、覆盖城乡、惠及全市百姓的惠民演出体系，为丰富百姓文化生活，促进公共文化服务均等化发挥了重要作用。

（4）举办戏曲文化周

为贯彻落实中央文化强国战略和国务院传承发展戏曲意见精神，弘扬传统戏曲艺术，2016年5月，文化部艺术司、市文化局等联合在北京园博园首次举办北京戏曲文化周活动，2017年升级为“中国戏曲文化周”，活动以展示和传播戏曲艺术为出发点，突出互动性、体验性与参与性。专业院团上演精彩表演，全球京剧票友大赛、梨园名家和戏迷票友同台献艺；采用线上、线下相结合的参与方式，拓展了活动的空间和领域；与中秋节日文化相结合，有力弘扬了优秀传统文化。中国戏曲文化周被誉为传统文化活起来的首都范本。北京戏曲文化周整合各方资源，尝试跨界融合，提供戏曲创作、演出、交流展示和分享体验的公共服务平台，为弘扬传统艺术，探索戏曲社会化、产业化、市场化发展路径作出有益尝试。

（5）举办北京惠民文化消费季

为进一步丰富北京市民精神文化生活，培养文化消费理念，引领文化消费意愿，激励文化消费行为，培育新的消费增长点，北京自 2013 年开始举办北京惠民文化消费季。北京惠民文化消费季由市委宣传部指导，市文化和旅游局、市广播电视局、市文物局、市文资中心主办，市发展改革委等 20 家委办局和 16 区联合协办，20 个行业组织支持，是全市性文化消费重要品牌活动，成为辐射京津冀、具有全国影响力的文化消费综合服务平台。自创设以来，惠民文化消费季每届最核心理念皆为“惠”，成为培养文化消费理念、引领和激励文化消费行为、促进文化创新发展的重要平台和品牌活动。作为“十三五”规划发展的重大战略，惠民文化消费季对提升北京文化消费能力、释放文化消费潜力，促进消费结构升级、转变发展方式具有重要意义。

（三）推动文化新业态健康发展

随着我国经济社会的发展和物质生活水平的提高，人民群众的精神文化需求迅速增长，呈现出多层次、多形式、多样化的特点。多样化的文化消费需求促进文化新业态蓬勃发展，北京市不断增加优质公共文化产品和资源供给，大力发展文化创意产业，推动“文化 +”不断深度融合，持续优化文化市场环境，为全面建成小康社会提供了强大精神动力。

2021 年 9 月，文博会北京展区以“古都新貌——北京文化新篇章”为主题，聚焦红色文化、古都文化、京味文化、创新文化（潘之望 摄）

1. 大力发展文化创意产业

改革开放特别是党的十八大以来，北京市完善文化创意政策体系，建设文化创意产业园区，拓宽融资渠道，增强企业活力，提供了更多的优质精神文化产品，增强了首都人民的文化获得感和幸福感，支撑了首都经济高质量发展，引领着人民群众步入小康社会。

加强顶层设计，完善政策体系。2005 年，中共北京市委作出“着力抓好文化创意产业的发展，使之成为首都经济未来发展的重要支柱产业”的重大决策。2006 年，成立北京市文化创意产业领导小组和北京市文化创意产业促进中心，各区也先后成立文化创意产业发展的管理或促进机构，形成市、区两级紧密互动、协调推进的工作格局。党的十八大以来，北京市编制出台《关于推进文化创意产业创新发展的意见》《关于保护利用老旧厂房拓展文化空间的指导意见》《推动北京影视业繁荣发展的实施意见》等一系列政策文件，推进形成以行业政策为支撑、各区配套政策为基础的“1+N+X”政策体系，为全市文创产业发展营造了良好的市场环境；印发《关于推动老旧厂房拓展文化空间指导意见落地实施的工作方案》，出台文化金融、文化旅游、园区管理、精品生产、广播电视等12项相关配套政策，进一步完善全市文化创意产业政策体系。文化创意产业政策的完善推进了北京市现代文化市场体系建设，使文化创意产业发展结构更趋合理，文化创新引领作用更加突出。

加大资金支持，拓宽融资渠道。2006年，北京市出台文化创意产业投资指导目录，鼓励社会力量参与发展文化创意产业。2006年起，市政府每年安排5亿元文化创意产业发展专项资金，重点支持文化创意产品、服务和项目产业化。完善中小企业融资担保机制，创新文化金融服务组织形式，支持创建国家文化与金融合作示范区。推进华夏银行、北京银行、北京农商银行成立文创金融事业总部、文创专营支行，探索文化金融专营。加快筹建文创银行，加快文化金融产品和服务模式创新。依托北京市文创金融服务网络、文创企业股权转让等平台，试点文创产业“投贷奖”联动，撬动社会资本支持文创产业和实体经济。指导东城区创建国家文化与金融合作示范区。发挥市文投集团投融资主体作用，文创基金公司募集子基金16只，总规模达160亿元，为文创产业发展提供资金保障。

引领文化消费“风向标”。编制《北京市文化创意产业引领区建设发展中长期规划（2019年—2035年）》，初步明确近期、中期和远期3个阶段规划目标和7个方面规划任务。2006年起，每年举办中国北京国际文化创意产业博览会，全面展示文化创意产业发展的丰硕成果，搭建交易平台。组织举办北京文化创意大赛、北京文创市集等活动。建设环球影城主题公园、国家文化产业创新实验区、国家影视产业示范区、国家对外文化贸易基地、台湖演艺小镇等重大项目。在城市副中心规划建设创意设计特色小镇，设计博物馆、教育中心等6项功能全新上线，加大“腾笼换鸟”力度。推动北京国际设计周常态化运营，打造“设计+传统产业改造升级”的有机更新样板。组织电竞、游戏、音乐系列活动，全面激活视听、音乐、游戏、电竞等新兴领域生产要素。

建设文化创意产业园区。改革开放以来，北京市文化创意产业经历了从自由发展到政府引导发展、促进健康发展的过程。2006年以前，形成朝阳区798大山子艺术中心和宋庄原创艺术集聚区。2006年10月，北京市发布促进文化创意产业发展的若干政策，明确规划建设文化创意产业集聚区，设立集聚区基础设施建设专项资金。编制《北京市文化创意产业功能区建设发展规划（2014—2020年）》，这是全国首个省级文创产业空间规划，规划总面积达441.56平方千米。2015年，北京市认定中国北京出版创意产业园、清华科技园、星光影视园、莱锦文化创意产业园等首批4个示范园区。为加快示范园区建设发展，2018年，制定出台《关于加快市级文化创意产业示范园区建设发展的意见》。2019年，北京市研究出台市级园区配套支持政策，启动首批33家市级文化创意产业示范园区认定，推出园区服务包，为文化产业园区发展营造良好的营商环境。2020年，印发《北京市文化创意产业园区和市级文化创意产业示范园区“服务包”工作方案》，提高文创园区规模化、集约化、专业化发展水平。2020年，认定100家北京市级文化产业园区，其中市级文化产业示范园区10家、市级文化产业示范园区（提名）10家、市级文化产业园区80家。在各类文创产业载体政策促进下，北京文化创意产业园区发展步入快车道，形成了一批特色鲜明的文化产业园区，成为推动文化产业集聚发展的重要力量。

增强文化企业活力。北京市深化文化企业改革，完善现代企业制度，健全鼓励创新的体制机制。出台实施《关于加强金融支持文化产业健康发展的若干措施》《关于应对新冠肺炎疫情影响促进文化企业健康发展的若干措施》等文化金融和文化企业系列帮扶政策，文化企业的创新创业活力被充分激发，新型文化业态进一步发展壮大。

改革管理制度。北京市制定国有文化企业年金、房屋出租管理、资产负债约束等专项制度。出台《关于深化影视业综合改革促进北京影视业健康发展的实施方案》，制定北京市国家电影事业专项资金征收、预算管理办法。推进互联网新闻信息服务、网络视听、网络出版等领域特殊管理股试点工作。修订电影专资管理办法，有针对性地调整使用方向和资金比例，提高资金补贴的精准性。实施新冠肺炎疫情防控期间演出票价补贴政策；发布《关于应对新冠肺炎疫情影响做好北京市实体书店扶持工作的紧急通知》，帮助实体书店解决困难。

培育优质文化企业。北京市为首都文化企业融资、上市提供专业化服务，完成文创板公司注册，打造首都文化企业上市加速器。办好文化企业上市培育基地，积极与“新三板”等资本市场对接。2020 年，助推“流金岁月”成为首家晋升“新三板”精选层的文化企业，“锋尚世纪”成功登陆“科创板”。2020 年，“完美世界”、保利文化、光线传媒 3 家企业获评“全国文化企业 30 强”，歌华传媒、北京演艺集团、“四达时代”、掌阅科技 4 家企业获评“全国文化企业 30 强提名”，入选企业总数居全国各省市区首位。

2. 推进“文化 +”融合发展

2014 年 5 月，编制完成《北京市文化创意产业功能区建设发展规划（2014—2020 年）》，初步明确近期、中期和远期 3 个阶段规划目标和 7 个方面规划任务。加强文化创意产业引领区建设，推动文化与科技、金融、旅游等相关产业融合发展，文化产业与其他产业不断深度融合，加快“文化小康”的建设步伐。

推动文化与金融融合发展。北京市通过创新“投贷奖”“房租通”风险补偿金等文化金融政策，成立“文创板”公司，引导北京银行等金融企业在京设立文化金融专营机构。北京市联合相关部门出台《关于促进首都文化金融发展的意见》等政策，持续举办中国文化金融创新大会、文化金融沙龙等活动，不断促进文化企业与金融企业合作发展。

文化金融融合“北京模式”。北京市实施一系列文化金融政策，构建起覆盖“投、融、担、贷、孵、易”全链条的首都文化投融资服务体系。出台《北京市文化企业“房租通”支持办法（试行）》，这是全国首个针对文化类小微初创企业在办公租赁环节进行补贴的省级财政政策，支持小微初创企业。研究试点文化产业“投贷奖”联动体系，出台《北京市实施文化创意产业“投贷奖”联动 推动文化金融融合发展管理办法（试行）》等政策，支持成长型企业。成立北京文化产业投融资协会，为区域文化企业的路演服务。成立北京市首家文化金融服务中心，吸引金融机构入驻，定期举办扶持政策辅导、产业讲座、文化金融沙龙等活动成为支持成熟企业上市的培育基地。梯次化的政策闭环形成了“有政策、建体系、搭平台、强服务”的文化金融融合“北京模式”。

搭建文化金融“超市”。北京市搭建线上市级文化金融服务平台，对企业在平台上登记的融资需求分类分发给相应的金融机构。成立北京市首家文化金融服务中心，吸引多家金融机构入驻，定期举办文化产业扶持政策辅导讲座。建设文化金融专营机构，筹建文创银行和“文创板”。2018 年，北京银行成立全国首家文创金融服务专营机构，打造了一批文化创意专营支行。推动华夏银行、杭州银行等成立文创金融事业总部、文创专营支行，发布首个 IP 产业链文化金融服务方案，开发特色文化金融产品和服务。多家金融机构发布知识产权贷款、无形资产融资租赁产品。首创担保、北京中小企业信用再担保公司等创新抵增信模式，推出艺术品财产保险和货运保险。北京文创四板培育基地成立，拓宽中小微企业股权和债权融资渠道。引导金融机构设计“蜂鸟贷”“三全三优”等系列金融产品，累计认定 523 家“蜂鸟企业”，建立上市企业和“独角兽”企业的“战略储备库”。支持文化企业参与上市培训及“科创板”专题培训。与北京银行等金融机构签订战略合作协议，推出“文旅贷”金融服务行动计划，扩大对文化旅游企业的授信支持。借鉴科技金融经验做法，筹建北京市文化发展基金。指导、核准设立歌华并购基金、云鼎创投基金等项目。

推动文化与科技融合发展。2011 年，北京市提出文化创新和科技创新“双轮驱动”战略。2014 年 2 月，习近平总书记视察北京时，进一步明确北京市“政治中心、文化中心、国际交往中心、科技创新中心”的城市战略定位，为北京文化与科技的融合发展提供了重要机遇。

加强顶层设计，明确文化与科技融合发展方向。2014 年 7 月，出台《北京市文化创意产业功能区建设发展规划（2014—2020年）》

《北京市文化创意产业提升规划（2014—2020年)》，提出文化与科技融合作为文化创意产业转型升级的重要手段，要着力发展动漫游戏、移动互联网应用、视听新媒体、3D打印、绿色印刷等文化与科技融合新业态。2017年，出台《北京市促进文化科技融合发展的若干措施》《文化创意企业申请高新技术企业认定指南》等文件；成立北京市文化科技融合发展研究中心，并举办首都文化科技融合成果展、北京市文化融合发展项目合作推介会。

重视科技平台搭建，强化示范基地建设。建立公共服务平台、公共技术支撑体系，整合文化与科技资源，针对文化产业发展中的共性问题，对企业需求进行分类，为文化产业发展提供科技支撑。落实《国家文化科技创新工程纲要》，开展文化和科技融合示范基地建设工作，中关村国家级文化和科技融合示范基地成为首批国家级文化和科技融合示范基地。

推动文化与旅游融合发展。印发《关于推进北京市文化和旅游融合发展的意见》，这是全国首次在省级层面出台推进文旅融合的规范性文件，着力打造文化和旅游融合的“北京样本”。

打造文旅融合品牌。推动文化旅游供给侧结构性改革，构建有文化内涵、有北京特色、有人文情怀的北京文化旅游消费品牌体系。开展北京文博会、北京国际音乐节、中国（北京）国际美术双年展、世界剧院论坛等新老品牌节庆活动，增强北京在高端旅游项目上的国际影响力，擦亮既有品牌；培育更多新品牌，打造环球主题公园、大运河文化旅游区等北京文化旅游新地标。打造“一城三带一区一圈”的融合发展格局，紧扣古都文化、红色文化、京味文化、创新文化四大主题，创建文旅融合新产品新业态；聚焦老城，打造世界级文化旅游典范区，依托“三带”，打造具有全球影响力的文化旅游带，辐射京津冀，打造世界级的文化旅游圈。推动乡村旅游提质升级，串联京郊知名旅游景点的线路设计，打造多条西郊线、怀密线等城市轨道沿线文化路线；挖掘以号称古村落“活化石”的爨底下村为代表的京郊文化旅游区文化价值。推动公益性文化单位和4A级重点景区延长开放时间，以“夜游北京、夜品京味、夜赏京戏”为主线，打造夜间文化消费圈，点亮文化“夜北京”。

以游客体验为目标，完善配套设施。完善“公共服务设施共建”“公共活动共享”“公益服务共促”三大工程，引入5G、人工智能、大数据、云计算等先进技术，为市民和旅游者提供更加智能化、便利化、精准化的公共服务。严格市场治理，完善环球主题公园周边交通、住宿等配套服务，布局文化旅游区文创类优质项目。西城区、朝阳区、海淀区与通州区结对，延伸创投、孵化平台，形成创新创业生态。建设张家湾、台湖等特色小镇，把提升硬件和优化软件结合起来，在持续做优服务及搞好相关配套方面下功夫。完善基础设施，构筑起“吃、住、行、游、购、娱”相互依托的经济模式。鼓励开发艺术设计主题性、纪念性、实用性强的精巧旅游项目，通过精准的创意打造出能够满足游客心理、情感、审美需求的旅游新产品。

3. 持续优化文化市场环境

北京市贯彻落实中央关于持续优化文化市场工作的要求，始终坚持扩开放与强监管相统一，强化文化市场监管，深入实施国家知识产权战略，健全知识产权管理机制，加大知识产权保护力度，促进知识产权创造运用，培育知识产权服务业态，进一步完善知识产权公共服务体系。

强化知识产权保护。北京市逐步完善知识产权保护政策，制定知识产权公共服务规范和行动计划，完善知识产权公共服务体系，增强知识产权资助金管理，引导和支持企业强化产权布局。

完善体制机制，提升公共服务效能。2018 年，推动北京市保护知识产权举报投诉服务中心签署《双创载体知识产权服务推进工作合作备忘录》；首批 5 家孵化器企业落实知识产权保护服务的试点单位；联合建立“双创”载体知识产权服务导师队伍。发布《京津冀 12330 知识产权保护联动服务推进计划（2017—2020 年）》，精准服务京津冀三地创新创业企业；新建京津滨海—中关村科技园 12330 工作站。2020 年，《视听表演北京条约》正式生效；印发《关于强化知识产权保护的行动方案》《关于加强版权保护的意见》《北京海关知识产权保护工作办法》等文件；开展知识产权保护专项行动；完成“版权链—天平链”区块链服务平台对接，会同互联网法院建立协同治理机制。指导首都版权协会成立人民调解委员会。2022 年，出台《北京市知识产权保护条例》。简化优化公共服务流程，开通专利申请优先审查推荐业务电子平台，成立知识产权公共服务区中心和工作站，制定公共服务清单，为企业提供差别化、个性化服务。

强化智力支持。建立版权资源信息中心和版权国际交易中心。加强文化创意产业版权保护，支持现代著作权保护技术的开发和应用。鼓励文化创意产业自主创新形成的成果及时申请、注册相关权利。设立数字著作权登记中心，政府对属于北京市文化创意产业发展重点领域的作品的著作权登记，给予资助。支持高等院校、职业院校与文化创意企业联合建设文化创意产业人才培养基地，鼓励高等院校、研究机构和企业开展文化创意人才的国际交流。

打造知识产权保险“北京样板”。北京市知识产权局等7家单位联合印发《北京市知识产权保险试点工作管理办法》，并设立北京市知识产权保险工作联席会。坚持政府引导与市场机制相结合、高精尖产业发展与精准支持企业相结合、退坡式保费补贴与风险补偿相结合、保险保障与增值服务相结合、知识产权保险试点与知识产权金融相结合的“五结合”原则，对知识产权保险工作进行适度的政策指导，加强市、区两级知识产权保险政策衔接，推动区级层面出台知识产权保险相关政策措施，引导企业自愿投保，补贴比例实行逐次投保退坡，不断扩大知识产权风险保障规模，丰富金融机构融资产品。截至2021年底，试点工作共支持北京市20家制造业单项冠军企业和312家重点领域中小微企业，为科技服务、智能制造、智能设备、信息技术等20余个重点产业的3366件专利进行保险，帮助企业对专利进行维权。

强化文化领域综合治理。着力优化文化市场经营环境，是加快推动行业转型升级，进一步扩大市民文化消费，继续保持文化市场繁荣有序的根本保证。

改革管理方式。依法简化行政审批方式，强化信用监管，提高行政审批效率和便利化程度，出台《北京市新闻出版电影行业政务服务事项告知承诺制度实施办法》。完善宣传文化领域政务服务工作机制，建成北京市新闻出版局（北京市版权局）官网、北京市电影局官网、新媒体平台，加快推进“一网通办”。组建北京市文化市场综合执法总队，集中行使文化、文物、新闻出版、版权、广播电视、电影、旅游、宗教等领域行政执法权。

加强全媒体监管。网络视听新媒体综合监管平台一期投入使用。持续开展视听网络专项“清风”行动；开展网络文学出版管理、网络游戏防沉迷等专项工作，审读阅评各类出版物，做好出版物质检、文化企业年检、报刊出版单位社会效益考核和“三审三校”专项核查。

深入开展“扫黄打非”工作。以“正道”“新风”集中行动为平台，深入开展“清源”“固边”“净网”“秋风”“护苗”五大专项行动，坚持网上网下同治理，集中力量查办涉黄涉非大案要案，严厉打击清理各类非法出版传播活动和网络有害信息。严厉打击网络淫秽色情信息、非法有害少儿出版物及信息、新闻敲诈和假媒体假记者站假记者、侵权盗版行为等问题，净化网上网下文化环境，扫除文化垃圾，弘扬新风正气。广泛深入开展“扫黄打非”宣传，持续推进“扫黄打非”进基层、进网站工作，加强区域联防以形成“扫黄打非”工作合力。2021 年，全市文化执法系统检查各类场所 70438 家次，查办“扫黄打非”案件 1960 起，申请报备重大案件 44 起，挂牌督办案件 12 起，收缴非法出版物 350.7 万余册（张）。

抓好文化娱乐行业行风建设。2021 年，市纪委监委第一监督检查室联合驻市广电局纪检监察组制订专门方案，对近年来文娱领域出现的新问题、新情况加强研判，加强对流量至上、“饭圈”乱象、违法失德等问题背后的深层原因和监管漏洞的研判，委派干部下沉到文娱领域治理任务较重的处室，进行一对一、点对点监督。同时，探索切实可行的监督方式和手段，将文娱领域综合治理专项监督纳入延伸监督范畴，探索差异化监督办法，构建立体化、链条式治理型监管体系，推动构建良好文娱生态。

七、下足绣花功夫，创造超大城市治理的“北京样本”

建设和管理好首都，是国家治理体系和治理能力现代化的重要内容。北京市坚持从首都城市性质功能出发，遵循城市现代管理的基本规律，不断提升城市建设管理水平。党的十八大以来，北京市按照习近平总书记提出的“进一步做好城市发展和管理工作，在建设首善之区上不断取得新的成绩”的要求，始终坚持观念升级、制度完善、技术支撑和群众参与齐头并进，不断提高城市管理水平，努力创造超大城市治理的“北京样本”。

（一）加强城市基础设施建设

基础设施是城市生存发展的重要载体，是衡量城市现代化水平的显著标志。北京市坚持把基础设施建设放在城市发展的重要位置，以服务首都功能和市民生活为导向，以国际一流为标准，精心设计、精心建设、精心管理，形成适度超前、功能配套、绿色低碳的城市基础设施体系，有力提升了城市现代化水平。

CBD 核心区夜景（饶强 摄）

1. 南水北调力保首都用水安全

南水北调工程是实现我国水资源优化配置、促进经济社会可持续发展、保障和改善民生的重大战略性基础设施。1952 年，毛泽东同志提出“南方水多，北方水少，如有可能，借点水来也是可以的”伟大构想。南水北调工程 2002 年开工，2013 年 12 月中线工程全线竣工，2014 年 12 月北京段正式通水，截至 2021 年底，累计调水量突破 60 亿立方米。南水北调这项跨世纪国家重大基础性战略工程终于变为现实，实现了国家和人民的夙愿。

城市缺水压力得到有效缓解。南水北调中线工程优化完善了城市供水格局，实现主要自来水厂双水源供水，新增水厂供水规模 261 万吨 / 日，城市供水保证率提高到 95% 以上。通过建设南水北调配套工程，中心城区城市供水安全系数提升至 1.2 以上，有力保障了首都用水安全。城区七成供水来自南水北调，供水范围基本覆盖中心城区以及大兴、门头沟、昌平、通州等部分区域，直接受益人口超过1200万，市民普遍反映自来水水碱减少，口感变好。

城市水环境得到明显改善。南水进京虽然增加了首都水资源供给，但北京水资源严重短缺的状况没有得到根本改变。为此，北京市确立了“节、喝、存、补”的用水方针，在节约用水的前提下，优先保障居民生活用水，同时利用调蓄工程向大中型水库存水，增加首都水资源战略储备，并向密云、怀柔、顺义等地下水源地和城市河湖补水。北京市通过逐步关闭自备井，让应急水源地休养生息，并进行天然回补和适当的人工回补，有效遏制地下水水位大幅下降和漏斗面积进一步扩大的趋势；向干涸的河湖补充清水，与现有的再生水联合调度，增强水体的稀释自净能力，恢复和扩大河湖水面约1万公顷，水生态功能逐步恢复；加快河湖水系的水污染治理步伐，提前实现治污和生态建设目标。2021年，北京平原地区地下水平均埋深16.39米，成为近20年来地下水位最高的年份，超采区面积比2015年最严重时减少82%，健康水体达到86%，河湖水质明显改善，水生动植物种群稳步增加。

2014年12月，在中线一期工程正式通水时，习近平总书记作出重要指示强调，南水北调工程功在当代，利在千秋。要求继续坚持“先节水后调水、先治污后通水、先环保后用水”的原则，加强运行管理，深化水质保护，强抓节约用水，保障移民发展，做好后续工程筹划，使之不断造福人民。北京市不断加大工作力度，切实做好《北京市南水北调配套工程后续规划》的落实工作，让这一世纪工程永世不竭。

2. 水利基础建设保障城乡活力

一河永定，城因水兴。新中国成立后，在党中央、国务院的关怀下，北京市不断加强水务基础设施建设，形成了相对完善的防洪、蓄水、供水、排水和水环境保护体系，促进了首都城乡的繁荣发展。但是，随着城市快速发展和人口刚性增长，人多水少的矛盾日益突出，水资源消耗量超过水资源承载能力，缺水成为制约首都经济社会发展的“第一瓶颈”。近年来，为破解水资源短缺的困境，北京市坚持多措并举，加快水利基础工程建设，努力构建安全可靠的供水体系。

水资源保障能力不断增强。北京市坚持“节水优先”战略，实行最严格的水资源管理政策。全市 16 个区全部建成节水型区，单位地区生产总值用水量下降 15% 左右，生产生活用水实施“峰值”管控。“十三五”期间，全市万元地区生产总值用水量由 15.4 立方米降至 11.3 立方米，居全国第一位。2015 年，开启大规模自备井置换和地下水源地压采减采工作，“十三五”时期累计完成 1000 多个单位（小区）自备井置换和 1200 多个老旧小区内部供水管网改造，惠及人口超过 140 万。积极推进水资源的循环利用，替代清洁水源，实现可持续发展。2013 年，北京所有新建再生水厂和升级改造污水处理厂主要出水指标一次性达到地表水Ⅳ类标准，再生水应用领域不断拓展，利用水平大幅提升。2021 年，全市再生水利用量达 12 亿立方米，占年度水资源配置总量的近三成，再生水已成为北京稳定可靠的“第二水源”。第十水厂、通州水厂等 4 座水厂建成投用，新建及改造供水管网约 1300 千米，全市供水能力达到 920 万立方米 / 日。

饮用水源地保护力度不断加大。“十三五”时期，北京市完成集中式饮用水水源地保护区划定和环境状况评估，启动新中国成立后最大规模的水源地整治。京冀两地政府签订《密云水库上游潮白河流域水源涵养区横向生态保护补偿协议》，按“成本共担、效益共享、合作共治”的原则，共出资3.9亿元，在河北省张家口市，承德市滦平、丰宁等5县治理水土流失面积600平方千米，建设生态清洁小流域25条。2015年开始，河道综合治理迈出新步伐，永定河、北运河等河道综合治理和生态修复启动实施，官厅水库向下游生态补水3.4亿立方米；2021年，永定河实现全流域全线水流贯通入海，这是26年来第一次。2020年，北京市还首次在潮白河等流域推广永定河生态补水经验，断流22年的潮白河干流实现全线水流贯通。截至2021年8月底，全市1085条小流域中已建成466条生态清洁小流域，山区生态清洁小流域建成率超过67%。持续开展水生态健康状况监测评价，初步建立河流、水库、湖泊水生态监测站网体系，市级水生态监测站增至166个，涵盖全市主要地表水功能区和湿地保护名录中的全部湿地。

水利建设是首都发展不可或缺的基本条件，是城乡建设不可替代的基础支撑，是生态环境改善不可分割的保障系统。北京市将继续坚持节水优先、量水发展方针，大力推进水利基础设施建设，不断完善多源共济的水资源保障体系，努力把北京建设成人水共融、充满活力的和谐宜居之都。

3. 构建现代化城市交通系统

交通是城市的命脉。新中国成立后，北京市不断健全城市交通体系，在建立起较为完善的综合交通运输体系以后，正加快构建综合、绿色、安全、智能的立体化现代化城市交通系统。

综合交通体系进一步完善。在1965年始建全国第一条地铁、1969年地铁一期工程完工的基础上，从2001年开始加快建设多条地铁。党的十八大以来，北京地铁建设进入新发展阶段，多条轨道线路竣工通车，全市地铁轨道交通线网达到727千米，基本形成“三环、四横、五纵、七放射”网络格局；市郊铁路城市副中心线（含西延）、怀密线、通密线开通运营，累计开通市郊铁路线路4条，市郊铁路运营总里程达到365千米。加大统筹力度，在规划、建设、管理各个环节，进一步探索城市轨道与高铁、城际铁路、市郊铁路的“四网融合”。首次在全网公布轨道列车时刻表，实现全市轨道网“一码通乘”和移动支付全覆盖，乘客出行更加便捷。创新轨道交通运营模式，探索大站快车、大中小交路套跑、上下行不平衡运行等多种运营组织方式，10条线路最小运行间隔跑进2分钟，最大运力提升幅度达到83.3%。开创性实施地铁预约进站，在3个大客流车站开展试点，节省预约乘客站外排队的时间。

全面提升地面公交服务能力。作为客运的主力，北京市一直不断完善地面公交运营，不断丰富公交线路，加大公交场站建设，方便市民出行。党的十八大以来，北京市地面公交服务加快发展，《北京市地面公交线网总体规划》发布实施，广渠路快速公交系统加快建设，公交专用道里程超过1000千米，多样化公交线路总数达到455条。持续优化地面公交线网，全面实施线网优先调整，明确“棋盘 + 环线 + 枢纽”的线网形态，确定“干线、普线、微循环线”三级线网，确定27条公交干线走廊。优化调整线路205条，解决167.8千米有路无车问题，方便440个小区居民出行。实现公交App线路全覆盖，增加“车厢拥挤度”查询等功能，提升乘客体验。

城市道路网不断完善。新中国成立后，北京市为适应城市发展和市民需要，大力加强城市道路建设，着眼于提高路网通行能力建设，尽力开拓城市干道，打通卡口、“断头路”，在规划的快速路上有计划地建设立交桥，基本建成由17条放射干线与4条快速环路构成的中心城区快速路网系统。党的十八大以来，北京市加快城市骨干路网建设，大力建设次支路，按照“窄马路、密路网”的理念，以核心区为重点，打造集中连片的次支路网络，提高地面路网的通达性。北京路网整体通行能力明显改善，城市快速路及主干路里程达到1396千米，新建次支路136条，进一步畅通道路微循环。

改善慢行出行环境。党的十八大以来，北京市始终坚持慢行优先、公交优先、绿色优先理念，印发实施《北京市绿色出行创建行动方案》《北京市步行和自行车交通设施改善技术指南》等，明确绿色出行创建的主要任务和要求、慢行系统设置标准，编制实施《慢行交通服务评价考核体系》，构建兼顾设施和管理的慢行交通评价体系，从源头保障慢行优先落到实处。截至2020年底，完成中心城区次干路及以上道路3200千米慢行系统治理，建设9个慢行系统示范区，开展共享自行车专项治理，建成投运本市首条自行车专用路。2020年，北京市绿色出行满意度超过85%，中心城区绿色出行比例达73.1%。

经过新中国成立70多年的发展，北京市已经建立起较为完善的城市交通体系，将朝着综合、绿色、安全、智能的立体化现代化城市交通系统继续迈进，为建设国际一流的和谐宜居之都提供必要的基础条件。

4. 邮政通信设施全面升级

新中国成立以来，北京市大力发展邮政事业，满足城市发展和人民群众生产生活需要。改革开放以来，随着现代信息技术日新月异的发展，北京市不断加大邮政通信基础设施建设，邮政业和信息通信业深化改革不断取得新突破，在改善人民生活条件、服务脱贫攻坚、抗击新冠肺炎疫情等方面发挥了重要作用。

邮政业不断迈上新台阶。新中国成立后，为满足人民群众日益增长的用邮需求，北京市先后建成多个邮政枢纽工程，以解决场地不足的问题，提高自动化水平。党的十八大以来，电子商务和快递业迅猛发展，北京市将行政村通邮工作和快递下乡纳入乡村振兴战略，推动邮政、快递更好服务“三农”，在实现工业品下乡、农产品进城、吸纳贫困人口就业、帮助农民增收等方面发挥着重要作用，为全面打赢脱贫攻坚战贡献行业力量。截至“十三五”末，北京市邮政业务总量达 480.24 亿元，快递业务总量达 22.8 亿件。全市已建成使用快递分拣中心 21 个，日处理能力峰值超过 1900 万件。快递末端网点近 4200 个，布设智能快件箱（信包箱） 1.8 万余组、（格口 171 万个）。高校实现快递规范收投，基本实现“乡乡有网点、村村通快递”，城市网点规范化率达 88%。服务水平稳步提高，邮政普遍服务水平全面达到且部分指标超过《邮政普遍服务标准》，全部网点均实现电子化。警邮合作网点 105 个，税邮合作平台 126 个，政邮合作覆盖全市 17 个政务服务大厅。

信息通信业保持良好发展态势。新中国成立后，随着电话逐渐进入普通百姓的生活，北京市着力加强电信业基础设施建设，解决市民装电话难、打电话难的问题，陆续建成全市程控电话网、光纤通信网、移动通信网等，实现了北京市“村村通电话”。党的十八大以来，北京市进一步改善通信基础设施条件，持续提升网络规模和运行速率，加快大数据、云计算工程建设，实施“宽带北京”行动计划。“十三五”期间，全市电信业务总量累计完成 9148 亿元。新兴业务增势突出，数据中心、云计算、大数据、集成等增值业务快速发展，云计算和大数据业务收入同比增速分别达到 68.9% 和 38%。通信业务用户结构优化，2020 年末，全市移动电话用户数达到 3906.4 万户，其中 4G 用户 3159.7 万户，占移动电话用户的 80.9%，5G 在网用户达 400 万户。固定互联网宽带接入用户达 946.7 万户，其中 100 兆及以上宽带用户为 802.4 万户，1000 兆及以上宽带用户 23.1 万户。物联网终端用户达到 9821 万户，位居全国第四。交互式网络电视（IPTV）用户达到 326.6 万户。截至 2020 年底，北京市移动通信基站总数达到 24.6 万个；5G 基站累计建设 3.8 万个，已覆盖全市重点区域；光纤接入用户规模达到 719.4 万户，占宽带接入用户的 96% 以上。

立足新发展阶段，贯彻新发展理念，构建新发展格局。北京市邮政业和信息通信业将继续以推动高质量发展为主题，以深化供给侧结构性改革为主线，以改革创新为根本动力，以满足人民日益增长的美好生活需要为根本目的，推动邮政和信息业加快发展，为建设国际一流的和谐宜居之都奠定坚实基础。

（二）切实提高城市精细化管理水平

城市管理是城市有序运行的重要保证。党的十八大以来，北京立足首都城市战略定位，坚持以人为中心，以体制机制创新为动力，着力构建权责清晰、服务为先、管理优化、执法规范、安全有序的管理体系，切实提高了首都城市精细化管理的整体水平，在建设国际一流的和谐宜居之都中取得重大进展。

1. 高质量推进城乡环境建设

良好的生活环境是现代城市文明的重要标志，加快推进城乡环境建设是促进城市可持续健康发展的重要支撑。多年来，北京市注重加强总体谋划、完善制度建设，健全市、区、街道（乡镇）、社区（村）各级管理体系，扎实推进城市环境建设。党的十八大以来，北京市认真落实京津冀协同发展战略和《北京城市总体规划（2016 年—2035 年）》，进一步加强市容环境建设和治理，着力改善市容市貌，加快重点区域城市景观建设，加大对街巷胡同、老旧小区等地区的环境治理，城乡环境发生了显著变化。

加强城乡环境治理。“十二五”时期，完成重点地区、重点大街、老旧小区、高快速路、校园周边、架空线入地等环境整治工程，市容市貌进一步改观。注重解决群众身边的环境问题，从拆除违建、增加绿化、整修道路、规范市场秩序等与群众生活关系密切的问题入手，改善人居环境，为群众生活提供便利。推进棚户区、城乡接合部和其他环境薄弱地区的环境治理，增加新城、小城镇及农村地区环境建设项目安排，促进城乡环境协调发展。下大力气治理乱停车，查处违法经营、黑车、非法小广告、非法“一日游”等乱象，整治露天烧烤、施工扬尘、建筑垃圾运输遗撒等问题。“十三五”时期，聚焦疏功能、转方式、治环境、补短板、促协同，城市综合运行能力不断提升。开展道路公共服务设施治理，完成各类架空线入地及规范梳理 1400 余千米，拔除各类线杆 3.2 万根，

2021 年 2 月，海淀城市大脑智能运营指挥中心（IOCC）工作人员，正在通过大屏幕对全区的各项情况进行监控（饶强 摄）

规范治理户外广告牌匾 4.8 万余块，城市公共空间更加整洁有序。美丽乡村建设取得重要进展，完成 3254 个村庄人居环境整治任务，组织开展农村街坊路保洁、非正规垃圾堆放点整治、公厕达标改造等方面工作，村容村貌焕然一新。

加快城市景观建设。通过整体升级和细部改造，打造城市亮点。“十二五”时期，形成“两轴、三环、六线、十七区及滨水界面”的城市景观照明体系，城市夜景更加多彩。开展的城市公共空间改造项目，将街巷中闲置地、边角地、裸露荒弃地等，整治成健身场所、阅读角和儿童娱乐场等公共空间。“十三五”时期，围绕重大活动、重要节日开展景观布置，共设置各式灯笼、中国结等装饰 84 万余件，景观小品 700 余处，城市环境大幅改善。以举办北京冬奥会为契机，打造了一批环境优美的冬奥街区、公园、景观大道，改善群众身边环境。实施首条人工引水渠景观提升工程——永定河水系景观提升工程。实施恢复大运河沿线风貌工程，完成“三山五园”地区历史水系恢复方案研究，开展水系生态修复工程。

优化生态环境品质。“十二五”时期，加快污水处理、森林公园等设施建设，生态环境品质持续提升。加强污染的全方位治理，空气中主要污染物浓度平均下降 29.3%，生活垃圾焚烧和生化处理比重由 10% 提高到 50%，污水处理率、再生水利用率分别达到 83% 和 61%，重要水功能区水质达标率超过 50%。建成 11 处新城滨河森林公园、88 处中心城休闲森林公园，完成百万亩平原造林，全市森林覆盖率达到 41.6%。“十三五”时期，新增森林 59 万亩、城市绿地 3773 公顷，新建城市休闲公园 190 处、小微绿地和口袋公园 460 处、健康绿道 597 千米，全市森林覆盖率达到 44.4%，公园绿地 500 米服务半径覆盖率达到 86.8%。

2. 交通综合治理取得成效

近年来，北京市推动形成有效的超大城市治理体系，“大城市病”治理取得突出成果，交通拥堵得到缓解，生态环境质量稳步向好，市容景观品质不断提升，城乡环境面貌明显改善，城市宜居水平大幅度提高，城市精细化管理的综合性、整体性和协调性显著增强。

新中国成立以来，北京作为国家首都，经济社会进入快速发展阶段。改革开放以来，北京市城市和人口规模急剧扩大、交通拥堵问题日益突出，成为城市发展和运行的重要瓶颈。党的十八大以来，北京市坚持公交优先理念，进一步加大道路交通、轨道交通及交通场站和枢纽等基础设施建设，优先发展公共交通，鼓励绿色出行，全面提升交通综合治理能力，交通拥堵趋势得到缓解。

持续优化交通出行环境。1996年，交通拥堵由“点”发展到“线”，这一时期主要解决方法是多修路，为提高路口通行能力在部分路口首次划设机动车左转弯待转区；1997年，中国首条公交专用道在长安街开通，北京交通122报警台成立；2005年，确定了公共交通发展在路权、投资、财税、用地4个方面的优先地位，首次明确公交的公益性定位；2007年起，实施公交、地铁低票价政策；2008年，正式实施机动车尾号限行措施；2011年，出台《北京市小客车数量调控暂行规定》。这些政策措施的出台，在缓解交通拥堵上发挥了重要作用。

努力构建区域交通网络。“十二五”时期全面启动新机场建设，北京航空旅客年吞吐量达到9500万人次。建成京沪高铁、京石客专，开工建设京沈客专、京张铁路，铁路旅客出行更加便捷高效。高速公路总里程达到982千米，不停车收费系统实现所有高速公路出入口全覆盖。建成广渠路（四环—五环）等城市干道，改造西直门南小街等次支道路，城市道路总里程达到6423千米，道路承载能力大幅提升。累计投资近1900亿元，新建成轨道交通6号线二期等线路，轨道交通运营线路达到18条554千米；创新建立城市轨道交通授权经营模式（ABO），出台鼓励社会资本参与停车设施建设的政策。公交专用道总里程达到741千米，开通定制班车等多样化公交线路。完成公共交通票价调整，实施计程收费，公交出行比例由40%提高到50%。建设西城区等自行车出行示范工程，优化公共自行车租赁网点布局，基本实现中心城区全覆盖。全面实施建、管、限综合治堵措施，在机动车保有量增加210万辆的情况下，市区交通运行保持基本平稳。

加大综合治理力度。“十三五”时期，持续实施缓解交通拥堵专项行动计划，交通能源保障体系不断完善，着重在做强轨道交通网、做优地面公交网、做精慢行系统网、做密道路设施网、做实智慧交通网上下功夫，通过采取“优供、控需、强治”等综合治理措施，使交通拥堵得到有效缓解。分级治理堵点943处，打造24处中心城区缓堵示范区。完成回龙观至上地自行车专用路建设；规范发展共享单车，实现中心城区绿色出行比例达到75%。建成二通厂、马官营公交场站等一批立体公交场站，提升车站服务周边社区通勤能力，2017年至2019年共建成27处P+R（驻车换乘）停车场，打造便捷高效的公共交通接驳换乘环境。全面实施道路停车改革，全市支路以上道路路侧停车全部实现电子收费。建立共享自行车监管与服务平台，依据停放秩序实施总量控制。建成交通运行监测调度平台和智能化分析平台，开展居住区停车综合治理，将区域停车管理纳入社会综合治理范畴；组织实施重点区域交通综合治理，试点开展区级及街道（乡镇）层面的交通综合治理效果评价工作。

北京市以交通秩序专项整治为抓手，坚持“慢行优先、公交优先、绿色优先”理念，加大精治、共治、法治力度，加快构建综合、绿色、安全、智能的立体化、现代化城市交通系统，实现了京津冀交通一体化纵深推进、区域公路网络不断完善、现代化综合交通体系建设加快提速、轨道交通网四通八达、城市骨干路网逐步完善，交通综合治理能力和治理水平全面提升。

3. 全面开展背街小巷环境精细化整治提升

背街小巷是城市的“毛细血管”，直接关系居民生活质量和城市运行安全。习近平总书记视察北京工作时强调：“背街小巷是最能体现精细化管理水平的，城市管理要向街巷胡同延伸。北京市紧紧抓住背街小巷“痼疾顽症”持续发力，组织开展背街小巷环境整治提升，治理模式也从“粗放式管理”向“精细化治理”转变。

制定整治行动方案和工作制度。2017年，北京市制订《首都核心区背街小巷环境整治提升三年（2017—2019年）行动方案》，率先在东城区和西城区实施，逐步延伸至城市副中心和中心城区。编制《背街小巷环境整治提升设计管理导则》，从色彩、气质、风格、肌理等方面，对建筑立面、市政设施、城市家具等十大类36项元素明确管控标准和规范。制定背街小巷精细化管理指导意见，建立责任规划师制度，建立背街小巷环境整治提升议事协调机制，采取“10+7+N”的工作模式。制定出台“街巷长”“小巷管家”指导意见。严格落实“日巡、周查、月评、季点名”制度，市、区每季度组织对背街小巷环境整治提升情况进行总结分析，并进行通报讲评。严格达标验收，对符合标准的街巷进行媒体公示，接受社会监督。

环境整治取得成效。2019年，各项整治任务圆满完成。城六区和通州区累计完成3123条背街小巷环境整治提升，共创建命名394条具有首都风范、古都风韵、时代风貌的文明街巷，一大批胡同老街恢复了古都风貌，“变身”精品街巷。重点整治居民反映强烈的私搭乱建、开墙打洞、乱停车、乱占道等违规现象。全市选派“街巷长”1.6万余名，招募“小巷管家”近3.6万名，构成发现问题和解决群众身边事的“共治网络”，3年上岗巡访时长累计达1000万余小时，累计处理事项100万余件。用好“接诉即办”机制，背街小巷环境问题群众诉求量明显下降。

启动新一轮整治任务。2020年，为期3年的新一轮背街小巷整治行动启动，明确环境整治提升从核心区向全市域推广，覆盖16个区建成区域的背街小巷，整治标准也更加精细化。新一轮整治提升不只是单纯的环境治理，而是涉及城市管理的方方面面。行动计划紧扣“七有”“五性”要求，在突出解决私搭乱建、车辆乱停乱放等群众反映问题之余，还将公共服务设施建设和无障碍设施建设纳入整治范围，着力做好老旧小区改造、校园和医院周边环境整治提升、无障碍设施环境建设，补齐街巷胡同的人居环境短板。

行动规划以3年为一个周期，通过连续集中整顿治理，推动背街小巷的环境面貌和景观品质实现新的提升，人民群众的生活环境质量得到全面改善。

4. 抓好垃圾分类、物业管理两个“关键小事”

垃圾分类和物业管理工作，关系人民群众的生活质量和城市的有序运行，是加强城市精细化管理的重要抓手。北京市站在建设国际一流的和谐宜居之都的高度，认真抓好这两个“关键小事”。

积极探索垃圾分类模式。1996年，北京市率先在西城区大乘巷开展垃圾分类试点，是全国第一座进行垃圾分类试点的城市。2000年，北京市被确定为全国首批生活垃圾分类收集试点城市，最先分类的重点为废纸、废塑料和废电池。2006年，在门头沟区王平镇等5个乡镇试点开展农村生活垃圾分类管理，90%的垃圾实现就地消纳。2011年11月，市人大常委会表决通过《北京市生活垃圾管理条例》，这是全国首部以立法形式规范垃圾处理行为的地方性法规。党的十八大以来，北京市进一步抓住生活垃圾处理中的重点和难点问题，积极开展和推进试点工作，出台了一系列政策措施，同时发挥北京科技创新优势，推进垃圾分类和再生资源回收“两网融合”，垃圾分类回收和资源利用率逐年上升。2020年5月，新修订的《北京市生活垃圾管理条例》出台实施，垃圾分类正式步入法制化、常态化、系统化轨道。截至2020年，垃圾分类示范片区建设覆盖率达到99%，生活垃圾回收利用率达到35%，累计创建1500个垃圾分类示范村，实现全市99%的行政村的生活垃圾得到有效处理，垃圾分类新局面基本形成。市人大常委会的执法检查显示，垃圾分类知晓率达到98%、参与率达到90%、准确投放率达到85%，“两升一降”效果明显。

有序促进物业管理行业发展。1995年6月，《北京市居住小区物业管理办法》出台，标志着北京市全面实施居住小区物业管理。多年来，随着城市住宅开发建设力度的不断加大、城镇住房制度改革的不断深入，物业管理行业也随之发展壮大。物业管理企业从少到多、规模由小到大、管理覆盖面逐年提高、管理内容不断增加，物业管理成为衡量城市管理水平的重要标志之一。党的十八大以来，北京市为确保居民安居乐业和社会的长治久安，高度重视物业管理工作，下大力气集中解决物业服务中群众反映强烈的“脏、乱、差”问题，全面推进物业管理行业健康有序发展。2020年5月，《北京市物业管理条例》正式实施，物业管理明确被纳入社区治理体系。市人大常委会的执法检查显示，业委会（物管会）组建率超过91%、物业服务覆盖率达到94%、党的组织覆盖率达到98%，物业管理“三率”水平全面提升。物业在公共秩序、环境卫生、设施设备、公共场地维护、服务水平等管理方面，获得多数居民的认可，群众满意度稳步增长。

高质量城市治理是实现高质量发展的前提，做好垃圾分类和物业管理两个“关键小事”，对提升城市综合承载能力、建设国际一流的和谐宜居之都具有重要意义，在改善首都城市环境、增强市民群众获得感、推动形成社会新时尚等方面发挥了积极作用。

5.“回天地区”治理进展顺利

出台“回天地区”建设行动计划。2018 年 8 月，北京市出台《优化提升回龙观天通苑地区公共服务和基础设施三年行动计划（2018—2020 年）》（简称《行动计划》），提出要把“回天地区”建设成为城市修补更新的典范、大型社区治理的样本和充满活力的美好幸福新家园。《行动计划》紧紧围绕“回天地区”居民最关心、最直接、最现实的民生问题，实施公共服务提升、交通治理、市政基础设施完善三大攻坚工程和打造大型居住区治理示范，着力补齐发展短板，努力满足群众对便利性、宜居性、多样性、公正性和安全性的需要。《行动计划》实施项目 117 个，其中教育 32 个、医疗卫生 6 个、文化体育 7 个、养老福利 8 个、交通 28 个、市政 19 个、园林绿化 10 个、社会管理 7 个，总投资 639 亿元。

打造大型社区治理样本取得实效。截至 2020 年，公共服务提升、交通治理和市政基础设施完善三大攻坚工程取得显著成效，117 个计划项目全部开工建设，其中 62 个项目如期完成。林萃路、北郊农场桥等堵点疏通，北京首条自行车专用路建成通车；优化调整 60 条公交线路，公交总线路已达百条，日客运量 67 万人次，覆盖了 100 余个已建成街区，覆盖率达到 97.5%，基本实现“有路就有公交车”。累计建成投用腾讯众创等双创载体 28 家，增加双创空间近 60 万平方米，引入智能硬件等领域项目团队 1700 余个、从业人员 2.8 万人，就近就业比例超过 60%；“回 +”双创社区获评全国首个双创社区，123 个社区创建充分就业社区。实施龙域、龙德和龙泽三大商圈改造提升，构建“一轴三圈多点”的商圈格局，辐射人群超过 10 万人。完成 64 处自备井改造，12 万居民喝上放心市政水；TBD 再生水厂投用，增加 10 万立方米 / 日处理能力；建成服务 22 万人的回龙观地区配网设施，电网接入负荷能力提高 25%。建成 17 所幼儿园及学校，新增学位近 7000 个，学前儿童入园普惠率达 89.8%；引进清华附小、人大附中等优质教育资源。三级公共文化设施基本覆盖，回龙观体育文化公园北区、天通苑体育馆建成对外开放；新增天通苑南等 3 个街镇文化中心、天通中苑第一社区等 48 个社区（村）文化室。设立天通苑西一区等 15 处社区（村）卫生站室，建成霍营等 2 个社区卫生服务中心，推动积水潭医院回龙观院区二期扩建、清华长庚医院二期等工程建设，新增床位 1200 张。建成便民网点 140 余个，连锁化率达到 53%，与中心城区相当，“一刻钟社区服务圈”实现全覆盖。紫金新干线等 28 个养老设施投入运营，新增床位 562 张，惠及周边万余名老人。公园绿地面积达 625 公顷，比 2017 年翻了一番；建成天通苑东四区、龙锦苑一区 14 处 20 万平方米口袋公园，实现“开窗见绿、转角有绿”。

3 年来，“回天地区”作为大型社区治理的试点，形成了党建引领、报到服务、多元共治等治理经验，基层治理能力显著提升，“回天有我”成为治理的特色品牌，共建共治共享氛围日渐浓厚，发展短板得到弥补，兑现了社会承诺。2021 年 7 月，《深入推进回龙观天通苑地区提升发展行动计划（2021—2025 年）》向社会发布，新一轮“回天行动计划”明确了建设活力之城、宜居之城、幸福之城的目标。

（三）创新社会治理模式

经济社会的快速发展，对社会治理体系和治理能力提出更高要求。北京市积极适应新形势、新任务的要求，率先推进社会体制创新，大力加强社会建设。党的十八大以来，北京市坚持问题导向，进一步整合政府、社会、市场、市民的力量，构建城市多元治理体系，城市管理的综合性、整体性和协调性显著增强，进入新的发展阶段。

1. 创新城市管理体制

深入推进城市管理体制改革，不断完善城市管理机制，持续提升城市品质，城市协调管理水平不断提升。

完善组织体系。2000 年，设置市政管理委员会，下设首都城市环境综合整治办公室，负责全市市政基础设施、公用事业、环境卫生和城市市容环境综合整治以及城市管理综合执法。2016 年 7 月，北京市城市管理委员会正式挂牌，首都城市环境建设委员会也更名为首都城市环境建设管理委员会，搭建集重大决策、统筹协调、监督考核于一体的工作平台，把供热、燃气、自来水、市政、环卫、绿化等行业的市属国有企业纳入成员单位，城市管理工作形成有机整体。2022 年 4 月，市城市管理委员会与市科学技术研究院战略合作签约成立首都城市管理研究中心，着力提升首都城市管理科学化、精细化、智能化水平，推进城市治理能力和治理体系现代化。

理顺责权关系。新中国成立初期，北京市就不断对街道管理进行探索，形成了街道—居委会的城市基层管理模式。20 世纪 90 年代起，北京市改革街道管理体制，通过下放财权、事权，加强街道工作，提高城市基层基础工作水平。进入21世纪，北京市提出依法规范行政行为，理顺街道办事处与专业管理部门的职责，理顺政府社会管理和公共服务与社区民主自治的关系，实现政府职能到位、市场作用入位、社区功能归位。2003年，社区管理体制改革试点工作正式启动，开始建立“小政府、大社区，高效率、大服务”的新型社区管理模式。党的十八大以来，北京市着力构建党组织、政府组织、社会组织、市场组织、街道基层组织、社区自治组织等六大组织协同参与的多元治理体系，治理能力显著提升。2018年，北京市大力推进党建引领“街乡吹哨、部门报到”改革，并在2019年进一步深化为“接诉即办”机制，着力完善街道乡镇机构职能体系，推进治理重心和资源力量下沉，提升基层治理能力，提

2020年11月11日，西城区德胜街道政务服务中心全新亮相，居民在工作人员协助下办理预约相关事宜（方非 摄）

高群众的获得感。

调整管理执法体制。改革开放初期，市环卫局率先抽调人员，单独组建市容环境卫生检查员队伍，履行市容执法管理职责。1998年至2000年，北京市启动城市管理综合执法试点工作，探索实施相对集中行政处罚权，从8个城近郊区扩展到10个远郊区县，确定了城市管理监察大队的组织形式。2003年1月，市城市管理综合行政执法局正式成立。2013年，出台《关于加强首都城市管理综合行政执法监管的实施意见》，加强首都城市管理综合行政执法监管工作，深入推进城市精细化管理。党的十八大以来，北京市坚持下移执法管理重心，将全市城管执法街乡分队由区城管局统一管理调整为以街乡为主的双重管理，业务上接受区城管执法部门的指导和监督。在推动权力下放的同时，逐步健全基层执法所需的制度规范、保障措施，建立执法协调机制、信息共享机制，充实基层执法力量，确保权力“放得下、接得住、管得好”。2021年，印发《北京市城市管理综合执法分类分级执法工作管理规定》，通过积极探索推行分类分级执法措施，依法、规范、科学、高效履职，更好地服务首都营商环境和城市治理。

北京市不断创新城市管理体制，进一步加强城市管理综合行政执法监管，提升社会治理水平，推进城市精细化治理。

2. 健全网格化管理模式

北京是全国网格化城市管理的发源地，构建网格化社会服务管理体系、健全科学化社会服务管理运行机制是网格化社会服务管理的核心任务。推进网格化体系建设、提升社会服务管理水平是北京社会建设与服务管理的重大任务。

健全网格化城市管理体系。2004年，在全国率先推出城市管理网格化模式，网格化城市管理系统运行成为市政府在社会城市治理中离不开的“好帮手”和“好抓手”。东城区创建了网格化城市管理模式，北京市92%以上的街道和社区都建立了网格化体系，利用网格化解决百姓身边事。北京市16个区全部纳入市级网格化城市管理系统平台，实现一网统筹管理。加强部门信息整合共享，利用云计算、人工智能、区块链等技术，结合政务服务流程再造，大力推广并联审批、在线办理、“一网通办”、“一窗受理”等服务形式。

积极探索网格化城市管理模式。2019年，出台《关于加强城市精细化管理工作的意见》，明确网格化城市管理各相关部门职责清单，加快建成覆盖城乡、功能齐全、三级联动的网格化服务管理工作体系。北京市已形成独具特色的“一热线、三平台、四管理、一检查”的工作格局：一热线是指“12319”热线，接听群众关于城市管理问题的咨询举报；三平台是指市、区和街道（乡镇）三级平台；四管理是市、区、街道（乡镇）、社区（村）4级分层管理体系；一检查是指将平台中重大、疑难问题纳入北京市“月检查、月排名、月曝光”机制落实解决。系统整体构架为“1+16+N”模式，即以市级平台为核心，与16个区级平台及33个城市管理相关委办局、26个公共服务企业实现了分级对接互通。网格化城市管理突出“块”的统筹作用，明确各个层级在城市管理中的权力和责任，实现“小事不出社区、大事不出街道、难事不出辖区”的目标。推进“微网格”微信公众号建设，开通“北京社会通”微信公众号，推进网格化体系精准对接微信群，形成全市统一的社区微信群体系，提升智慧城市建设水平。制订印发《关于全市统一网格划分的实施方案》，以区、街道（乡镇）、社区（村）边界为基础划分一、二、三级网格，结合管理实际，按照规模适当、便于管理、要素统筹、负载均衡等原则划分 4 级网格，构建了城市运行“一网统管”的一张网基础。

北京市网格化城市管理工作从未停下探索的脚步，已形成独具特色的“一热线、三平台、四管理、一检查”的工作格局。如今北京已经通过居民议事协商的方式实现自我管理、自我服务，使社区居民真正成为社区治理的参与者，真正有了自己议事的会客厅，真正做到“自己的事自己说了算”，并形成众多社区治理品牌。

3. 有序推进城市更新

老旧小区综合整治是 2020 年北京市住建委“1 号”工程。北京市出台一系列政策，简化电梯安装审批流程，在保证安全的前提下，最大程度地支持老楼加装电梯工作，明确增设电梯财政补贴政策，积极吸引社会力量和社会资本参加城市管理，持续推进老楼加梯进度。

大规模的危旧房改造全面展开。1990 年 4 月，作出关于加快危旧房改造步伐的决定。2012 年，出台《老旧小区综合整治工作实施意见》，“十二五”期间进行的第一轮改造主要以抗震、节能改造为主。“十三五”期间，北京在老旧小区综合整治、老城保护、老旧楼房改建、棚户区改造等方面取得成效。截至 2020 年底，北京完成棚户区改造约 15 万户，超额完成计划任务的 30%，惠及民众约 62 万人，累计投资超过 2000 亿元。2021 年 3 月 28 日，北京市提出老旧小区改造应该围绕“人”来改，改造的核心是群众工作，居民的意见至关重要。各区申报老旧小区改造项目时，优先考虑项目储备库中申请改造诉求集中的小区。开展老旧建筑和设施安全隐患排查整治，再开工改造一批城镇老旧小区，推进无障碍环境建设和适老化改造，启动全市老旧小区综合整治工程质量“回头看”工作。完善“12345”“接诉即办”常态化处理机制，动态分析“12345”市民热线诉求，确保老旧小区改造成为放心工程。

继续加大力度完善政策措施。2021 年，出台工作方案，明确年度重点工作和要求；印发引入社会资本指导意见，引导企业参与老旧小区改造，提供政策支持；制定适老化改造和无障碍环境建设指导意见，细化老旧小区改造项目中适老化和无障碍改造建设内容。为吸引社会资本参与城市更新，2022 年 4 月 22 日印发《关于引入社会资本参与老旧小区改造的意见》的通知，提出以多种方式引入社会资本参与、加大财税和金融支持、存量资源统筹利用、简化审批、监督管理等多条意见，建立共同参与改造、共同治理社区、共同享受成果的老旧小区改造良性循环新机制。

新中国成立 70 多年来，北京市持续改善群众的居住环境，坚持统筹做好老旧小区综合整治、棚户区改造，并提出以多种方式引入社会资本参与，加大改造力度，使城区的环境越来越优美，越来越宜居。

（四）深入推进党建引领“接诉即办”治理改革

北京市坚持党建引领，把党的领导优势转化为城市治理效能，深入推进首都治理体系和治理能力现代化，从 2019 年开始推进

“接诉即办”改革，用一条热线撬动“治理革命”，创造了超大城市治理的新模式。

1. 形成完整工作体系

北京市从“街乡吹哨、部门报到”延伸到“接诉即办”，在此基础上又向“主动治理”深化，3个阶段一脉相承、有机融合，推动一大批市民诉求得到解决，工作作风发生明显改变，城市治理水平明显提升。

“街乡吹哨、部门报到”来自基层首创。2017年，平谷区为治理屡禁不止的盗采金矿、盗挖山体、盗偷砂石问题，摸索出一套各部门联合执法的“乡镇吹哨、部门报到”工作机制。2018年，北京市在总结平谷区实践经验的基础上，出台《关于党建引领街乡管理体制机制创新　实现“街乡吹哨、部门报到”的实施方案》，作为全市“1号改革课题”，在16个区169个街乡进行试点。2018年11月，习近平总书记主持召开中央深改委第五次会议，审议通过《“街乡吹哨、部门报到”——北京市推进党建引领基层治理体制机制创新的探索》，对北京市党建引领“街乡吹哨、部门报到”改革给予了充分肯定，对推进党建引领基层治理体制机制创新提出了明确要求。

从“吹哨报到”到“接诉即办”。2019年，北京市深化党建引领“街乡吹哨、部门报到”改革，提出“市民的诉求就是哨声”，推动“街乡吹哨”向“群众吹哨”延伸，推动“吹哨报到”向“接诉即办”深化，打通服务群众的“最后一公里”。建立起以“12345”市民服务热线为主渠道的“接诉即办”机制，各区各部门343个街道（乡镇）的市属44家国有企业全部纳入“接诉即办”

2019 年 10 月，全市首家“接诉即办”调度指挥中心——北京大兴区接诉即办调度指挥中心建成，将打通直达百姓心底的直通车，实现“民有所呼、我有所应”（武亦彬 摄）

体系，推动了基层治理重心下移、权力下放、力量下沉，解决了一大批群众身边的操心事、烦心事、揪心事。2020年10月，印发《关于进一步深化“接诉即办”改革工作的意见》，在前期探索实践的基础上，固化改革成果，完善领导和工作体系，健全全渠道受理、诉求分类处理等 10 个机制，推进主动治理、依法治理、多元治理、数据治理。

从“接诉即办”到“主动治理”。2021 年，北京市结合党史学习教育，把“接诉即办”作为“我为群众办实事”实践活动的主抓手，进一步推动改革从“有一办一”向“举一反三、主动治理”深化，坚持系统思维和问题导向，以点带面、标本兼治。以解决疑难复杂问题为重点建立“每月一题”工作机制，基于“接诉即办”民生大数据分析出的重点、难点民生问题，加强主动治理、源头治理，推动“接诉即办”改革向主动治理、未诉先办深化。2021年9月，出台《北京市接诉即办工作条例》，将工作主要做法上升为法规规定，标志着“接诉即办”进入法治化发展轨道。同年11月，中共北京市委深改委第二十三次会议审议通过了《关于推动主动治理未诉先办的指导意见》，探索将诉求问题转变为主动治理任务，拓宽主动发现问题的渠道，开展前瞻治理，并对“每月一题”、治理类街乡镇等改革探索进行了固化提升，改革路径更加清晰。

北京市在“接诉即办”改革探索中形成了党委领导、政府负责、民主协商、社会协同、公众参与、法治保障、科技支撑的工作体系，取得显著治理绩效。3年来，“12345”共受理群众反映的问题超3134万件，诉求解决率从2019年改革之初的53%提升到89%，满意率从65%提升到92%。

2. 实现群众诉求“一单到底”

北京市构建全渠道受理机制，畅通电话、网络、媒体等“接诉”渠道，形成品牌统一、覆盖全面、服务高效的线上线下“接诉即办”受理系统。将管辖权属清晰的群众诉求快速直派、首接负责、限时办理，实现“一张派单管到底”。

建立“12345”市民诉求受理综合平台。“12345”市民服务热线持续推进热线归并整合，建设全市统一的市民服务热线平台。将全市16个区343个街乡的65家市级部门和49家承担公共服务职能的企事业单位全部接入热线平台系统，并实行全部来电100%回访。对于点位清晰、职责明确的诉求，由市民热线服务中心直接派单至街乡，在区一级“过站不停车”，在缩短群众诉求流转周期的同时，便于区委、区政府加强统筹调度，缩短“条”“块”衔接周期，形成工作合力。除按照派单异议审核机制协调处理的派单，接到派单的单位不得推诿，首接单位牵头协调有关单位办理诉求。对于水、电、气、热等群众基本生活保障诉求，进一步缩短“吹哨报到”周期，要求24小时内反馈情况。升级改造“12345”信息化系统，打造包含政府网站、政务微博、政务微信、政务头条号、手机App在内的统一的互联网工作平台。2019年10月，正式开通“12345”企业服务热线，畅通企业诉求上达、回应、办理渠道，搭建政企沟通互动平台，为企业提供更精准、更优质的服务。

建立群众诉求分级分类快速响应机制。2020年10月28日，北京市发布《关于进一步深化“接诉即办”改革工作的意见》，提出建立诉求分级分类快速响应机制。根据诉求的轻重缓急程度和行业标准，原则上实行2小时、24小时、7天和15天分级处置模式，针对不同诉求类型实施4级响应。明确不同的处置时限标准，能够在甄别区分诉求类别的基础上优化处置资源配置，把有限的处置资源优先用于群众的紧急诉求、重要诉求，确保民众反映的急事能够得到及时过问、快速解决。各级市民热线服务中心和涉及水、电、气、热等重点民生领域的公共服务部门提供7×24小时服务。在对一些诉求急办的同时，对于短时间内难以解决的诉求，分级分类机制也给予足够的重视，将未能即时办结、快速办结的诉求列入挂账管理，明确挂账事项范围、标准、程序，完善挂账销账和监督提醒机制，并建立挂账事项办理责任制，利用条块合力，及时协调推动，创造条件解决。对市民诉求分级分类响应是一种精准履职、精准服务，体现了围绕“接诉即办”的治理体系的升级和治理能力的提高，进一步完善优化“接诉即办”的服务功能，把“接诉即办”

服务升级到了“2.0版”。

“接诉即办”改革将群众诉求办理流程分解为受理、响应、派单、办理、反馈等环节，推进业务流程系统性再造，构建全周期闭环管理体系，推动了政府服务的供给侧结构性改革，建立了以群众和企业需求为导向的公共服务资源配置新模式，实现了从政府“端菜”到群众“点菜”、从“大水漫灌”到“精准滴灌”的工作转变。

3. 坚持主动治理“未诉先办”

2020年10月，《关于进一步深化“接诉即办”改革工作的意见》要求推动“接诉即办”向主动治理、未诉先办转化，通过一个诉求解决一类问题，通过一个案例带动一片治理，打好基层治理主动仗。由此，北京市“吹哨报到”“接诉即办”改革也逐步向未诉先办、主动治理的新阶段转型升级。

建立“每月一题”工作机制。2021年初，北京市基于2020年“12345”的民生大数据，聚焦市民诉求集中的十二大类27个问题，抓住共性问题推动“未诉先办”的主动治理，建立“每月一题”机制。每月选定1个主题、2—3个重点，明确一个问题由一位分管市领导统筹，一个市级部门牵头负责，逐一制定问题解决方案，实行清单式管理、项目化推进、全过程督办。27个问题按照解决问题的不同场景形成了“一单一表一图一问答”：“一单”是梳理市级、区级部门和街道（乡镇）解决问题的工作职责，形成工作职责建议清单；“一表”是系统总结解决27个问题的政策方法和改革创新举措，形成政策方法改革举措表；“一图”是明确解决问题的工作流程，形成工作流程图；“一问答”是将解决27个问题出台的政策措施拆解为通俗易懂的一问一答，形成500余条问答口径汇总。

2021年，共完成600多项任务，出台110多项政策法规。累计为16.8万套房屋解决了办证难题，新增幼儿园普惠学位13020个，建成2000张养老家庭照护床位，建成200个农村邻里互助养老服务点，750个任务村完成美丽乡村基础设施建设，开工建设10家社区卫生服务中心；全市80条无灯路实现亮灯，治理1029个地下通道和市政涵洞设施维护问题，城六区和通州区新上线1.03万个道路停车车位，改革覆盖率达92%，新提供有偿错时共享停车位1.8万个；558个老旧小区纳入改造计划，为17809名劳动者追发工资2.14亿元。2022年的“每月一题”选取了老楼加装电梯、居住区电动自行车集中充电设施建设、集中供暖不热等17个高频共性问题。

摸索接诉规律实现“未诉先办”。“每月一题”推动“接诉即办”改革向主动治理、未诉先办深化。加强市区联动，主动巡查调研，党员干部主动上门征询群众需求，通过入户走访、数据研判等方式，将“接诉即办”端口前移，在成诉前发现问题、解决问题。对群众诉求的高频问题、重点区域，开展专项治理。从“小切口”入手研究复杂疑难问题解决路径，推进专项改革。聚焦“七有”“五性”，补齐民生短板，办好民生实事。推广“热线+网格”服务模式，整合热线、网格工作力量，主动发现问题、解决问题。针对城市在不同时期可能面临的问题，采取措施提前预防，加强隐患排查、梳理薄弱环节、补齐突出短板。如针对漏雨等房屋使用问题，建立房屋修缮“先应急后追偿”制度。例如，各区探索“冬病夏治”，提前对管道老旧、跑冒滴漏等问题进行针对性检测改造。

“接诉即办”从一开始的“闻风而动，有一办一”逐渐过渡到

“未诉先办，主动治理”，成为推动社会治理和服务重心向基层下沉的重要制度载体。

4. 坚持依法治理

北京市在“接诉即办”改革中，围绕重点任务和关键环节，边实践边总结，根据实践发展不断改进、完善和充实现行制度，推进“接诉即办”工作标准化、规范化，固化城市治理的经验，将实践中证明行之有效的机制及时上升为法规条款，在法治下推进改革，在改革中完善法治。

出台街道办事处条例。2020 年 1 月，发布实施《北京市街道办事处条例》，将“吹哨报到”“接诉即办”等基层治理成功经验，以地方法规形式固化，推动治理重心下移、事权下放、力量下沉，为街道赋权增效，为构建具有首都特色的现代化基层治理体系提供了制度化途径。同年 10 月，出台《关于进一步深化“接诉即办”改革工作的意见》，在总结前期改革成功经验的同时，对下一阶段深化改革提出要求。

出台接诉即办工作条例。2021 年 9 月 24 日，公布施行《北京市接诉即办工作条例》（以下简称《条例》）。这是国内第一部规范“接诉即办”工作的地方性法规，标志着“接诉即办”进入法治化发展轨道。《条例》固化、提升“接诉即办”改革成果，回应“接诉即办”改革中面临的困难问题，对全面接诉、分类处置、精准派单、诉求办理、考核评价、主动治理等全流程机制进行了规范，明确了“接”“办”的行政主体，对“诉”的市民主体依法赋权和约束。同时，在操作层面作出原则性规定，为下一步深化改革留出空间。

完善城市治理法规体系。针对“接诉即办”工作中市民反映的高频难点问题，在进行专项整治的同时补齐法规制度短板，完善法规体系。制定颁布《北京市物业管理条例》《北京市文明行为促进条例》，对《北京市生活垃圾管理条例》《北京市志愿服务促进条例》等进行修订，基层治理更加有法可依。2021 年 10 月 8 日，北京市召开《条例》实施动员部署会，会议强调“接诉即办”只有进行时，没有完成时，各级各部门要坚持以人民为中心的发展思想，要按照《条例》赋予的权限和职责，积极主动开展工作，切实把各项规定落到实处，推动“接诉即办”不断走向深入。

“接诉即办”是以市民诉求驱动超大城市治理的生动实践，是北京市对城市治理范式的重大贡献，解决了一大批企业、群众“急难愁盼”问题，探索了全过程人民民主实践，打造了北京基层治理的品牌。习近平总书记充分肯定北京的“接诉即办”改革，强调北京要继续沿着这条路走下去。相信随着“接诉即办”改革的不断深化，人民群众的获得感、幸福感将会越来越强。

（五）扎实推进平安北京建设

平安是人民幸福安康的基本要求，是改革发展的基本前提。平安北京建设是维护首都安全稳定的重要抓手。按照中央的部署要求，北京市各级、各部门深入推进平安北京建设，在完善社会治安防控体系、落实安全生产责任制、深化应急管理体制改革、开展扫黑除恶专项斗争、加强金融活动监管等方面发力，解决了一大批影响首都社会和谐稳定的突出问题，为保障人民安居乐业、维护首都社会稳定、服务经济社会发展作出了突出贡献。

2017 年 8 月，交管部门在市区部分路口施画立体斑马线和“礼让行人”标语，规范整治路口秩序。图为东城区崇文门路口的右转车辆，在停止线内等候行人通过（邓伟 摄）

1. 完善社会治安防控体系

完善社会治安防控体系是深入推进社会治理创新的重要载体，是建设平安中国的基础工程。北京市按照“创一流、建首善”的工作标准，认真贯彻中央关于社会治安防控相关政策，形成了体现首都意识、具有首都特色的立体化社会治安防控体系，对于维护经济大发展、人口大流动时期首都社会稳定发挥了重要作用。

全面加强制度机制建设。建立社会治安防控制度保障体系，相继制定出台了《关于进一步加强首都社会治安防范工作的若干意见》《关于全面深化平安北京建设的意见》等一系列重要文件，为搭建社会治安防控体系打下了制度保障的坚实基础。建立社会治安防控组织领导体系，每年初在社会治安综合治理责任书中根据“属地”原则和“谁主管谁负责”原则，严格落实工作责任制。

实现社会治安由被动防控向主动防控转变。坚持动态控制与静态预防相结合，全面建立起“点、线、面”结合的打防管控动态巡逻防控网络。坚持打击整治建设并举，持续深入开展社会治安重点地区和突出治安问题排查整治，不断完善整治工作机制。建立政治中心区防控工作模式，将重大活动安保经验常态化，创造性地提出了首都政治中心区防控理念，启动了首都政治中心区防控机制。

最大限度严格社会面防控。发扬群防群治优势，全市有 70 余万名登记注册的治安志愿者，在 2008 年奥运会、2022 年冬奥会和中华人民共和国成立 70 周年、中国共产党成立 100 周年庆典期间，动员超过 140 万名志愿者，奠定了首都社会治安防控工作坚实的群众基础，起到了显著的助推和防范作用。有效预防和减少重点人群违法犯罪，加强对外来流动人口服务管理以破解治安难题；加强完善安置帮教工作，实现刑释解教人员和社区矫正人员由防范控制型管理向人性化、服务型管理转变。构建虚拟社会防控体系，积极应对虚拟社会对现实社会的影响，预防和减少因网络引发的违法犯罪行为。加强互联网信息发布传播管控；建立网安系统，着力提升网络信息安全事件应对能力。

完善社会治安防控体系是建设平安北京，创造和谐稳定社会环境的基础性、源头性保障。

2. 落实安全生产责任制

安全生产关系首都安全稳定，关系人民群众生命财产安全，是各级平安建设的一项重要工作。北京市按照中央的各项部署，严格落实安全生产责任制，完善落实安全生产责任制，加强对安全生产工作的领导，健全落实安全生产责任制，确保政府承担起安全生产监管主体的职责，确保企业承担起安全生产责任主体的职责，确保安全生产监管部门承担起安全生产监管的职责，切实保障人民群众生命财产安全，全力推动安全发展。

推进安全生产领域改革创新。2019 年 6 月 4 日，印发《北京市党政领导干部安全生产责任制实施细则》，实现市、区两级全部由担任党委常委的政府领导干部分管安全生产工作。在全国率先建立市、区两级安全生产督查制度，打通责任落实“最后一公里”。率先颁布《北京市生产经营单位安全生产主体责任规定》，构建起覆盖企业安全生产全过程的“1+8”责任体系。

加强重点行业领域安全监管。深入开展“疏解整治促提升”专项行动，累计疏解退出一般制造业企业 399 家、危化品生产经营类企业 182 家，关停金属、非金属矿山 3 座，对 10 座尾矿库、3 座排土场实施销库治理，煤矿全部关闭退出。构建了风险分级管控和隐患排查治理双重预防工作机制，深入开展城市安全隐患治理和风险评估三年行动，实现 10 个重点行业领域安全风险评估全覆盖。

推进城市安全发展。率先在全市 7 个区开展安全发展示范城市创建。深化安责险制度保障机制建设，强化事前预防和事后赔偿工作机制，累计参保安责险企业超过 21 万家，提供超过 1.28 万亿元风险保障资金。积极推进企业安全生产标准化创建，38926 家企业完成达标创建。“十三五”期间，全市生产安全死亡事故数量、死亡人数分别下降 33.2% 和 35.4%，单位地区生产总值生产安全事故死亡率下降 58.9 个百分点。

安全生产责任制推动各级党政领导干部切实承担起“促一方发展、保一方平安”的政治责任，为加强“四个中心”功能建设、提高“四个服务”水平，推动首都高质量发展、加快建设国际一流的和谐宜居之都营造良好的安全生产环境。

3. 深化应急管理体制改革

城市应急管理体系是现代城市管理的重要组成部分。北京市强化应急管理，完善应急预案，加强应急值守，严查各类隐患，不断提升城市应对突发事件的决策与处置能力，保持全市安全生产形势总体平稳，保障首都城市运行安全，切实保护好人民群众的生命和财产安全。

建立应急管理专门机构。为防范化解重特大安全风险，健全公共安全体系，提高防灾减灾救灾能力，北京市成立应急管理局，加大应急力量和资源整合力度，形成统一指挥、专常兼备、反应灵敏、上下联动、平战结合的应急管理体制，确保人民群众生命财产安全和社会稳定。

守好安全生产基本面。完成全市首轮城市安全发展评价，东城区等 7 个重点地区率先开展安全发展示范城市创建。扎实开展安全生产专项整治三年行动，形成专项整治工作体系，整改率达到 99.6%。科学统筹新冠肺炎疫情防控和企业复工复产，协调保障酒精消毒剂安全供应，在全国率先出台安责险免费延期 3 个月、统筹使用事故预防专项费等 6 项防抗疫惠企举措。编制《危险化学品安全监管（管理）职责清单》，组织危化企业开展安全风险专项排查，实现“一企一策”。层层压实安全生产责任，全面建立市、区两级安全生产督查制度，推进完成全市第二次生产经营单位安全生产条件普查。

建立协同高效应急救援体系。推进全市总体应急预案、市级专项预案、基层应急预案修订，编制和印发实施专项应急预案。制定典型事故灾难和自然灾害类突发事件应急响应流程，完善市、区两级，京津冀三地，军地多方应急联动机制，形成应急响应合力。实施《北京市应急值守工作管理规范》，建立信息报告和值守工作评价机制，2021 年共接报各类情况 1189 起（含突发事件 387 起）。加强市级专业应急抢险救援队伍建设，认定市级专业应急救援队伍，组建区森林消防综合救援队伍，提升应急救援队伍规范化建设水平。

切实提高防灾减灾救灾能力。推进公共安全风险管理体系建设，对全市生产经营单位开展安全风险评估。推动完成灾害综合风险普查试点任务，2021 年首次建立完备的历史灾害库，共汇集 44 万余条调查数据，在全国推广自然灾害风险普查“房山模式”。印发实施《北京市推进自然灾害防治重点工程任务分工方案》，统筹推动各主责部门制订各项工程落实方案。优化完善市预警发布系统及“12379”短信平台功能，2021 年共发布预警、提示信息 269 条，覆盖近 20 亿人次。推进海绵城市建设，建设城市副中心、世园会园区、经济技术开发区等高标准海绵城市示范区。全面落实以行政首长负责制为核心的森林防火、防汛抗旱责任制，治理重要地区易涝点，加快宋庄蓄滞洪区建设和温榆河综合治理，构建“上蓄、中疏、下排”的通州堰防洪体系。建立大中型水库调度记录制度，压实监管责任，动态分析研判暴雨洪水，科学实施水库、河道预报预泄调度，留足防洪库容和行蓄洪空间，防洪减灾效果显著。

北京市应急管理体制改革，对于全面提升应急指挥救援能力、应急队伍专业化能力和灾害防治能力、提高城市韧性发挥了极大的促进作用。

4. 扫黑除恶专项斗争取得重大胜利

黑社会性质组织作为社会的一个巨大毒瘤，给人民的生命财产安全带来了极大的危害，影响到整个社会的繁荣稳定。清除黑恶势力对社会的危害、维护正常的社会秩序刻不容缓、势在必行。

制订工作方案。2018 年初，北京市按照中共中央、国务院部署，科学谋划、精心组织、周密实施扫黑除恶专项斗争，印发《关于开展扫黑除恶专项斗争的工作方案》，坚持有黑必扫、有恶必除、有伞必打、有腐必反、有乱必治、除恶务尽，要求对涉黑涉恶犯罪案件严查严打，对黑恶势力易藏匿的重点地区行业领域细查深打，对黑恶势力“保护伞”真查真打，强力扫黑、铁腕治恶、全面治乱，为群众营造看得见、感受得到的平安环境，保障人民安居乐业、社会安定有序、国家长治久安，进一步巩固党的执政基础。

完善工作格局。充分发挥市扫黑除恶专项斗争领导小组统筹协调作用，各级各有关部门结合自身职能，强化重点行业领域监管，依法行政、依法履职。纪检监察机关与政法机关强化办案协同，不断完善分工负责、相互配合和相互制约机制，推动刑事司法和行政执法有效衔接，形成齐抓共管、联动融合的工作格局。大力开展进社区、进农村的群众宣传发动，专项斗争群众知晓率超过九成。通过在电视台《法治进行时》栏目播放扫黑除恶专题片，在“北京普法”“京司观澜”微信及各区各部门自有媒体和普法微信矩阵转载宣传，广泛通过以案释法、情景再现、经验总结、成果展示等形式宣传扫黑除恶工作成果。

深入开展专项行动。在扫黑除恶专项斗争收官战中，开展“线索清仓”“逃犯清零”“案件清结”“伞网清除”“黑财清底”“行业清源”等“六清”专项行动，抽调精干力量组成特派督导组对全市各区进行进驻式督导，摸清工作底数，补强短板弱项，推动形成专项斗争压倒态势。开展专项斗争以来，共打掉涉黑组织5个、恶势力犯罪集团12个、恶势力团伙56个，破获涉黑恶刑事案件1707件，查封、扣押、冻结涉案财产31亿余元。查处涉黑涉恶腐败及“保护伞”447人，给予党纪政纪处分396人，依法追究刑事责任104人。加强重点行业领域突出问题专项整治，打掉“八黑”团伙77个、“套路贷”团伙137个、黑窝点9000多个，有效铲除黑恶滋生土壤。

扫黑除恶专项斗争圆满完成，一批黑恶犯罪分子被依法严惩，一批涉黑涉恶腐败和“保护伞”被深挖彻查，社会治安环境持续向好，人民群众安全感不断提升，切实维护了首都安全，为推动首都新发展创造良好的社会环境。

5. 金融活动监管实现全覆盖

实现金融活动监管全覆盖，依法对经营活动实行领导、组织、协调以及全面定期检查与督促，对于促进金融机构依法稳定经营具有重要意义。党的十八大以来，北京市按照中央规定，坚持遵循看得见、放得开、管得住、救得活等原则，建立有效的金融监管体系，实现监管不留死角，确保金融市场平稳、健康、可持续发展。

多措并举确保金融安全。坚持把握好宏观和微观两个角度，处理好事前防范和事后处理两个关系，统筹协调各部门职能，改革和完善适应现代金融市场发展的金融监管框架，明确监管职责和风险防范处置责任，建立针对各类投融资行为的功能监管和切实保护金融消费者合法权益的行为监管框架。站在防范系统性风险、稳定金融业全局的高度，本着宏观审慎监管原则维护金融体系稳定，将重要金融机构、重大金融创新等纳入宏观审慎监管制度。切实加强对金融消费者的保护，包括金融消费者合法权益的保护、隐私的保护，提高金融基础设施和金融系统的安全性。同时，加强金融消费者教育，提高其保护自身权益的能力，特别是在互联网技术和信息科技发展情况下，把金融消费者的信息安全工作落到实处。通过金融监管创新化解市场风险。引入激励相容的监管理念引导金融创新，通过鼓励产品创新，满足多层次投资需求；建立金融创新监管规则，通过构建和完善多层次金融市场，鼓励扩大直接融资比重；改革监管体制，实施成本收益理念，提高监管质量。

地方金融监管走上法治化轨道。2021 年 4 月，市人大常委会审议通过《北京市地方金融监督管理条例》，并于 7 月 1 日起正式施行，标志着地方金融监管法治环境进一步优化。北京市处置非法集资工作暨金融风险防范和应急机制不断完善，效能持续提升，各部门、各区通力协作、尽职担当，共同落实属地责任，推动各项工作取得积极成效，有力保障了首都金融安全稳定。

金融活动监管实现全覆盖，有助于提升金融监管能力，增强监管的穿透性、统一性和权威性，切实保护金融消费者的合法权益。

八、紧紧围绕“七有”“五性”，着力保障和改善民生

随着经济建设的快速发展，城市综合竞争力显著增强，进一步保障和改善民生，是首都全面建成小康社会的重中之重。北京市主动适应改革和经济社会发展需要，坚持以人民为中心的发展理念，广开就业创业门路，统筹城乡一体化发展；积极构建社会保障体系，探索创新就业、住房、养老等改革新路；加大教育综合改革力度，努力构建公平、优质、创新、开放的现代教育体系，教育事业全面发展；扎实推进健康北京建设，医疗卫生服务均等化水平大幅提升，全民体育活动蓬勃开展。党的十八大以来，全市紧紧围绕幼有所育、学有所教、劳有所得、病有所医、老有所养、住有所居、弱有所扶的“七有”要求和便利性、宜居性、多样性、公正性、安全性的“五性”需求，持续加强普惠性、基础性、兜底性民生建设，人民群众获得感、幸福感、安全感进一步增强。

（一）促进就业与完善社会保障多措并举

就业和社会保障是关系民生的重要方面。北京市逐步完善劳动

者自主择业、市场调节就业、政府促进就业和鼓励创业的就业体系，形成“政府主导、社会参与、城乡同步”的社会保障工作良好局面，就业和社会保障工作取得新成效。

1. 多渠道促进就业创业

1949 年至 1978 年，北京市城镇劳动者长期按照定向包分配实施就业。改革开放后，北京市坚持劳动者自主择业、市场调节就业、政府促进就业和鼓励创业的方针，加快人力资源市场建设，努力提升公共就业创业服务水平，重点群体和重点地区就业保持稳定，城乡一体化的就业格局基本形成。

1978 年，上山下乡的知识青年陆续返城，与原有的城市待业人员一起形成约40万首都待业大军，占全市城镇居民人口的8.6%，就业压力陡增。北京市作出发展城镇集体经济和扩大就业渠道的决定。1979 年，宣武区大栅栏街道供销组组长尹盛喜在前门搭凉棚取名“青年茶社”，卖 2 分钱一碗的大碗茶。此后，大批知青服务社、青年茶社、劳动服务公司等新兴城镇集体企业兴起。至 1982 年底，全市共安排近 70 万城镇青年就业，实现了从单位就业向自谋职业、灵活就业、自由职业转变，得到了中央领导的充分肯定。

20 世纪 90 年代中期，实施再就业工程成为就业工作的重中之重。1995 年起，国有企业职工下岗问题日益突出，北京市调动政府、市场、企业、劳动者和社会各方力量，运用政策扶持和就业服务手段，促进下岗职工尽快实现再就业，保障困难企业职工基本生活。1995 年至 2002 年，全市共筹集下岗职工基本生活保障资金 21.08 亿元，帮助 60 多万下岗职工缓解生活困难，在 1006 家国有、集体企业建立再就业服务中心，使 30 多万下岗职工实现再就业。

2017 年 12 月 3 日，一场“冬日送暖、真情关怀”为主题的就业帮扶专项行动展开。图为朝阳区三间房地区工作人员在对几名前来参加就业帮扶活动的求职者进行职业测评与就业指导（武亦彬 摄）

进入 21 世纪，逐步建立起了城乡一体化的就业促进工作体系。进一步完善农村劳动力转移就业管理制度，将有愿望到二、三产业转移就业的农村劳动力纳入就业帮扶范围，向农村延伸公共就业服务。将城镇登记失业人员的帮扶就业政策覆盖到农村就业困难人员，不断推进城市化进程较快地区逐步实现城乡统一就业。构建高校毕业生在基层锻炼成长的长效机制，逐步提高大学生村官待遇，实施大学生村官和选调生工作并轨。

党的十八大以来，北京市积极引领高校毕业生就业创业。坚持就业与创业并举，搭建北京毕业生就业创业服务平台。组织春季、暑期、秋季就业服务月（季）活动，促进高校毕业生充分就业。尤其是2020年新冠肺炎疫情发生后，出台《关于应对新冠肺炎疫情影响促进高校毕业生就业工作的若干措施》，提出促进高校毕业生就业创业的支持政策，全力促进高校毕业生市场化社会化就业。2021年，举办线上、线下专场招聘活动461场，2.3万家单位提供就业岗位99万个。大力引领以高校毕业生为主的青年群体创新、创业，成为新时代高校毕业生就业工作的突出特点。

2018年，举办首届"创业北京"创业、创新大赛。截至2021年底，大赛已举办4届，共吸引4055个创业项目报名，169个项目在市级决赛中获奖。2020年，印发《北京市促进创业带动就业三年行动计划（2021—2023年）》，提出实施创业能力提升、创业人才激励、重点群体帮扶等6项创业助推行动。引导职业规划师、创业指导师走进校园，2018年至2020年共培训1000名创业导师。

2. 在全国率先形成城乡一体的社会保障体系

北京市按照党中央"保民生"的工作部署，不断健全并在全国率先形成城乡一体的社会保障体系，社会保险、社会救助、社会福利和社会优抚水平显著提升，"安全网""稳定器"功能全面彰显。

社会保险制度日趋完善。社会保险制度改革首先从职工养老保险破题。改革开放初期，北京市在新招录工人中实行劳动合同制和养老保险制度。20世纪90年代中后期，全市按照国家关于深化养老保险制度改革的要求，开始推行社会统筹和个人账户相结合的养老保险制度模式。2009年，建立城乡居民养老保险制度，打破了养老保障按城镇和农村分类的二元化格局，城乡居民养老保险在制度模式、缴费标准、衔接办法、保险待遇、基金管理、收缴发放等方面实现统一，在全国率先实现养老保障制度城乡一体化，社会养老保险制度覆盖所有人群。进入新时代后，为进一步提高社会保障制度均等化水平，开始对机关工作人员养老保险制度进行改革，实现了与企业在制度模式上的并轨，使养老保险制度更加公平和可持续发展。

医疗保险制度改革扎实推进。先后建立城镇职工基本医疗保险制度、新型农村合作医疗制度、城镇居民基本医疗保险制度，实现制度全覆盖。2017 年底，进一步整合城镇居民医保和“新农合”两项制度，全面建立起“覆盖范围、筹资政策、保障待遇、医保目录、定点管理、基金管理”六统一的城乡居民基本医疗保险制度，城乡居民公平享受统一的医疗保障待遇。各项基本医疗保险全部实行持卡就医、实时结算。至 2021 年 11 月，北京市企业职工养老、失业、工伤保险的参保人数分别达到 1724.1 万人、1358 万人、1305.9 万人；机关事业单位养老保险参保人数为 100.5 万人；城乡居民养老保障覆盖人数为 193 万人。

社会救助改革持续推进。长期以来，北京市主要针对贫困人员、因公致残返城知青、20 世纪 60 年代初精减退职老职工、老华侨等对象实行救济，救济方式采取定期、定量给予钱款和实物。由于不少生活困难人员未被纳入传统救助模式中，1996 年开始建立城市低保制度，2002 年扩大至农村，全体户籍居民只要家庭经济状况符合标准均可申请低保。社会救助标准持续提升，城镇低保标准从 1996 年家庭月人均 170 元增至 2018 年的 1000 元，共进行了 23 次标准调整，增长超 4.88 倍。农村低保标准从 2002 年家庭月人均 80 元增至 2018 年的 1000 元，共调整了 17 次，增长 11.5 倍。

社会福利事业改革加速推进。北京市以街道为重点，陆续建成市第一社会福利院等社会福利机构，构建社会福利保障网络，推动社会福利逐渐由补缺型向适度普惠型转变。65 岁及以上老年人享受免费乘坐公交车，免费游览市区公园、风景区等待遇，90 岁以上的老年人享受高龄津贴，无保障老年人享受福利养老金待遇，老年人优待水平显著提升。持续推进残疾康复和关爱体系建设，特别是出台《北京市困难残疾人生活补贴和重度残疾人护理补贴制度实施办法》，在全国率先实现残疾人两项补贴制度全覆盖。改革开放初期，全市仅有 1 所市属儿童福利院。为加快儿童福利机构建设，市第二儿童福利院、北京市 SOS 儿童村相继投入使用。随着适度普惠型儿童福利制度和困境儿童分类保障制度的推行，涵盖生活、医疗、教育、就业和住房保障等全需求领域的儿童保障制度全面建立。

军人抚恤优待水平不断提高。自 1978 年以来，全市 25 次调整抚恤补助标准，各项抚恤补助金额提高 80—140 倍。2006 年，北京市实施《军人抚恤优待条例》，在全国率先实行优抚对象抚恤补助标准城乡一体化、农村优抚对象定期抚恤，以及生活补助金标准全部按城镇标准执行。优抚政策实现了从单纯生活保障向生活、医疗、住房、交通、教育等综合保障的重大转变。2018 年 11 月，北京市退役军人事务局成立后，积极落实中央《关于加强新时代退役军人工作的意见》《退役军人工作政策制度改革方案》，分别制定 8 个方面 60 条具体措施和 7 个方面 78 条落实举措。重视烈士纪念设施建设，在全国率先建立烈士纪念设施补助资金，率先成立省级烈士纪念设施保护中心，率先完成烈士纪念设施数据采集工作。

3. 不断提高困难群众救助保障

北京市牢固树立困难群众生活保障是政府第一责任的理念，高度关注困难群众的基本生活，坚持把提高社会救助标准作为重要民生实事来抓，不断加强基本民生保障，织密兜牢民生保障网底。

提高低保和低收入认定标准。北京市城镇居民最低生活保障制度于 1996 年 7 月 1 日开始实施，当年最低生活保障线为家庭月人均收入 170 元，到 2008 年上升至 390 元。为进一步解决城镇低收入人群的生活困难，从 1996 年 12 月起实施城镇低收入居民粮油供应帮困措施。北京市城镇居民家庭月人均收入不超过最低生活保障线标准的，每月可凭帮困卡到国有定点粮店选购大米、面粉、食用油等。帮困卡实行每户一卡，每人每月一票，每票可抵当月粮油金额 20 元。1996 年，共确定保障对象 45000 人，发放保障金 1000 余万元。当年实施的城镇低收入居民粮油供应帮困措施，共使近 4200 户 6000 余人领到帮困卡。

1999 年，顺义、丰台、朝阳、昌平、通州、怀柔等区县陆续建立农村最低生活保障制度，最低生活保障标准为每年 1000 元。领取数额按家庭年人均收入与当年公布的最低生活保障标准的差额。2002 年，全面推行农村最低生活保障制度，初步建立起一套以最低生活保障为基础，以医疗、住房、教育等各类专项救助相配套，以灾害救助、临时救助等应急救助和社会互助为补充的综合性、多层次农村社会救助体系。2006 年，率先在全国建立农村居民最低生活保障标准的计算调整机制。依据全市 1% 的农村低保家庭记账调查结果，确定 2006 年北京市农村低保标准上调至 1580 元。2011 年至 2015 年，城镇低保标准由月人均 480 元调整至 710 元，年均增幅约 8.14%；同期农村低保标准从月人均 300 元提高到 710 元，年均增幅约 18.8%。2015 年，北京市城乡低保对象实现统一补贴标准，提前完成了“十二五”规划的城乡低保标准一体化目标。2017 年，北京市城乡低保认定标准为家庭月人均 800 元，

2020年调整到1170元，最低生活保障标准位居全国前列。

2014年，颁布《北京市城市特困人员供养办法》。当年供养水平以全市城镇居民人均消费支出26275元为标准。2020年，特困人员救助供养预算标准由年人均39843元提高到43038元，特困人员基本生活标准由月人均1650元调整为1755元。提高元旦、春节慰问困难群众补助标准。2020年，城乡低保和特困供养家庭慰问补助标准单人户调整到500元,2人及2人以上户调整到1000元。2020年“两节”期间，普遍走访慰问城乡低保家庭和特困供养家庭，其中城乡低保家庭65782户、特困供养家庭6608户。

提高困境儿童保障水平。调整困境儿童生活费标准，2020年孤儿等困境儿童每人每月生活费2200元。新冠肺炎疫情发生后，及时发放困境儿童疫情防控生活补贴，还将全市孤儿、事实无人抚养儿童临时价格补贴提高1倍。贫困家庭重病、残疾儿童在享受城乡低保救助基础上，按照事实无人抚养儿童生活费标准的40%发放补充救济金。其中困境儿童18岁后仍在校就读的，继续享受生活费保障直至毕业。大幅提高困境儿童医疗康复保障水平，儿童福利机构内集中养育的孤弃儿童和社会散居孤儿参保费由财政全额补贴，医疗费用实报实销。制定实施事实无人抚养儿童门诊、住院和大病医疗救助政策，个人自费部分再报销80%。

加强流浪乞讨人员救助保障。2019年，制定《关于进一步加强和改进流浪乞讨人员救助管理工作的实施意见》，明确各级主体责任，调整市、区两级事权，分批推进长期滞留人员由户籍地接回安置照料。持续开展“寒冬送温暖”“夏季送清凉”专项救助行动。新冠肺炎疫情发生以来，北京市共救助3916名流浪乞讨和遇困人员，无一人感染。2020年，深入开展生活无着流浪乞讨人员救助管理服务质量大提升专项行动，并妥善救助精神异常流浪人员1538人；举办“大爱寻亲、温暖回家”第二次民政救助认亲会，采用DNA新技术等不断拓展寻亲工作手段，帮助115名长期滞留人员寻亲返乡。

4. 构建首善特色的养老服务体系

伴随着生活水平提高和医疗卫生条件不断改善，北京居民平均预期寿命逐步延长。20世纪90年代初，北京市继上海之后成为全国第二个老龄化城市。北京市逐步构建起以居家养老为基础、以社区服务为依托、以机构养老为补充的社会化养老服务体系，从实现“老有所养、老有所医”向“老有所乐、老有所学、老有所教、老有所为”积极迈进。

1985年，朝阳区崔各庄乡建成全市第一所个人创办的敬老院，开启了北京市社会力量兴办养老服务机构的先河。1994年起，在国家政策支持和引导下，社会办养老服务机构进入快速发展期。北京市相继出台养老服务机构管理办法、服务质量标准等，并对非营利性社会福利机构按照实际占用床位数进行补助。1996年，西城区月坛街道在全市率先利用社区资源，采取登门服务方式为老人提供家政、医疗等服务，办起“无围墙养老院”。2001年，北京开始实施“社区老年福利服务星光计划”，6年间全市所有社区全部达到“三室一场一校”（日间照料室、文化活动室、卫生保健室、室外老年健身活动场、老年学校）设施建设目标。同年，农村乡镇敬老院改造工作启动，敬老院更名为社会福利中心，服务功能逐步扩展，基本实现了“一乡一镇改造一所”的目标。2006年，参照全市社区养老服务经验，在农村开始实施“山区星光计划”，建设“星光老年之家”，大大满足了老人休闲娱乐、人际交流、健身活动等方面的需求。

党的十八大以来，北京市按照党中央部署，积极完善老龄工作相关制度，加强顶层设计，努力打造养老服务网。

深化公办养老机构改革。2015 年 2 月，北京市印发《关于深化公办养老机构管理体制改革的意见》，明确公办养老机构收费原则、项目、价格确定方式和程序，规范了市、区、街道（乡镇）公办养老机构的保障职能。推行公办（建）民营改革，通过公开招投标和品牌机构连锁经营方式，鼓励社会力量承接运营。2017 年，对养老机构每床每月补贴最高达 1050 元，市财政补贴养老机构综合责任保费的 80%。加大扶持非营利性民办养老机构，每新建 1 张床位一次给予 4 万—5 万元建设补贴。

构建具有首都特色的居家养老服务体系。为满足居家老人日益增长的社会化养老服务需求，北京市制定支持居家养老服务发展的 10 条政策，编制《北京市养老服务专项规划（2021—2035 年）》，建设社区养老服务驿站，实施经济困难老年人家庭适老化改造，建立“幸福彩虹”配送服务网络，构建居家养老助餐服务体系。2017 年，国内首个集中式居家养老社区试点项目——双桥恭和家园建成，实行以“居室分割定向出售、公共服务空间持有经营、限龄人群居住”为主要内容的“共有产权”模式。截至 2021 年 10 月，全市建成并运营养老机构 576 家，其中养老照料中心 276 家、养老服务驿站 1092 家，市级指导、区级统筹、街乡落实、社区参与的 4 级居家养老服务网络初步建立，老年人在其周边、身边和床边就近享受居家养老服务的格局基本形成。

积极推进医养结合模式。随着老龄化社会深度发展，高龄、失能、患慢性病老年人数量持续攀升，生活照料与健康服务需求日益迫切。2013 年，北京市在全国首创医养结合服务模式，先后出台

《关于加快推进养老服务业发展的意见》《关于促进健康服务业发展的实施意见》《关于推进医疗卫生与养老服务相结合的实施意见》。在东城区、朝阳区、海淀区开展试点，大力推进医养结合，构建覆盖老年健康促进、预防保健、慢病防控、急危重症救治、中期照护、长期照护需求的老年健康服务体系。推进医养结合"四大行动"，即医养结合机构医务人员能力提升行动、服务质量提升行动、远程协同行动、家庭照护床位医养结合一体化行动。支持养老机构开办内设医疗机构，改革养老机构内设医疗机构准入管理流程，简化手续，提高效率，实行电子化准入备案制度。建立就医绿色通道，开展家庭签约医生服务，为 65 岁以上老年人免费提供健康管理服务。

促进农村养老资源均等化。2017 年 10 月，印发首个农村养老服务文件《关于加强农村养老服务工作的意见》，在农村养老服务设施规划、土地保障、建设支持、运营资助等方面加大倾斜力度，对建成运营的幸福晚年驿站，按城区驿站标准的 1.5 倍予以资助。出台关于建立居家养老巡视探访服务制度的指导意见，对城乡独居、高龄以及其他处于困境中的老年人开展定期巡视探访，使得农村养老服务体系进一步完善。

（二）让首都人民住有所居

安居方能乐业。住房是百姓基本生活需求，住房保障是关系国民经济和社会发展全局的重大民生工程。北京市坚持以"房住不炒"为导向，按照全国城镇住房制度改革的总体部署，逐步改革传统的住房福利制度，以政府为主提供基本保障，以市场为主满足多层次需求，探索建立符合市情的多主体供给、多渠道保障、租购并举的住房制度，加快推进住有所居、和谐宜居。

1. 不断解决群众住房问题

新中国成立后，北京市居民住房经历了从窝棚、大杂院到平房、筒子楼的发展过程。党的十一届三中全会前后，大批下放干部、知识青年返京，解决住房问题成为当时的紧迫需求。传统的住房福利制度导致国家财政负担过重，抑制了个人投资住房的积极性。在这种形势下，北京市认真落实中央要求，稳步推进城镇住房制度改革，为首都人民“住有所居”提供有力保障。

住宅建设步入快车道。1980 年，北京市住宅竣工面积突破 400 万平方米，1986 年达到 500 万平方米。其间，成片开发了前三门、团结湖等一批在全国有影响的住宅区。1988 年 3 月，全市贯彻国务院第一次全国住房制度改革工作会议精神，选择市第六建筑公司、百货大楼等 11 家单位作为首批试点，优惠出售公有住房，推进住房商品化。截至 1989 年 11 月底，共售住房千余套，迈开北京住房制度改革的第一步。随后，试点单位扩大到 100 家，采取优惠售房、市价售房、合作建房、提高房租、收取租赁保证金等措施，进一步推动房改。

1992 年，全国住房制度改革步伐加快。北京市出台住房制度改革实施方案，建立政府、单位住房基金制度和个人住房公积金制度试点，鼓励职工参加住宅合作社合作建房，继续出售公有住房，不断提高房租水平。1994 年起，贯彻国务院关于深化城镇住房制度改革的决定，推出住房公积金制度，初步建立规范化的住房资金管理体制，支持国家安居工程和住宅建设，稳步推进租金改革，促进公有住房销售，全市房改实现从试点改革到全面推广阶段的转变。1998 年后，贯彻国务院关于进一步深化城镇住房制度改革加快住房建设的要求，全面停止住房实物分配，实行住房货币化。按照国家、单位、个人合理负担的原则，一次性补贴和按月补贴相结合，平稳过渡，综合配套。

1998 年，北京市开始推行经济适用住房政策。大规模兴建回龙观、天通苑等经济适用住房项目，截至 2006 年底，累计为 20 万户家庭解决住房困难问题。2001 年，启动实施实物配租、租金补贴和租金减免相结合的城镇廉租住房政策，截至 2006 年底，保障困难家庭 2 万余户。2007 年，落实《国务院关于解决城市低收入家庭住房困难的若干意见》精神，修改完善廉租住房、经济适用住房

2012 年 9 月 16 日，位于朝阳区北苑地区的原叶美苑正式入住，这是朝阳区首批公租房，900 余户低收入家庭成为这里的“新居民”（李继辉 摄）

管理办法，出台限价商品房管理办法，构建起“保基本、分层次、广覆盖”的住房保障和供应体系，着力解决中低收入家庭住房难题。

2. 保持首都房地产市场稳定

北京市实施货币化房改以后，房地产市场逐渐升温。为抑制首都房地产市场增长过快的势头，2010 年北京市出台调控楼市的“京十二条”，暂定同一购房家庭只能在本市新购一套商品住房。2011 年出台“京八条”，规定对已拥有一套住房的本市户籍居民家庭，以及持有暂住证、连续在本市缴纳社会保险或个人所得税 5 年（含）以上的非本市户籍居民无房家庭限购一套住房。

党的十八大以来，北京市紧紧围绕首都城市战略定位，落实“房子是用来住的、不是用来炒的”要求，加快形成具有首都特点、适应市场规律的房地产市场，继续大力推进保障性住房建设，全面提高建设品质，打造和谐宜居社区，让住房建设成果惠及更多居民。

抑制房价过快增长。2013 年，北京市落实“新国五条”，率先发布限购措施，禁止京籍单身人士购买二套房，一般按照房屋转让所得的 20% 征收个人所得税。2016 年，发布《关于促进本市房地产市场平稳健康发展的若干措施》，规定购买首套普通自住房的首付款比例提升至 35%，二套房（普通自住房）首付款比例提升至 50%，增加市场有效供应、优化供应结构、强化交易管理等办法。2017 年，发布《关于完善商品住房销售和差别化信贷政策的通知》《北京市 2017—2021 年及 2017 年度住宅用地供应计划》《关于加快发展和规范管理本市住房租赁市场的通知》等一系列政策，从严限购限贷、加大住宅用地供应、加强租赁住房管理等。

深化供给侧结构性改革。落实《北京市2017—2021年及2017年度住宅用地供应计划》，在新供应的各类住房中，坚持4个“七三开”：购租并举，产权类住房约占70%，租赁型住房约占30%；重点发展普通商品住房，产权类住房中棚改安置房、自住型商品住房和中小户型普通商品住房约占70%，改善型和高端商品住房约占30%；市场与保障并举，商品住房约占70%，保障性住房约占30%；本市与非本市户籍人口并重，70%商品住房中面向本市户籍人口，30%面向非本市户籍人口。

严格需求端管控。合理配置住房资源，采取将商业办公用房纳入限购、收紧购房资格审核口径等措施，严控投资、投机性行为。进一步收紧限购限贷政策，提高二套房贷款首付款比例并“认房又认贷”；严格监管购房资金，防止“热钱”炒房；将国有土地住宅平房纳入限购范围。坚决遏制炒作“天价”学区房。彻底整治“商改住”，严格管控商业办公类项目用途。持续优化购房资格多部门联审机制。

加强市场监测监管。引导企业合理定价，严查捂盘惜售、哄抬房价等违法违规行为。规范房源信息发布，严查各类房产网站违规宣传、违反市场调控政策等行为。针对“预售资金不入监管账户”“商改住再抬头”等突出问题，以及每年“五一”、“十一”、春节等重点时段，开展专项巡查。做好调控政策发布解读，积极引导市场预期。

3. 完善租售并举的住房保障体系

北京市积极适应经济社会发展特点和住房保障工作面临的新形势、新任务，统筹考虑人口资源和环境因素，走出一条市场配置和政府保障相结合的住房保障新路子。

完善租购并举制度。推进房地产市场供给侧结构性改革，扩大租赁住房建设筹集渠道，加快建立购租并举的住房制度体系。2011年起，北京市先后在朝阳区平房乡、海淀区唐家岭和温泉镇、昌平区北七家镇等5处集体土地开展租赁住房项目试点，建设租赁住房1.28万套。2013年4月，北京市实现廉租住房、经济适用房、限价商品房、公共租赁房统一申请、审核和分配。2017年，北京市成为首批13个集体土地建设租赁房试点城市之一，满足项目周边就业人群、城市运行服务保障人员和城市中低收入家庭的实际需求。2012年至2017年，全市累计建设、筹集各类保障性住房65.5万套，实现竣工52.7万套。2017年，全市保障性住房施工面积4277.5万平方米，占新建商品房施工面积的33.9%。2018年6月起，探索在集体建设用地、产业园区配建或将低效、闲置的厂房改建等方式，发展租赁型职工集体宿舍，解决城市运行和服务保障行业务工人员住宿问题，促进职住平衡。

截至2019年底，北京市累计建设筹集公租房20万套，分配公租房实物房源17.5万套，超额完成2017年底前备案的低保、低收入家庭“应保尽保”任务。2017年至2019年，累计发放租房补贴14.03亿元，其中市场租房补贴5.58亿元、公租房租金补贴8.45亿元，有效缓解了中低收入家庭住房困难。2021年，北京市建设筹集各类政策性住房6.1万套、竣工8.3万套，超额完成年度任务；公租房新增分配量2.28万套，累计分配总量达21万套，累计开工集租房项目51个7.5万套，开工改建租赁住房项目12个4300余套。

推进共有产权房项目。2017年9月，实施《北京市共有产权住房管理暂行办法》，通过政府与购房人按份共有产权的政策扶持，帮助“夹心层”解决住房困难问题。同月，全市首个共有产权住房项目——朝阳区锦都家园公开摇号。2020年，全市启动共有产权住房网申项目18个、房源2.2万套，其中面向非京籍家庭房源约6600套；累计推出共有产权住房项目76个、房源约7.9万套。已销售共有产权住房项目的均价由2019年的2.72万元/平方米降至2020年的2.23万元/平方米。

通过住房制度改革，北京城镇居民的居住水平得到显著提高，三四代同堂蜗居的状况已经成为历史，2017年全市人均住房面积已达32.56平方米，逐渐形成体系较为完善的房地产市场，建立起“市场+保障”的住房供应格局。

4. 开展住房旧改、棚改和综合整治

北京市扎实推进危旧房改造、棚户区改造和老旧小区综合整治工作，改善困难群众住房条件。

1987年，国家划拨危旧房改建专项周转资金1000万元，支持菊儿胡同一期、小后仓、东南园、郭庄北里4个危改试点。1990年，决定加快全市危旧房改造，确定首批危改区37片。2000年，出台《北京市加快城市危旧房改造实施办法（试行)》，选取崇文区龙潭西里、金鱼池，宣武区牛街、天桥，丰台区右外三条等5片危房区作为“房改带危改”试点，危改实现“要我危改”到“我要危改”的重要转变。2008年，落实《国务院关于加快解决城市低收入家庭住房困难的若干意见》，确定门头沟采空棚户区、通州老城区棚户区和丰台南苑镇棚户区作为改造试点，涉及居民5万余户。截至2011年底，3片棚户区变为高楼林立、设施齐全的现代化新型社区。

党的十八大以后，北京市将住房改造作为重大民生工程加紧实

施，于 2013 年 4 月开始启动新一轮棚改工作。

棚改工作向纵深推进。2014 年，全年实施项目 205 个，签订改造协议或完成搬迁 1.98 万户（含中心城区 1.5 万户）。同年，将平房区院落修缮、危旧房改造、“城中村”边角地整治、新增棚户区改造和环境整治纳入城市棚改项目。2016 年，落实国务院进一步加快推进棚户区和城乡危房改造及配套基础设施建设工作的要求，加大对东城、西城棚改项目的固定资产投资支持力度；人口输入区、输出区公共资源及后期管理补偿由市、区两级按比例分担调整为市财政全额承担。2013 年至 2017 年，全市完成棚改 17.5 万户，各区均超额完成任务。全面推进农村住房危改，加强房屋结构安全和冬季节能保暖，以奖代补减轻农民负担，平均每年完成 8 万—10 万户危改，被农民亲切地称为“暖心暖居工程”。2020 年，棚改完成 28 个“拔钉子”项目，累计完成棚户区改造 1.08 万户。促进全市 123 个棚改安置房项目全部复工，完成建安投资约 208.9 亿元，累计实现回迁入住项目 15 个、安置房 1.19 万套，累计实现新开工项目 23 个、建设安置房 2.9 万套。

开展老旧小区综合整治。2012 年，北京市开始对老旧小区实施抗震节能、环境治理、加装电梯和保温层等内容的综合整治。截至 2015 年底，全市共完成 6562 万平方米市属老旧小区综合整治，涉及 1678 个小区，1.37 万栋楼房，惠及 81.9 万户。2017 年，在中心城区和通州区选取 10 个小区开展新一轮老旧小区综合整治试点。2018 年 3 月，出台《老旧小区综合整治工作方案（2018—2020 年）》，大力推进以“六治七补三规范”为主要内容的老旧小区综合整治，把老旧小区打造成生活便利、整洁有序、邻里和谐的家园。截至 2019 年底，新一轮老旧小区综合整治拆除违法建设4万平方米，节能改造353.42万平方米，抗震加固0.4万平方米，绿化补建15.9万平方米，老楼加装电梯1207部，实施平改坡11万平方米。

让首都人民住有所居，不仅是改善北京百姓的居住条件、保障小康社会建设的关键性民生问题，还可大幅提升首都城乡面貌，推动北京向着国际一流的和谐宜居之都不断迈进。

（三）推动健康北京建设

健康是促进人的全面发展的必然要求，是国家富强和人民幸福的重要标志。北京市紧紧围绕满足公众健康需求和保障公众健康权益，在围绕公共卫生服务、医药卫生改革、食品药品安全、疫情防控、体育健身事业等方面综合发力，具有首都特色的健康事业发展道路越走越宽。

1. 公共卫生服务能力提升

新中国成立之初，北京百废待兴、缺医少药，传染病、寄生虫疾病、营养不良疾病在群众中肆虐。面对迫在眉睫的群众健康问题，北京市大力开展爱国卫生运动，开展除四害、饮水消毒、疫苗接种、健康检查等一系列活动，同时建立了遍布城乡的卫生医疗机构。党的十八大以来，北京市坚持预防为主，加快公共卫生服务体系建设，首都医疗卫生事业得到长足发展。

医疗服务水平增强。通过完善卫生服务项目、规范医疗机构和医务人员诊疗行为、促进合理用药方面不断提升医疗服务水平。

2017年1月3日，家庭医生医患互动服务软件首次在北京西城区月坛社区卫生服务中心启用。医生与患者通过手机沟通病情，相约诊室问诊，大大提高了看病效率和效果（戴冰 摄）

强化基层全科医疗服务，补齐护理、儿科、老年科、精神科等紧缺医疗服务短板。在就诊预约、引导患者错峰就诊、为老年人提供现场号源、建立绿色就医通道等方面制定精细化政策。2011年起，启动"北京通·京医通"预约挂号平台，缓解挂号难题。积极推进"互联网+医疗"服务，方便患者就医。2021年，全年31家医院通过互联网诊疗共接诊23.6万人次。加强人口家庭服务，实行家庭医生签约服务制度。印发落实《关于促进3岁以下婴幼儿照护服务发展的实施意见》，在婴幼儿照护服务的政策支持、用地保障、资金保障、队伍保障等方面提出具体举措。截至2021年，全市医疗机构诊疗人次数达24252.6万人次，城乡居民能够免费享受重大公共卫生服务和十四大类50项基本公共卫生项目服务，共完成344个院前急救设施建设，急救呼叫满足率达97%以上。

传染病预防能力提升。随着医疗科技的发展，北京市有效应对了 H7N9 禽流感、埃博拉出血热、中东呼吸综合征等新发传染病的挑战。出台《北京市重大传染病风险监测预警工作方案》，围绕重大传染病及危险因素，在口岸、机场、火车站、长途客车站、学校等场所建设监测哨点。启动建设北京市传染病智慧化多点触发监测预警平台，以提高传染病监测预警能力。持续推进传染病检测实验室网络建设，安全规范开展传染病检测和监测。加强艾滋病、地方病、职业病等重大疾病的防治。传染病病例从诊断到报告的时间缩短至 4 小时。截至 2021 年，甲乙类传染病报告发病率降至 108.10/10 万，重大慢性病过早死亡率降至 10.6%，远低于全国平均水平。

健康服务机制逐步规范。2008 年，北京奥运会的举办为普及健康生活理念提供了契机，市民的健康意识明显增强。北京市初步建立全人群健康状况信息发布与评估系统，开始每年对外发布北京人群健康状况报告。党的十八大以来，出台实施《“健康北京 2030”规划纲要》等文件，初步建立全民健康信息服务体系，覆盖首都地区公共卫生、医疗服务、医疗保障、计划生育、药品管理、综合管理六大业务领域。实施了史上最严控烟条例，被世界卫生组织授予世界无烟日奖。开展包括合理膳食、健身、母婴健康等九大健康行动，干预、控制影响人群健康的危险因素，规范公共卫生行为，倡导文明健康的生活方式。2021 年，决定开展健康联合体试点工作，为居民提供预防、保健、治疗、康复、护理等全生命周期的健康服务。

经过多年努力，北京市民的健康意识得到提高，公共卫生服务体系逐步健全。2021 年，主要健康指标达到高收入国家水平，婴儿死亡率和孕产妇死亡率呈现较低态势，达到国际先进水平。居民健康素养水平达36.4%，居全国之首。户籍居民平均期望预期寿命82.47岁。

2. 深化医药卫生体制改革

医疗卫生是人民健康最基本的保障。计划经济体制时期，国家对于药品生产、流通和销售实施严格的调配管理。20世纪80年代，国家从扩大医疗机构经营权和自主权开始推进卫生领域改革。但由于缺乏配套措施，产生了过度医疗、以药养医的“看病难、看病贵”问题。为实现人人享有基本医疗卫生服务的目标，北京市持续深化医药卫生领域改革，逐步破除体制机制障碍，医疗卫生工作实现由治病为中心向以健康为中心的转变。

全民医保体系逐步健全。21世纪初，北京市先后建立城镇职工基本医疗保险制度、新型农村合作医疗制度、城镇居民基本医疗保险制度，市民全部实行持卡就医、实时结算。逐步建立重大疾病医疗保险和救助制度，充分发挥医疗救助托底保障作用。2021年，全年对社会救助对象和因病致贫家庭医疗救助累计18.85万人次3.14亿元；财政补贴12类免缴人群34万人参加居民医保，确保困难人群“应保尽保”。为满足多元化的医疗需求，加快发展商业健康保险，开发了符合首都特点、与基本医疗保险相衔接的普惠型商业补充医疗保险等产品，促进形成多层次的医疗保障体系。以石景山区长期护理保险制度试点工作为基础，探索可复制、可推广、可持续的全市长期护理保险制度体系。

持续深化医保支付方式改革，充分提高医疗资源和基金使用效率，不断完善按疾病诊断相关分组付费、定额付费等多种方式并存的多元复合式医保支付方式。做好医保电子凭证激活使用推广，稳步推进异地就医直接结算，提升参保人员跨省异地就医结算便利度，并探索向基层推广。2021 年，在全国率先实现医保电子凭证就医结算，电子凭证激活率已达 59.2%。全市 2560 家定点医疗机构实现跨省异地就医门诊直接结算，累计与其他省区市门（急）诊直结 137.95 万人次，医疗费用 4.6 亿元。

医疗机构改革稳步推进。2006 年起，大力推进基层医疗卫生机构改革，建立覆盖全市的社区卫生服务中心网络，在全国最早开展基层医疗机构常用药品零差率销售、“收支两条线”管理，政府集中采购、统一配送，医疗、药品等全部收入上缴区财政，工作人员待遇由财政予以保障，并实施向基层倾斜的财政投入政策、医保报销政策和基本药物制度、绩效工资制度。推进医联体建设，基本形成以医联体为主体的连续医疗服务体系。推动社会办医，优化审批流程，提高办事效率和透明度，引导社会办医朝政府支持的方向发展，多元化办医格局初步形成。截至 2021 年，733 家医院按经济类型分：公立医院 215 家，民营医院 518 家，民营医院的诊疗人次占所有医院的诊疗人次比例约为 16%。

医药分开综合改革落地。针对长期以来存在的以药补医、以药养医现象，2012 年，北京市友谊医院等 5 家市属试点医院启动改革，率先实行医药分开、医保总额预付，取消药品加成、挂号费和诊疗费，设立医事服务费，取得了良好效果。2017 年 4 月，医药分开综合改革在全市 3700 多家医疗机构全面推行，进一步实行药品零差率销售和药品“阳光采购”。2019 年 6 月至 2021 年底，进一步实施医耗联动综合改革，累计规范调整 8981 项医疗服务项目价格，提高中医、病理、康复、精神、手术等价格，提升医务人员技术劳务价值。实施医药分开综合改革后，医药费用年增幅控制在8% 左右，初步破除实施 60 多年的以药补医机制，技术劳动补偿机制减轻了群众看病负担，有效支持了医疗机构运行发展，在全国起到了良好的示范作用。

分级诊疗体系建立。2015 年，北京市在全国率先试点推进分级诊疗制度建设，明确三级医院、二级医院以及社区卫生服务机构的医疗业务范围。通过加强医联体建设促进医疗资源合理分配，医联体内部开展双向转诊、远程会诊、检查结果互认等工作。推动优质医疗资源扩容和均衡布局，推进重点区域医疗资源疏解。不断畅通转诊渠道，建立绩效工资增长机制、家庭医生签约服务奖励机制、农村地区补助和巡诊补助机制。2021 年出台政策规定“参保人员到定点社区卫生机构就医时，无须事先选择定点社区卫生机构作为本人定点医疗机构”，方便群众就近在社区就医。上述举措使基层首诊、双向转诊、急慢分诊、上下联动的分级诊疗模式逐步实现。截至 2021 年，医联体为基层预留号源比例提高至 30% 以上，基层诊疗占比达到 49.1%。

3. 强化食品药品安全监督

“民以食为天，食以安为先。”食品药品安全直接关系人们身体健康和生命安全。北京市把食品药品安全作为“第一民生”，积极改革监管体制机制，落实食药安全“四个最严”要求，精益求精抓好食品药品质量安全监管工作，全力保障市民“舌尖上的安全”。

改革监管模式，实行立体监管。20 世纪八九十年代，全市食品药品实行分块、分段监管。2000 年 2 月，组建市药品监督管理局以及各区（县）分局，全市药品监督管理实行垂直管理体制。成功申办2008年奥运会后，北京市开始建立食品安全监管的组织网络体系、责任体系和检测体系。党的十八大以来，继续强化食品药品安全监管，推动食品药品监管体制改革。2013年，整合市、区（县）食品办、药监部门、质监部门等相关部门的安全监管职责，在市、16个区（县）、322个街道（乡镇）分级设置食品药品安全委员会，实行垂直管理，强化对食品药品的统一监管；将食品药品监管力量延伸到各个区（县）、所有街乡，实现监管无死角、全覆盖，在全国率先完成食品药品监管体制改革任务。2020年，在机场及保税区、铁路车站地区、天安门地区、北京经济技术开发区、燕山地区等特殊地区组建5个直属分局，进一步明确市、区和直属机构职权划分，理顺职责关系，构建起事权清晰、衔接有序、统一高效的首都药品安全监管体系。

完善制度规则，推进依法监管。2017年，制定《食品、药品、药包材、医疗器械、化妆品安全监测工作办法》，以重点区域、重点企业、重点品种为风险点强化抽检监测，监测面覆盖食用农产品种植、养殖以及食品药品生产、流通、消费、进出口等各个环节。先后出台食品生产、经营许可管理办法，食品安全量化分级管理办法等监管执法制度和规则，确保了执法的统一性、权威性。针对现场制售、即食鲜切蔬果、生食海产品、自动售卖机、网络订餐等新经济业态，及时制定相关细则，纳入审查范畴，实施有效控制，填补标准空白，减少监管盲区。建立新闻宣传协作机制，积极主动提高“四个服务”水平，圆满完成一系列重大会议活动食品药品安全服务保障任务，食品药品安全社会共治格局初步形成。

强化技术保障，实施科学监管。整合食品药品检验检测机构，药品、医疗器械、保健食品、化妆品审评认证机构，食品、药品和化妆品风险监测机构。新建信息中心、政务服务中心，在各区整合建立食品药品安全监控中心，形成较为完备的技术支撑体系。在全国率先组建食品药品互联网监测中心，开发建设全国首个食品药品互联网监测平台及电子取证实验室，全面开展对互联网食品药品信息及交易、广告发布行为等的监测工作，实行“以网管网”，对网络食品药品违法行为开展在线监测、证据固化、数据分析，为打击违法行为提供了技术保障。2020 年，开展中药饮片、国家集采中标品种、化妆品等专项检查，药品（含药包材）、医疗器械和化妆品抽检合格率分别达到 99.8%、98.1% 和 100%。

4. 众志成城有效防控疫情

2003 年，我国发生了非典型性肺炎疫情，北京是重灾区。2020 年，再次发生了新冠肺炎疫情，北京多次出现集中感染病例。在两次疫情防控中，北京市快速反应，积极应对，取得重大战略成果。

（1）有效抗击非典型性肺炎疫情

2003 年 3 月初，北京市出现第一例输入性非典患者。与患者接触过的医护人员、家属、同事、朋友之间形成交叉感染，疫情迅速蔓延开来。北京市迅速确定 16 家市级定点医院、5 家行业和系统的定点医院作为专门收治非典患者的医院。其间，仅用 7 天时间便建成了小汤山非典定点医院，并立即收治病人。统一调动本市重症监护的精良设备和抢救力量，成立专家指导组和专家快速反应小组，集中优势力量抢救危重患者。

实施隔离控制措施，有效控制疫情扩散。各区和有关部门建立了非典防控指挥小组及其工作机构，通过逐级管理、分组包片，把社区组织起来，落实各项防疫措施。加强郊区农村防控，建立健全区（县）、乡镇、行政村三级防控网络。确保医用物资和民用防护用品的供应，基本实现全市重点防治非典物资供应不断档的目标。加强学校和学生的防控，学校坚持教师不停课、学生不停学、师生不离校，基本保证学校正常工作和生活秩序，利用多媒体开办“空中课堂”，帮助中小学生在家自学。

针对广大群众的紧张情绪，向广大市民普及防治知识，宣传非典可防、可控、可治，消除群众的恐慌心理。6 月 24 日，世界卫生组织宣布撤销对北京的旅行警告，并将北京市从非典疫区名单中删除。8 月 16 日，最后一批非典合并症病人结束治疗后康复出院，北京市抗击非典工作画上圆满的句号。

非典疫情后，北京市成立突发公共卫生事件应急指挥部，先后颁布实施突发公共卫生事件总体应急预案、传染性非典型肺炎应急预案、应对流感大流行应急预案等，建立健全部门协调机制、监测和预警机制、物资储备机制，疾病预防控制体系、医疗救治服务体系逐步建立。

（2）全面应对新冠肺炎疫情

2020 年以来，湖北省武汉市发现多起新冠肺炎病例，包括北京市在内的全国多省区市均有关联病例。北京市作为首都，是全国疫情防控的重点。北京市迅速成立新冠肺炎疫情防控工作领导小组，加强对疫情防控工作的统筹、协调和领导。统筹抓好医疗救治、社区防控、核酸检测、科技攻关、保供稳价、安全稳定等工作。

全力救治病患。坚持把挽救新冠肺炎患者生命作为首要任务，按照“四集中”原则迅速建立全市新冠肺炎救治体系，指定北京地坛医院、北京佑安医院等 20 所医院作为收治新冠肺炎患者的定点医院，集中收治重型、危重型和老龄、儿童患者，实现发热患者就诊救治的全流程闭环管理。

保持严管严控态势。2020 年 2 月，出台《关于依法防控新型冠状病毒感染肺炎疫情 坚决打赢疫情防控阻击战的决定》，为隔离观察、应急准备、监测预警、处置保障等应急举措提供法规依据。强化属地、部门、单位、个人“四方责任”落实，形成市、区、街道（乡镇）、社区（村）统一指挥、上下贯通、左右协同、联防联控的工作格局。健全基层社区（村）防控体系，在全市 7111 个社区（村）建立 2.4 万个卡口，实行全天候 24 小时值守，严格执行验码、登记等防控措施，全力阻断本土疫情。

加强核酸检测能力和疫苗接种能力建设。挖潜、扩容、增效以提升检测能力，全市检测机构稳步增加，并逐步降低检测价格。持续开展核酸检测技术人员培训，提高检测能力。截至 2021 年，全市卫生健康系统共配备接种人员 18415 人、医疗救治人员 3164 人，全市日最大单样本核酸检测能力达 168 万份。全年累计完成全人群接种 5677.9 万剂 2244.2 万人。

推进新冠肺炎疫情快速监测联防联控平台建设，充分发挥大数据和 5G 等新技术的作用，确保病例流调、风险点位排查、密接判定追踪、技术指导、分析研判和信息汇总同步进行、并联开展，精准开展排查处置。开发上线“北京健康宝”小程序，在进（返）京人员排查、健康码应用、核酸检测、疫苗接种等重点防疫工作中发挥重要作用。

积极应对聚集性疫情暴发。精准锁定、果断封控、严密管控、全面筛查，打赢新发地批发市场、大兴天宫院街道、西南郊冷库等聚集性疫情歼灭战。抓好常态化疫情防控，有效防止境外疫情输入，实施严密的入境检疫。坚持关口前移，强化远端管控、精准防控，尽可能把输入风险降到最低。

在不断实践和总结中，北京市摸索出一系列及时有效的防疫措施：开展全面流调、溯源、检测、排查；在必要关键部位严格实施封闭式管理，对接触人员全部落实医学观察措施；及时发布准确信息；进一步严格常态化防控措施，做好检验检疫，这些行之有效的措施形成抗击新冠肺炎疫情的强大合力。

5. 体育事业健康有序发展

发展体育事业，增强人民体质，是实现中华民族伟大复兴中国梦的题中应有之义。北京市利用举办 1990 年亚运会、2008 年奥运会、2022 年冬奥会等历史机遇，推动首都体育事业实现跨越式发展。

竞技体育成绩斐然。相继涌现出聂卫平等优秀体育健儿。以举办大型体育赛事为契机，北京选手向世界竞技体育高峰全面进军，获得多枚奖牌，在世界体坛为祖国赢得了荣誉。北京选手在北京 2008 年奥运会上获得金牌 6 枚、银牌 3 枚、铜牌 6 枚，在 2016 年里约奥运会上获得金牌 8 枚、铜牌 3 枚，在东京 2020 年奥运会上获得金牌 3 枚、银牌 3 枚、铜牌 2 枚。2016 年与国家体育总局冬运中心共建雪橇国家队、冰球国家队，竞技冰雪实力稳步提升。北京首钢男女篮球队、北京国安足球俱乐部、北京汽车排球俱乐部比赛成绩优异。

群众体育蓬勃发展。广泛组织健康走跑、骑行、广场舞等群众参与度高的赛事活动，举办北京市体育大会、公园半程马拉松、“和谐杯”乒乓球比赛、羽毛球挑战赛等市级品牌赛事活动。注重扶持各类民族、民间、民俗传统运动项目，举办龙舟大赛、登山大赛、民族健身操舞大赛、花棍表演赛等活动。成立市级青少年体育职能部门，青少年体育政策制度体系逐步完善。举办北京市青少年篮球和排球冠军赛，以及北京市青少年体质促进趣味运动会。为促进市民广泛参与冰雪运动，开展冰雪“一区一品”活动，以及冰雪嘉年华、冰雪知识大讲堂等群众性冰雪活动。伴随全面深化改革的推进，竞技体育带动群众体育、群众体育反哺竞技体育的良好局面逐渐形成。

体育产业量质齐升。北京市体育产业起步于20世纪80年代中后期，主要业务包括出租场馆、冠名赛事等。90年代初开始向体育彩票、体育会展、赛事表演等领域发展。党的十八大以来，通过引导资金，采取项目补贴、项目奖励、政府购买服务等方式，持续扶持相关体育产业，经济和社会效益进一步凸显。奥林匹克公园、国家体育场、国家游泳中心作为重要的奥运遗产，多次举办各级各类活动并接待国内外游客参观，成为大众健身、休闲和娱乐的理想

2018年8月，什刹海东福寿里新建起一座古典风格的口袋公园，成为附近居民休闲纳凉的好去处（方非 摄）

场所。五棵松体育馆、篮球公园、冰雪世界等体育产业呈爆发式增长，让市民感受到了实实在在的健康红利。

健身服务体系完善。早在20世纪80年代，北京市就成立全民健身工作委员会，引导居民开展体育健身活动。进入新时代，北京市修订全民健身条例，出台《北京市全民健身实施计划（2021—2025年）》，完善以“15分钟健身圈”为基础的群众身边的健身设施网络，改造利用闲置资源，加快公众健身活动中心、健身步道、智能化体育场馆等设施建设，为群众运动健身提供便利。鼓励具备条件的学校、机关、企事业单位向社会开放体育设施和活动场地，各类体育场地逐年增加。截至2021年底，北京市全民健身整体水平位居全国前列，与首都经济社会发展水平、人口状况、市民健身需求相匹配的全民健身公共服务体系日趋完善。

（四）办好人民满意的教育

教育是国家振兴、社会进步的基石，也是重要的民生工程。改革开放以来，北京市以“三个面向”为指导，深化教育领域综合改革，落实立德树人根本任务，努力构建公平、优质、创新、开放的现代教育体系。2021年底，全市高等教育毛入学率达到57.8%，大部分指标基本达到甚至超过中等发达国家同期水平，在全国率先基本实现教育现代化。

1. 办好人民满意的教育

新中国成立后，教育领域百废待兴，北京市按照“民族的、科

2009年9月1日，史家小学通州分校正式开学。该校以构建校园文化熏陶人、精神文化引领人、课程文化发展人的特色文化育人体系，使学校成为学生健康成长、幸福生活的乐园（方非 摄）

学的、大众的”要求发展教育事业，教育事业自此起步。党的十八大以来，北京市全面深化教育领域综合改革，促进基础教育、高等教育、职业教育有序发展，不断扩大优质教育资源覆盖面，推进首都教育向更高质量更加公平方向发展。

中小学教育均衡发展。加强课程和教材建设，注重素质教育，完善中小学生综合素质评价，重视对学生思想品德、学业成就、身心健康、艺术素养和社会实践等方面的评价，满足学生全面发展和个性发展需求。突出强调抓好青少年群体思想政治工作，将社会主义核心价值观教育融入日常教学，修订《中小学生日常行为规范》。以移动互联深化教育综合改革，以学生为中心，构建面向未来学习的个性化教育服务支撑体系。不断提升学校体育、美育和劳动教育水平，建设足球特色学校、冰雪特色学校。改革中高考招生计划分配方式和考试录取方式，发挥中高考素质教育导向作用。

注重教育公平，加大市、区统筹力度，优化资源配置，实施向郊区倾斜的义务教育优质均衡发展支持政策，将优质资源向薄弱学校和地区输出，让更多学生享受到优质教育资源。深化中小学学区制改革，遏制学区房炒作，推动义务教育免试就近入学。充分发挥优质教育资源的引领和辐射作用，加大中小学优质教育资源供给，采取“教育集团”“教育集群”“联盟组团”等多种集团化办学方式，新建九年一贯制学校、名校办分校、城乡一体化学校。加强集团内各个学校资源统筹，实现存量盘活、增量推进，拉动区域优质教育资源广覆盖，初步形成优质均衡的“北京教育新地图”。截至2021年，挖潜、腾挪解决热点学区3万个学位缺口的问题，新增基础教育学位4.1万个，公办小学、初中就近入学率连续3年达99%以上。

积极构建良好教育生态，率先在全国推进“双减”北京行动。2021年8月，出台《北京市关于进一步减轻义务教育阶段学生作业负担和校外培训负担的措施》，以“治乱、减负、防风险”“改革、转型、促提升”为主线，坚持“校外治理、校内保障、疏堵结合、标本兼治”方针，开展学生减负行动，取得初步成效。停止审批新的学科类培训机构，对线上、线下校外培训情况开展执法检查，发现问题及时处理。积极推动课堂教学“减负增效”，各学科平均有不低于10%的课时用于校内外综合实践课程。截至2021年底，全市1428家线下有证机构已压减至393家；52家线上备案机构已压减至10家；1016家线下无证、215家线上未备案机构实现动态清零，基本扭转校外培训过多过滥的局面。

提高学前教育普及普惠水平。重视学前教育公共服务体系建设，持续加大财政经费投入，扩大普惠性幼儿园覆盖面，规范治理无证园，积极培育社会办园点，有效解决“全面二孩”政策放开所带来的入园难问题。截至2021年底，全市适龄儿童入园率达到90%，入园难问题得到基本解决，普惠率达到87%，广覆盖、保基本、有质量的学前教育公共服务体系基本建成。

促进高等教育内涵式发展。实施国家“双一流”建设支持计划，从给予资金和政策支持、启动市属高校与央属高校学科合作共建、实施高精尖学科建设计划等推动在京高校“双一流”建设。加强首都知名高校人才培养体系、人事制度、治理机制、资源配置等综合改革，为“双一流”建设提供制度保证。经过首轮周期建设，34所在京“双一流”高校建设呈现良好发展态势，高精尖学科创新成果显著。

加强本科生课程体系改革，推动专业核心课程建设，促进文理交融，培养复合型人才；实施“本科生实践能力与创新精神培养计划”，提高实践类、应用类课程比例。完善实验教学示范中心建设，建设市级校内创新实践基地。加强和改进大学生思想政治教育，抓住新生入学关键期，实施“新生引航工程”，利用1年时间强化新生教育服务，引导大学生进一步坚定理想信念，为成长、成才奠定坚实基础。努力打造一流高教园区，建设房山良乡、昌平沙河2个高教园区，实现部分高校整建制迁入，发挥高校集中的优势，创新共建共享机制。推动沙河、良乡大学城内涵发展联盟建设，开放优质课程，共享教学资源，探索交叉复合型人才培养。

完善现代职业教育。改革开放之初，北京市适应经济社会发展需要，开设了职业高中和普通中学“职高班”。党的十八大以来，出台实施《关于加快发展现代职业教育的实施意见》《北京职业教育改革发展行动计划（2018—2020 年）》《关于推动北京职业教育高质量发展的若干意见》等相关文件，明确新时期首都职业教育改革发展的基本定位，从优化职教布局、完善职教体系、深化产教融合、创新培养模式、加强社会培训、培养师资队伍、建设智慧校园、推进国际合作等方面全面深化职业教育体制机制改革。

注重发挥职业教育对培育现代服务业、服务新兴产业和高技术产业的重要支撑作用。调整人才培养方案和课程教学内容，提升学生就业、创业本领。加强对学生动手实践、人文素养、革命情怀的培养，进一步提升职业技能，涵养工匠精神。启动“1+X”证书制度试点工作，其中“1”为学历证书，“X”为若干职业技能等级证书。依据“X 证书”标准，紧贴首都产业发展需求，强化与市场需求的无缝对接，在校企、校校的多元、系统和深入合作中打造具有首都特色的“3+2”中高职衔接品牌专业，开拓新业态、新技术和特色产业人才培养。2021 年，共有 62 所院校 244 个专业 354 个证书项目参与“1+X”证书制度改革试点，新增“3+2”中高职衔接办学项目 82 个，项目总量达 459 个。

2. 师资队伍建设迈上新台阶

百年大计，教育为本；教育大计，教师为本。北京市围绕实现首都教育现代化的总体目标，全面加强师资队伍建设，持续发扬尊师重教传统，不断深化教育人事制度改革，造就党和人民满意的高素质专业化创新型教师队伍。

提升教师社会地位。党的十一届三中全会以来，北京市按照中央关于“尊重教师的劳动，提高教师的质量”的要求，努力推动教育领域拨乱反正。采取入党提干、评定职称、表彰奖励等措施提高教师政治和社会地位。1985 年起，每年 9 月 10 日教师节开展慰问演出、表彰先进等活动，营造尊师重教的良好氛围。90 年代以来，支持学校自建房、集资建房、合作建房等，集中解决近万名首都高校教师的住房问题，教师工作和生活条件得到改善。加强依法治教，保障教师合法权益，实行教师聘任制、教师资格准入制、校长持证上岗等。党的十八大以来，北京市不断提升教师待遇。“十三五”期间，全市教育经费超过六成用于教师工资等人员经费支出，全市累计投入 1787 亿元，进一步完善了教师收入分配激励机制。

引进高端专业人才。大力引进国内外教育专家、名师名校长、学科带头人、国际化教育人才，加强基础教育。出台市属高等学校高层次人才引进与培养三年行动计划，引进高端领军人才，培养长城学者，聘请一批国内外知名学者指导学校的学科建设。2014 年起，围绕首都重点学科和产业发展需要，实施“北京市百千万人才工程”。2017 年，深入实施人才强校战略，加快引进和培养具有国际影响力的学科领军人才，争创“双一流”大学。积极拓展中小学教师来源，2020 年增加招收师范生 1840 余名。

实行绩效工资改革。2019 年 10 月，根据《关于进一步完善义务教育学校绩效工资分配制度的指导意见》，启动义务教育教师工资改革，采取灵活多样的分配方式和办法，从总体上优化了中小学教师工资结构，确保中小学教师平均工资水平不低于全市公务员平均工资水平。工资绩效结构向一线教师、骨干教师、重要岗位和艰苦岗位倾斜，切实保障到教育资源薄弱地区交流轮岗校长教师的工资待遇。加大绩效工资改革财政支持力度。基础性绩效工资与奖励性绩效工资之和的10%由各区统筹，其余部分由学校统筹，其中基础性绩效工资比例不低于60%，奖励性绩效工资占30%左右，绩效工资增量部分由市级财政负担。

加强师德师风建设。提高教师思想政治素质和职业道德水平，将社会主义核心价值观贯穿教书育人全过程，突出全员、全方位、全过程师德养成，推动教师成为先进思想文化的传播者、党执政的坚定支持者、学生健康成长的指导者。印发《关于进一步加强和改进新时代师德师风建设的若干措施》，从整体上设计师德师风建设的方向目标、工作重点、任务举措，建立健全师德师风建设长效机制，推进落实北京高校、中小学、幼儿园教师职业行为10项准则、师德考核办法和违反职业道德行为处理办法，推行师德考核负面清单制度，完善诚信承诺和失信惩戒机制，着力解决师德失范、学术不端等问题，构建多层面、多环节、多主体参与的师德师风建设工作新格局。

充实乡村师资力量。加强乡村中小学师资队伍建设，缩小城乡师资水平差距。实施"乡村教师素质提升计划"，强化乡村教师职业能力、提升学历，加强师德教育。建立乡村学校师资缺口与师范院校招生计划联动机制，扩大师范生培养规模；对综合性院校毕业生和师范院校非师范生取得教师资格并到乡村学校任教的，满5年给予4万元一次性补助。"十三五"期间，本市财政累计投入45亿元，推动实施乡村教师计划，提高乡村地区教学质量。

创新乡村教师编制管理，实行城乡中小学教职工编制区域统筹和动态管理，盘活师资存量。拓展乡村教师补充渠道，采取挂职交流、学校联盟、对口支援等方式，引导优秀校长和骨干教师向乡村学校合理流动。大力改善乡村教师待遇，2016年以来，市财政安排专项资金，面向全市383所乡村、山村、镇区中小学校17000多名教师，按与市中心直线距离的远近，分5个档次发放岗位生活补助，切实提高乡村教师生活待遇。实施乡村教师特岗计划（2016—2020年），为远郊区中小学招聘相关紧缺学科教师，培养“一专多能”的乡村教师。

3. 构建现代教育督导体制机制

教育督导工作坚持以立德树人为根本任务，以办好人民满意的教育为目标，深化改革发展，坚持督政、督学、评估监测并重，在体制机制、体系建设、模式创新等一系列重点领域和关键环节取得重要突破，为首都教育改革发展发挥了重要的支持和保障作用。

完善教育督导体制机制。1986年，北京市根据《关于试行中小学和学龄前教育督学制度的决定》，建立督学室，正式恢复教育督导制度，市、区（县）两级督导网络开始形成。1999年，出台《北京市教育督导规定》，标志着首都教育督导制度步入法治化、规范化的轨道。

党的十八大以来，面对教育改革发展的新形势、新任务，北京市重点围绕办学育人、聚焦教育教学质量等方面开展教育督导工作，教育工作监督监管职能进一步完善。2015年，贯彻落实《国家中长期教育改革和发展规划纲要（2010—2020年）》，市教委、市教工委、市督导室率先调整内部机构设置，将教育评估、监测、检查职能归口市督导室集中统一行使。2016年，成立北京市人民政府教育督导委员会，独立行使教育督导职能。副市长挂帅教育督导，市发改委、市财政局等全市14个部门为督导成员单位，有效发挥议事协调职能，稳步推进政府教育职能转变，为推动首都教育改革发展提供有力保障。

构建现代教育督导体系。2016年，根据《关于深化教育督导改革的实施意见》，以教育督导改革为突破口，着力推进教育治理体系和治理能力现代化。构建以“职能体系”“工作体系”“政策标准体系”“支持保障体系”为主要内容的现代教育督导体系。建立以督政、督学、评估监测职能为基础，全面覆盖各级各类教育的督导评估与质量监测体系。坚持以经常性督导为基础，以专项督导为重点，以教育质量监测数据信息为支撑，强化学校内部督导，逐步形成综合督导、专项督导、经常性督导和学校内部督导有机统一的教育督导模式。相继开展学前教育、基础教育、特殊教育、成人教育、高等教育、中高等职业教育等领域的专项督导和执法检查。组织实施对中等职业院校办学能力和高等职业院校适应社会需求能力情况的评估，探索开展市属高校本科专业评估、办学水平审核评估，组织开展对在京高校、科研院所研究生学位论文抽检工作，实现由“教育管理”到“教育治理”的跨越。

强化教育督导职责职能。围绕政府履行教育职责、义务教育优质均衡发展、教育法律法规贯彻执行以及教育改革与发展的重点难点问题，下大力气开展督政。学前教育阶段重点抓服务保障能力，基础教育阶段重点抓培育践行社会主义核心价值观、全面实施素质教育、义务教育优质均衡发展等，职业教育重点抓办学能力与适应社会需求能力、人才培养质量等，高等教育阶段重点是加强对高校思政教学、师德学风建设、创新创业能力建设等方面的专项督导，有效实施本科教学审核评估、研究生培养状况与质量、专业学位培养状况与质量的督导评估等，为全面了解教育改革与发展状况、持续完善教育政策提供舆情信息和决策参考。

经过多年持续改革，北京市教育事业取得长足进步。截至2021年底，全市有776所普通中学、837所小学、2000所幼儿园、20所特殊教育学校，基础教育在校生160万余人（其中中等职业教育在校生7万余人），在园幼儿56万余人，普通高校本专科在校生59万余人，研究生41万余人。教育设施设备、师资队伍建设实现质的跃升，为国家教育改革发展作出重要贡献。

九、大力实施绿色北京战略，让绿水青山蓝天成为首都亮丽底色

北京市坚持绿色发展战略，坚定走生产发展、生活富裕、生态良好的文明发展道路，努力建设资源节约型、环境友好型城市。党的十八大以来，北京市深入贯彻落实习近平生态文明思想，践行“绿水青山就是金山银山”的发展理念，改革创新、大胆探索、多措并举，持续推动生态环境的保护、修复与治理，坚决打赢污染防治攻坚战，积极推进美丽北京建设。经过不懈努力，绿色低碳发展已成为首都高质量发展的主基调。北京的天更蓝了，水更清了，山更绿了，良好的生态环境已成为最普惠的民生福祉，为率先全面建成小康社会谱写了首都生态文明的崭新篇章。

（一）坚持绿色低碳发展

北京市将绿色低碳发展作为首都实现高质量发展的基本战略，通过持续推进清洁能源替代、强化节能降耗、倡导绿色生活等方式，实现能源消耗总量和强度控制。探索利用市场机制，开展碳排放权市场建设。积极开展碳达峰评估，制定实施碳中和行

2019 年 8 月 16 日，北京蓝天白云，空气通透，不少游客来到景山万春亭，远眺京城，游览拍照（武亦彬 摄）

动纲要，争当碳达峰、碳中和领头羊，为全国绿色低碳发展贡献了北京经验。

1. 推行绿色生产生活方式

能源是经济社会发展的重要基础和动力，攸关国计民生和首都安全。北京市坚持推广清洁能源，强化实施节能降耗，大力倡导绿色生活，有力推动了首都持续健康发展。

清洁能源替代稳步提升。煤炭长期以来都是首都生产生活的主要能源。煤炭燃烧不仅释放大量粉尘、有害气体等污染环境，而且释放大量二氧化碳等温室气体加剧气候危机。20 世纪 90 年代，北京市推行“煤改电”“煤改气”等措施，从城区到郊区分批建设无燃煤区。党的十八大以来，北京市加快压减燃煤和清洁能源建设工作，坚定不移地实施能源清洁化战略。坚持“能减则减，不减则换”原则，推动城乡接合部和农村地区减煤换煤的清洁能源改造工程。严格落实燃煤消耗总量控制、禁燃区划定、清洁能源改造、散煤及制品标准等方面要求，依据“宜气则气、宜电则电、因地制宜”原则，以城乡接合部和农村地区为重点，先平原再山区逐步推进，大力进行民用散煤治理。2017 年 3 月，华能北京热电厂燃煤机组停机备用，北京市成为全国首个全部实施清洁能源发电的城市。修订发布《北京市燃气管理条例》，规范燃气供应管理，形成以热电联产、燃气供热为主导，多种能源、多种供热方式相结合的安全、高效、清洁的城市供热体系。出台鼓励热泵、光伏利用等政策措施，加快推进全市可再生能源规模化利用。2020 年，关停京西大台煤矿等 5 座煤矿，600 万吨煤炭产能全部退出，结束北京千年采煤史。截至 2020 年底，全市煤炭消费量占全市能源消费比重由 13.1% 降为 1.5%，天然气、调入电占能源消费比重分别达到 37.2% 和 27.0%，比 2015 年分别提高 8.2 个百分点和 5.1 个百分点，优质能源比重提高到 98.6%。北京 2022 年冬奥会在奥运史上首次实现全部场馆 100% 绿电供应。全市可再生能源占能源消费比重由 2015 年的 6.6% 提高到 2020 年的 10.4%，可再生能源占全市能源消费的比重稳步提升。

节能降耗成效明显。北京市按照政府引导、市场调节、科技推动、社会参与的原则开展节能工作。制订“十二五”时期节能降耗与应对气候变化综合性工作方案，对各区县和重点行业领域制定单位地区生产总值能耗和能源消费总量控制目标。党的十八大以来，北京市通过不断完善法规政策和标准体系，加强生态文明制度建设。健全节能减碳管理体系，提升用能单位智能化精细化管理水平。加快推进节能低碳创新服务平台建设，积极培育节能低碳环保

2022 年 4 月的北京城市副中心，碧绿的大运河蜿蜒而过，河岸是副中心行政办公区（马文晓 摄）

服务市场。加强节能减排协同治理，实施一批能源清洁利用、节能低碳改造、固废处理工程。扎实推进循环经济、低碳城市和生态文明先行示范区试点等措施，推动节能降耗与应对气候变化工作。制定实施《北京市构建市场导向的绿色技术创新体系实施方案》，引导建立健全绿色产业发展机制。重点发展大气污染防控、节水和水环境综合治理、节能与环境服务业等 8 个重点领域和若干优势环节，实施绿色技术创新引领，基本建成市场导向的绿色技术创新体系。2020 年，全市能源消费总量控制在 6762 万吨标准煤，万元地区生产总值能耗较 2015 年下降约 24%，成为全国唯一连续 14 年超额完成国家节能任务的省级地区，能效水平继续居省级地区首位。

绿色生活蔚然成风。北京市重视环境保护工作，积极围绕宣传绿色奥运和绿色北京，倡导绿色办公、植树造林、节能生活等绿色低碳生活理念。党的十八大以来，绿色低碳生活理念的普及范围更加广泛，绿色生活分类更加细化。2014 年，门头沟区成立全国首家“绿色银行”以激励全社会推进生态环境改善。企业、团体、家庭和个人在“绿色银行”开户后就成为银行的正式“储户”，并获得银行发放的“绿色存折”。“绿色银行”为广大企业、团体、家庭和个人搭建了一个增强北京市民植绿护绿、生态涵养意识和社会责任的新平台，为美丽北京建设发挥了示范带动作用。为推动绿色出行，北京市积极组织推广公共自行车、共享单车。截至 2019 年底，全市共享单车总量稳定在 90 万辆左右，有效衔接城市公共交通系统，解决了市民出行“最后一公里”难题。大力推广新能源汽车，增加新能源车供给，明确纯电动小客车不限行，在邮政、物流、环卫领域推广纯电动汽车，积极发展新能源、清洁能源公交和出租车辆。截至 2021 年，全市累计推广新能源车达 50.7 万辆。制订实施《北京市绿色出行创建行动方案》等，强化慢行出行路权保障，全市绿色出行满意度超过 85%，中心城区绿色出行比例达到 73.1%。全市围绕落实国家《绿色生活创建行动总体方案》，积极推进绿色创建工作。全面推动节约型机关、绿色家庭、绿色学校、绿色出行、绿色商场、绿色社区及绿色建筑创建工作，掀起共谋绿色生活、共建美丽家园的热潮。据 2019 年统计，超过七成居民对宣传和引导绿色低碳生活的工作表示满意，近八成居民经常主动选择绿色出行方式，节电省水生活习惯已成趋势。

新中国成立 70 多年来，首都可再生能源等清洁能源比重不断提升，万元地区生产总值能耗不断降低，绿色创新技术和绿色产业不断发展，绿色低碳生活理念逐渐深入人心。

2. 首批试点建设碳排放权市场

碳排放权交易市场建设是国家部署推进的一项重大制度创新，旨在通过市场机制调节碳排放，推动企业技术创新，实现节能减碳和产业绿色升级。北京市作为国家碳排放权市场建设首批试点城市之一，持续进行创新探索，在推动绿色低碳发展和应对气候变化方面取得积极成效。

建立碳排放权交易市场。随着全球气候变暖和温室气体排放问题日益严峻，2009 年，北京市专门成立应对气候变化和加强节能减排工作领导小组，统一部署应对气候变化和节能减排工作。2011 年 10 月，北京市被确定为全国首批碳排放权交易试点城市之一。

为充分发挥市场在温室气体排放资源配置中的调节作用，全市按照中央要求开始推动建立碳排放权交易市场。2013 年 11 月 28 日，北京市碳排放权交易市场正式开市。碳排放权交易是指由市政府设定年度碳排放总量及碳排放单位的减排义务、碳排放单位通过市场机制履行义务的碳排放控制机制。碳排放权市场开市后，首先参与的是二氧化碳年直接、间接排放量之和大于 5000 吨（含）的重点排放单位。2014 年 12 月 30 日，首个自然人成功开户交易，探索性地允许自然人参与交易。同年底，京冀正式启动跨区域碳排放权交易试点建设。北京市碳排放权市场试点机制逐步完善，市场交易较为活跃，碳配额价格稳步上涨，在全国 7 个试点市场中碳价最高。2021 年，碳配额线上成交均价每吨 72.86 元，最高突破每吨 107 元。北京市通过建立碳排放总量控制下的碳排放权交易市场，促进重点排放单位提高了减碳意识，增强了低碳和协同减排大气污染物的主动性，拓宽了企业履行减碳责任的途径。

碳排放权交易市场日益完善。制定实施《北京市碳排放权抵消管理办法（试行）》，成为国内首个发布碳排放权抵消管理办法的试点省区市。碳排放权抵消机制为全市重点排放单位提供了更多的减排履约方式，包括从市场上购买核证自愿减排项目、节能项目、林业碳汇项目产生的碳减排量等。2014 年，北京市首个碳排放权交易抵消项目——顺义区碳汇造林一期项目，在北京环境交易所挂牌交易，成为北京市第一个入市挂牌交易的碳排放权交易抵消项目。组织发布电力生产业、水泥制造业、石油化工生产业等 7 项二氧化碳排放与核算地方标准，进一步支撑碳排放权交易市场高效、规范、精细化管理工作，深化北京市碳排放权交易试点建设。碳市场的制度建设也更加成熟，形成人大立法、政府管理和配套制度在内的“1+1+N”碳交易政策法规体系。北京市还积极参与全国碳市场工作，与生态环境部对接，推进核证自愿减排（CCER）交易中心落户北京。积极搭建北京市绿色出行碳普惠项目，鼓励公众积极践行绿色低碳出行。2021 年 9 月 4 日，高德地图与北京市政路桥建材集团有限公司就 1.5 万吨碳减排量达成交易意向，成为全球首次通过市场化交易将个人绿色出行方式转化为物质和精神激励。市民以公交车、地铁、自行车、步行等绿色出行方式也能获得对应的碳减排量，可集中向主管部门申报，经核定签发的减排量可在北京碳市场上出售。碳普惠项目启动至今，平台累计用户量达 30 余万人，绿色出行量累计为 2100 万人次。

首都碳排放权市场的建立，通过市场机制促进了碳市场的价格发现，引导全社会形成“排碳有成本，减碳有收益”节能减碳意识，有效提升了社会公众的环保热情和积极性，为首都绿色低碳发展作出了重要贡献。

3. 争当碳达峰、碳中和领头羊

力争2030年前碳达峰、2060年前碳中和是中国向世界作出的庄严承诺。北京作为首都始终坚持首善标准，在双碳目标上走在前、作表率，积极开展碳达峰评估，制定实施碳中和行动纲要，努力争当碳达峰、碳中和的领头羊。

率先实现碳达峰。2020年9月22日，习近平总书记在第七十五届联合国大会一般性辩论上，中国提出“二氧化碳排放力争于2030年前达到峰值，努力争取2060年前实现碳中和”的“双碳”目标。同年，中央经济工作会议强调，支持有条件的地方率先达峰。北京市坚持首善标准，多次召开专题会议深入研究，明确将碳减排、碳中和作为全市重点工作。通过借鉴国内外经验，采取数据回溯、模型测算、专家论证等方式开展全市碳达峰综合评估，结果表明2012年碳达峰结论符合北京市经济社会所处发展阶段和国际主要经济体碳达峰基本规律。“十三五”期间，全市万元地区生产总值二氧化碳排放量累计下降超过26%，2020年万元地区生产总值二氧化碳排放量下降到0.41吨以下，碳排放效率在全国领先。2021年3月底，北京市正式向生态环境部报送碳达峰评估情况报告，在全国率先实现碳达峰。

制定实施碳中和行动纲要。北京市研究制定《北京市碳中和行动纲要》，确定了“两步走”战略和2050年碳中和目标，把率先实现碳达峰后稳中有降作为“十四五”时期践行新发展理念、融入新发展格局的重要抓手，把谋划碳中和愿景作为实现高质量发展的重要支撑，推动经济社会发展绿色转型，在全国碳达峰碳中和行动中发挥示范引领作用。印发《北京市碳达峰碳中和协调调度工作规则》，成立生态环境、发展改革等24个部门组成的协调机构，统筹节能减碳、供暖改造、绿电进京、氢能发展、数据中心绿色化改造等细化实施方案。要求各区在充分调研碳排放特征的情况下，科学预测未来发展趋势，积极开展辖区碳达峰碳中和方案研究。制定发布电子信息产品、企事业单位和大型活动碳中和实施指南地方标准，有序引导企事业单位实现更加高效、规范、精细化的碳中和管理，进一步规范全市碳中和的管理工作。

争取率先实现"双碳"目标。北京市高度重视"双碳"目标在构建新发展格局中的重要作用，积极采取有力措施减排降碳，确保"十四五"时期碳排放稳中有降，同步开展碳中和路径研究，制订专项行动方案，争当碳达峰、碳中和的领头羊。举办"碳达峰碳中和北京行动高端论坛"，邀请相关领域学术带头人和院士、专家为北京碳达峰碳中和行动建言献策。联想集团与国家电网北京电力公司等5家首都头部企业联合发起"首都头部企业低碳发展倡议"，承诺积极响应和支持碳达峰碳中和战略，率先开展低碳转型，争做行业低碳行动先锋。正式对外发布《北京市"美丽中国，我是行动者"提升公民生态文明意识行动计划（2021—2025年）实施方案》，推动社会各界及公众身体力行，选择简约适度、绿色低碳的生活方式，参与美丽北京建设。举办"北京城市副中心绿色发展论坛（2021）"，把绿色减碳放在突出位置，以"聚焦'双碳'目标，探索绿色发展"为主题。北京城市副中心发出率先实现双碳目标、加快绿色发展的鲜明信号。修订《北京市新增产业的禁止和限制目录》，严格禁限不符合首都功能和北京率先实现"双碳"目标的一般性制造业，引导新增产业和功能发展更加绿色低碳、生态环保，助力北京率先实现碳中和目标。

自“双碳”目标确立以来，碳达峰、碳中和已成为首都构建新发展格局、推动高质量发展的重要抓手，必将带来一场由科技革命引领的经济社会环境的重大变革，推动首都实现更快更好发展。

（二）打赢污染防治攻坚战

北京市立足首都城市战略定位，深入实施绿色北京战略，始终坚持生态优先、绿色发展路径，紧紧围绕持续改善生态环境质量这一核心，做到方向不变、力度不减、久久为功，坚决打赢污染防治攻坚战，守护好首都的蓝天、碧水和净土，以高水平保护推动高质量发展、创造高品质生活，不断增强人民群众的蓝天幸福感、绿色获得感。

1. 坚决打赢蓝天保卫战

为防治首都大气污染，北京市把打赢蓝天保卫战作为重要政治任务和重大民生工程，坚持依法治污、联防联控、全民共治、精准施治，发布实施《北京市打赢蓝天保卫战三年行动计划》，明确大气污染防治的时间表、路线图，不断加大大气污染治理力度，形成以防治煤烟型污染、机动车污染、工业污染和沙尘污染为主的综合治理模式。

基本解决煤烟型污染。燃煤是北京空气污染产生的重要原因之一，北京市坚定不移实施能源清洁化战略，大力推进煤改清洁能源等措施，深度治理煤烟型污染，大幅压缩煤炭使用量，减少二氧化硫等污染物排放。党的十八大以来，为减少煤炭燃烧，有效治理雾霾，印发《北京市2013—2017年加快压减燃煤和清洁能源建设工

2021 年 6 月 10 日，京城迎来好天气。图为蓝天白云衬托下永定河河畔的首钢滑雪大跳台（邓伟 摄）

作方案》，开始全面压减燃煤。北京市强化监督考核，加大投入，完善补贴机制。2020 年，全市集中供热清洁化比例达到 99% 以上。燃煤排放的二氧化硫年均浓度连续 4 年保持在个位数，达到国际先进水平，基本解决燃煤污染问题。2021 年，在最新一轮 PM2.5 源解析中，燃煤源已降低至 3%，煤烟型污染治理效果明显，对改善空气质量起到积极作用。

机动车污染排放有效降低。北京作为首都和现代化超大型城市，快速发展引发了机动车保有量呈现井喷式增长态势，尾气污染日益严重。PM2.5 源解析显示，移动源污染是造成空气污染的首要因素。北京市采取控制尾气排放、推广地方油品等措施，有效缓解机动车排放污染。党的十八大以来，全市加大机动车污染排放的防治力度，提高机动车排放标准，优化全市车辆结构，不断提升油品质量，同时加强执法检查，对移动源执法保持高压态势，对进京口、市内重要道路开展24小时路检、路查。率先在全国实施重型柴油车氮氧化物排放检测，依靠科技助力全面监管，建成国内领先的重型柴油车排放在线监测平台。采取政府补助和企业奖励相结合方式加快淘汰更新老旧车辆。截至2021年，累计淘汰国三汽油车近11万辆，国五及以上排放标准机动车占比超过70%。通过经济政策引导和行政手段约束，疏堵结合推动移动源低排化，全市机动车结构进一步向节能化、清洁化方向发展，在车多路堵等不利情况下车型结构达到国内最优，有效降低了机动车污染排放。

工业污染排放明显减少。北京市采取关、停、并、转、迁等强制性措施治理城区内不达标的分散、小型、污染严重企业。同时，按照“退二进三、退三进四”（退出第二产业，发展第三产业；退出三环路，迁至四环路以外）原则，发展“五少两高”（能耗少、水耗少、物耗少、占地少、污染少和附加值高、技术密集程度高）工业，促进产品优化和产业升级。进入21世纪，北京市从重点治理城市局部污染向全面改善城市环境转变。党的十八大以来，北京市加大工业污染防治力度，将大量高污染排放企业搬迁出京，同时对保留在京的工业企业通过技术革新、强化末端治理等方式进行治理改造，构建清洁循环发展的产业体系。重点针对挥发性有机物、氮氧化物等4项主要污染物，每年组织工业企业开展环保技术改造。修订工业污染行业生产工艺调整退出及设备淘汰目录，加快污染企业和落后工艺等淘汰退出。2013年至2019年，累计退出3000余家不符合首都功能定位的一般制造业和污染企业，淘汰1.2万家“散乱污”企业。通过严格的工业污染防治，全市工业企业污染物排放明显减少，为首都大气环境有效改善打下了坚实基础。

沙尘污染初步得到解决。北京市通过建设三、四环路和五、六环路之间的两道绿化隔离地区，以及“五河十路”绿色通道工程，参与实施“三北”（中国西北、华北北部、东北西部地区）防护林体系建设工程、太行山绿化工程、防沙治沙造林工程、水源保护林建设工程、京津风沙源治理工程等，构建起了北京抵御风沙的第一道防线。党的十八大以来，北京市实施京津风沙源治理二期工程，实施封山育林、人工造林（含平原造林、山区造林）、低效林改造等工程。截至 2021 年底，二期工程累计完成 922 万亩造林营林任务，山区森林覆盖率达到 60%，北京风沙危害得到彻底治理，沙尘天气从 20 世纪 50 年代每年多达 26 天下降到近年来的 3 天左右。全市聚焦防治扬尘污染，在完善管埋机制、创新监管手段、严格执法、强化监督等方面综合施策，不断提升治理水平。坚持“平台共享、部门负责、执法规范、环保督察、信息公开”的工作机制，制定史上最严施工扬尘治理标准，全市近 2000 个建筑施工工地安装视频监控系统，从开工建设至竣工验收备案全程控制建设工程扬尘。初步建成覆盖住建、市政、交通、水务、园林绿化等行业的施工工地扬尘视频监管平台。利用卫星遥感进行动态监管，实现裸地扬尘精准管控。实施城市道路清扫保洁分级管理，“冲扫洗收”新工艺作业覆盖率达到 91% 以上。借助视频在线监控系统、群众投诉举报等，加大扬尘违法行为公开曝光和处罚力度。2021 年，全市降尘量为 4.1 吨 / 平方千米・月（扣除沙尘影响），达到北方城市中较低水平。根据 2021 年最新发布的 PM2.5 源解析结果，扬尘源占比已降至 11%，同比下降 12.1 个百分点。

细颗粒物（PM2.5）治理取得突破性改善。北京市自 2013 年开始启动细颗粒物的监测与治理，制定实施《北京市 2013—2017

年清洁空气行动计划》，对全市空气污染进行系统全面治理，空气质量显著改善。制订实施《北京市打赢蓝天保卫战三年行动计划》，以细颗粒物治理为重点，以精治为手段、共治为基础、法治为保障，聚焦柴油货车、扬尘、挥发性有机物治理等重点防治领域，强化区域联防联控，坚决打赢蓝天保卫战。2013 年以来，全市细颗粒物浓度逐年下降，平均每年下降 7.9%，远超发达国家城市同期下降幅度。截至 2021 年 10 月，PM2.5 累计浓度 32 微克 / 立方米，创有监测记录以来历史同期最优和京津冀及周边城市中最优的“双优”成绩。2021 年，北京市空气质量首次全面达标，市民“蓝天幸福感”显著增强。

经过不懈努力，首都煤烟型污染基本得到解决，机动车污染排放不断降低，工业污染排放明显减少，山区绿色生态屏障基本形成，沙尘污染得到初步解决，空气质量明显改善，被联合国环境规划署誉为“北京奇迹”。

2. 着力打赢碧水保卫战

北京市长期坚持节水优先、量水发展的思路，充分发挥水资源对首都经济社会发展的约束引导作用。党的十八大以来，北京市以国家水污染防治行动计划为统领，以水生态环境质量为核心，不断提高水资源管理水平，加强饮用水源地保护和管理，推进重点流域治理，全面推行河长制，加强污水处理和再生水利用，坚决打赢碧水保卫战。

水资源管理水平不断提升。北京人均水资源量曾不到世界平均值的 1/80，严重制约首都经济社会发展。北京市一方面按照生活、生态、生产顺序，统一联合调度空中水、地表水、地下水，加强水资源管理；另一方面采取多项节水措施，全方位推进节水工作，建设节水型城市，缓解了水资源短缺的严峻状况。党的十八大以来，北京市率先在全国启动节水型区创建工作，制定实施《关于实行最严格水资源管理制度的意见》，围绕安全、洁净、生态、优美、为民的五大水务发展目标，将用水总量控制指标分解到各区并加强考核，提高水资源管理精细化水平。推行水影响评价审查制度，充分发挥水资源对城市规划建设的引导约束作用，实现农业用新水负增长、工业用新水零增长、生活用水控制性增长、生态用水适度增长。大力推进工业、市政、园林、河湖生态等行业领域再生水利用。划定地下水禁采区、限采区范围并加强管理。逐步压减怀柔、平谷和潮白河应急水源地取水量，全市平原区地下水位进一步回升。截至 2019 年底，全市用水总量控制在 42 亿立方米以内，万元地区生产总值用水量、万元工业增加值用水量分别下降到 11.78 立方米、7.07 立方米，用水效率与效益显著提升，在全国处于先进水平。

加强对饮用水水源地的保护工作。制定实施《进一步加强密云水库水源保护工作的意见》，完善保水工作体制机制，建立市、区二级政府组成的密云水库水源保护工作联席会议制度，成立区、镇、村三级保水队伍。实施库区源头治理工程，开展畜禽禁养、退耕禁种、库中岛生态修复和库滨带修复及围网建设工程。强化保障，多渠道筹措资金，确保库滨带养护费、农民专项补助资金、产业发展支持资金等落实到位。开发库区管护工作岗位，引导农民发展生态农业，促进增收致富，实现保水富民有机统一。与周边市区一起开展生态环境联建联防联治的团结协作，京冀“两市三区”(承德市、张家口市、密云区、怀柔区、延庆区）组成“保水共同体”，推进上游保水、库区保水、护林保水、依法保水、政策保水。截至2021年底，密云水库、白河、潮河断面水质始终符合国家地表水Ⅱ类及以上水体标准，全市平原区地下水位同比回升5.64米。

河湖水质逐年好转。北京市高度重视水环境治理问题，先后对环绕紫禁城的筒子河和“六海”（北海、中海、南海、前海、后海、西海）、京密引水渠昆明湖到玉渊潭段河道等河湖水系进行综合治理。通过截污、清淤、护岸，初步实现了水清、岸绿、流畅、通航的目标。党的十八大以来，北京市进一步推进河湖水系生态环境综合整治。制订实施《北京市河长制工作方案》，明确由党政主要负责人担任河长，形成完整的市、区、乡镇（街道）、村（社区）4级河长体系。全市共任命河长5900余名，初步实现河湖水域河长全覆盖，不断加大对河湖环境的治理和保护投入。“河长制”的建立与完善为构建河湖治理和管护的长效机制、维护河湖生态、实现河湖功能永续利用提供了制度保障。北京市坚持把黑臭水体整治作为改善水生态环境的重要抓手，全面推进黑臭水体治理，并将黑臭水体治理完成后纳入“河长制”管理范围。全市共排查出142条段669千米黑臭水体，通过落实属地政府水环境保护和治理的主体责任，采取截污治污、清淤疏浚、水系循环、生态修复等综合措施，建立动态管控机制，确保首都河流“长治久清”。2019年，国家对北京市的25个断面进行水污染防治考核，水质优良比例达到60%，无劣Ⅴ类水体。截至2020年底，全市共监测河流99条段、湖泊22个、水库18座，多年的综合监测数据表明，北京市水环境质量不断改善，河湖水质逐年好转。

污水处理和再生水利用取得显著成效。污水处理能力是城市现代化标志之一，关系人民群众生存环境和城市持续发展。北京市高度重视污水处理工作，不断加大工作力度，推进污水处理和再生水利用设施建设。党的十八大以来，北京市强化政策推动，连续实施三年治污行动方案，不断提高污水处理收集能力和再生水利用能力，实现水资源可持续利用，基本解决中心城区污水处理能力不足问题，再生水水质和水量大幅提升，对缓解水资源压力和改善生态环境起到重要作用。2020年，北京市启动实施第三个三年污水治理行动方案，对提前完成治理的142条段黑臭水体进行动态巡查、交叉监测、及时整治。按照“查、测、溯、治、管”思路，构建“污染源—排污口—水环境”的全过程监管体系，在全国率先出台实施分类分级管控技术指南，全面加强入河排污口管理，全市污水处理率达到95%。在城镇地区基本实现污水全部收集、处理的同时，有序推进农村治污。针对农村污水治理项目点多、面广、实施难度大等问题，先后出台《落实〈农业农村污染治理攻坚战行动计划〉实施方案》等分类指导文件，在全国率先编制《农村生活污水处理设施水污染物排放标准》，进一步规范农村污水治理工作。

通过多措并举、合力攻坚，首都水资源节约集约利用水平不断提高，水生态环境质量持续改善，有力促进了水生态环境与经济社会的协调发展，为首都生产、生活和生态文明建设提供了坚实的用水基础。

3. 扎实推进净土保卫战

北京市将净土保卫战作为打赢污染防治攻坚战、推进生态文明建设的重要内容，通过开展土壤污染调查与监测，制订实施《北京市土壤污染防治条例》，以土壤安全利用和风险管控为核心，建立责任落实和考评机制，坚持预防为主、保护优先原则，有效管控农用地和建设用地土壤环境风险。

土壤环境风险得到基本管控。北京市高度重视土壤环境保护工作，按照国家《土壤污染防治行动计划》要求，制订实施《北京市土壤污染防治工作方案》，组织全市开展农用地和重点行业企业用地土壤污染状况调查。遵循全国统一技术规范、统一评价标准和统一质量保证措施的要求，针对农用地全市共布设 1723 个详查点位、5 个农产品协同调查点位，编制完成全市农用地土壤污染状况的详查技术报告和验收报告。同时，开展 394 个重点行业企业用地基础信息调查以及 156 个重点行业企业用地的土壤和地下水采样监测，编制完成全市重点行业企业用地土壤污染状况调查技术报告和验收报告。北京市还自主完成未利用地、重点工业园区等土壤环境状况调查，初步掌握全市未利用地和 26 个工业园区、62 个背景点的土壤环境状况。在土壤污染调查基础上全面加强土壤监测，布设 600 余个市控土壤环境综合监测点位，以及农产品产地、地质环境、园林绿化用地等 2000 余个专项监测点位，基本实现全市不同土地类型全覆盖。制订实施《北京市打赢净土持久战三年行动计划》，从 2018 年底到 2020 年底，每年制订实施“打好净土保卫战”行动计划。建立全市污染地块联动监管机制，与国家生态环境、规划自然资源、住房城乡建设部门实施信息共享、联动监管，对未达到修复目标的污染地块不核发相关许可证。出台土壤污染防治工作方案、年度重点任务分解，持续推动土壤污染防治工作。截至 2020 年底，全市污染地块、受污染耕地安全利用率均达到 90% 以上，全市土壤环境质量总体保持稳定，建设用地和农用地土壤环境安全得到基本保障，土壤环境风险得到基本管控。

农用地污染得到有效预防。党的十八大以来，北京市按照国家农用地土壤污染风险管控新标准，着力推进耕地安全利用，保障农业生产安全环境。充分利用全国农产品产地土壤重金属污染普查、土壤污染状况详查结果，完成全市涉农区耕地和果园用地环境质量类别划分工作，建立农用地分类管理制度。加大耕地保护力度，实施最严格的耕地保护制度和节约用地制度，严格保护永久基本农田。对于复垦为耕地的土地，组织复垦前土壤污染状况调查，依法分类管理。对于非农建设占用耕地，按照“谁占用、谁剥离”的原则，进行耕作层土壤剥离并优先利用。按年度制订受污染耕地安全利用工作方案，因地制宜地采取污染源防控、休耕轮作、种植结构调整、优化施肥等措施，推进受污染耕地安全利用。同时，对种植小麦、玉米、果树、蔬菜等食用农产品的受污染耕地，开展农产品质量协同监测，实行“产出一季、检测一季”。采取推广应用有机肥、实施绿控产品补贴等措施，推进种植业化肥、农药等污染防治，采用以物换物、现金回收等模式加强农药包装废弃物回收处理。2021 年，全市化肥、农药利用率分别达到 40.9%、45.52%，均高于国家要求。全市推广应用有机肥 18.92 万吨，回收废旧地膜等农业塑料制品 2575.94 吨，回收农药包装废弃物 164.47 吨，农膜回收率达到 90% 以上。强化畜禽粪污资源化利用，全市规模养殖场粪污处理设施装备率达 100%，畜禽粪污综合利用率持续保持在 95% 以上，农用地污染得到有效预防。

建设用地环境风险得到严格管控。北京市高度重视企业建设用地土壤环境监管，严格管控污染地块土壤环境风险，切实保障人居环境安全。党的十八大以来，全市建立企业建设用地筛查、调查、风险评估、风险管控与修复、效果评估、后期管理的全流程监管体系。对 2013 年以来关停的 7000 余家企业开展原址用地筛查，建立筛查台账并动态更新，守住“入口”，保障建设用地安全利用。北京市与国家规划自然资源部门建立信息共享机制，制定建设用地土壤污染风险评估报告、风险管控（修复）效果评估报告评审机制，制定污染地块再开发利用和治理修复的实施意见，在国土空间规划、土地收储、建设工程规划等环节，明确土壤污染风险防控的要求，按照先调查，再治理，后建设的原则，有效防范污染地块再开发利用的环境风险。积极探索生态修复、降低风险的管控模式和更加低碳、环境友好、可持续发展的绿色管控方式，充分利用土壤自净能力，长期监控其自然衰减成效，实现污染地块安全利用。严格土壤污染执法监管，利用“遥感监测 + 网格巡查 + 现场检查”方式加强对建设用地土壤污染风险管控和修复的执法检查力度。2017年至2021年，全市共有344个地块纳入建设用地土壤污染状况调查名录，其中298个地块完成土壤污染状况调查，46个地块完成风险管控和修复，为首都建设提供约467万平方米可安全再利用的建设用地。

北京市通过开展土壤污染状况调查与监测，加强土壤环境的风险管控，重点管控农用地和建设用地的污染风险，切实保障人居环境安全，让全市人民“吃得放心、住得安心”。

（三）绘出美丽北京新画卷

北京市全面贯彻习近平生态文明思想，牢固树立“绿水青山就是金山银山”发展理念，统筹山水林田湖草沙系统治理，持续开展首都绿化美化，扎实推进生态环境保护、修复与治理，不断提高生态环境治理体系和治理能力现代化，为首都率先全面建成小康社会增添亮丽的生态底色。

1. 首都绿化美化程度大幅提高

绿色被喻为生命色、自然色，是城市生命与活力的象征。北京市认真贯彻绿化造林的基本国策，持之以恒地开展植树造林和城市绿化美化活动。党的十八大以来，进一步加大生态环境建设力度，多措并举地绿化美化首都。

植树造林打造绿色北京。历史上“风沙紧逼北京城”的警钟曾一度震撼人心，北京被列入沙漠边缘城市。改革开放后，北京市成立首都绿化委员会，组织开展大规模造林绿化、防风固沙、建设自然保护区等工作，全市森林覆盖率和城市绿化覆盖率有所提升。党的十八大以来，北京市贯彻落实党中央对首都生态环境建设的新要求，在全市范围内构建“一屏三环五河九楔”的绿色空间格局：加强整体生态保育和生态修复，建设山区绿色屏障；优化公园绿地功能布局，建设一道绿隔城市公园、一二道绿隔郊野森林公园和环首都国家公园体系；加强水生态环境治理，逐步恢复和提高以拒马河、永定河、温榆河、潮白河、泃河为主构成的河湖水系生态功能；建设平原区9条连接中心城、新城及周边区域的楔形生态空间。启动实施平原地区造林工程和新一轮百万亩造林绿化行动计划，重点突出了城区、平原、浅山三大区域，实施十大重点任务。研究制定北京森林城市发展规划，明确“绿美京华，北京森林”的总体定位，建设呈现林城掩映、蓝绿交织的大地风貌。全面推进实施“林长制”，建立调度、巡查、部门协作、督察、考核、信息共享和报送等配套制度，建成市、区、乡镇（街道）、村（社区） 4级林长

2021 年 8 月 20 日，航拍密云水库库区。当年，密云水库蓄水量突破 1994 年历史最高纪录（王海欣 摄）

制责任体系。截至 2021 年底，全市完成 85.3 万亩造林任务，森林覆盖率达到 44.6%，平原地区森林覆盖率达到 31%，城市绿化覆盖率达到 49%，人均公园绿地面积 16.6 平方米。

重大活动提升城市绿化美化水平。改革开放后北京提出要重视城市绿化美化效果，把城市街道装扮得更加绚丽多彩。1984 年起，借助“五一”“十一”等重要节日和举办亚运会、奥运会等重大体育盛会的契机，全市在天安门广场、八达岭长城等重点地区摆放花卉和绿植，营造热烈、喜庆、祥和的环境氛围，不断提升城市绿化水平。党的十八大以来，北京市贯彻落实“四个中心”城市战略定位，进一步借助举办重大活动的契机，扩大城市绿色生态空间。先后成功举办第九届中国（北京）国际园林博览会、第十一届中国菊花展、第十一届世界葡萄大会、世界月季洲际大会等一批重大绿色展会，不断提升首都园林绿化美化水平。利用主办 APEC 会议、“一带一路”国际合作高峰论坛等契机，开展重点环境整治和景观布置，整个京城呈现出满目青翠、繁花似锦的景观效果。为隆重庆祝新中国成立 70 周年和中国共产党成立 100 周年，在全市环路、天安门广场、长安街沿线、香山革命纪念地、中国共产党早期革命活动旧址周边等重要区域和道路节点区域设置景观装置，打造出恢宏壮观、优美大气的城市景观，使首都绿化环境景观全面升级。越来越多的重大活动落地京城，为首都留下了一批绿色生态物质遗产，提升了城市的绿化美化水平。

市民的绿色福祉不断提升。伴随首都经济社会发展，市民身边的活动空间更大了，绿色更多了，环境也更美了。漫步北京街头，随处可见沿街的绿树、花坛、草坪，走进胡同也能处处见绿。皇城根遗址公园、菖蒲河公园、明城墙遗址公园、元大都城垣遗址公园、海淀公园、朝阳公园等一批现代园林先后建成，越来越多的街边公园出现在人们的生活中。党的十八大以来，北京市坚持以人民为中心的发展思想，努力把城市建设放在大自然中，把绿水青山留给居民，让广大人民群众共享生态文明建设成果。持续推进健康绿道建设，制订实施《北京市级绿道建设总体方案》，以“三环、三翼、多廊”绿道建设为重点，打造服务市民的健身休闲之道。截至 2021 年底，建成环二环滨水绿道、“三山五园”绿道、园博绿道、温榆河滨水绿道等总长度达 1318 千米的健康绿道，将全市 200 多处公园、风景名胜区、历史文化遗迹有机串联起来。优化城市园林布局，全面加速城市副中心园林建设，营造“三季有花、四季有景”的北京东部生态绿洲。建成北京西山国家森林公园等近郊公园，初步构成城市休闲—近郊郊野—新城滨河—远郊森林的圈层式公园布局。全面启动整治违法建设、“开墙打洞”等违规行为，通过“留白增绿”、腾退还绿、疏解建绿、见缝插绿等途径为人民群众提供更多休闲游憩场所。截至2021年底，全市共完成“留白增绿”47.89平方千米，累计建成城市休闲公园190处、城市森林52处、小微绿地和口袋公园510处，打通了首都核心区、中心城区、城市副中心、平原新城及生态涵养区的景观节点。

随着首都绿化覆盖率不断提升，百姓身边的绿色生态空间越来越多，城市“颜值”变得越来越高，首都人民的绿色获得感和幸福感也越来越强。

2. 生态环境质量明显改善

随着改革开放深入推进，湿地被侵占、水源地被污染等生态环境问题日益显现。北京市牢固树立绿色发展理念，不断加大生态环境修复、保护和建设力度，通过城市湿地建设、区域水生态修复治理和生态涵养区建设，持之以恒地提高首都生态环境质量。

城市湿地建设成果显著。湿地对城市气候、涵养水源、净化水质与维护生物多样性等影响重大，有“地球之肾”“物种基因库”之称。北京的湿地曾因过度开发而遭到不同程度破坏，对城市生态环境造成不良影响。改革开放以来，北京市高度重视湿地恢复与保护，大力推动湿地建设，先后建成野鸭湖湿地、汉石桥湿地公园、翠湖国家城市湿地公园、南海子郊野公园（一期）等一批湿地公园。党的十八大以来，北京市加大湿地恢复和保护力度，制定实施《北京市湿地公园管理暂行办法》《北京市湿地保护条例》等一系列法规制度，完善湿地保护法规与管理体系。2013年至2017年，全市累计恢复与建设湿地8000余公顷，建设10座湿地公园和10个湿地保护小区，总面积37平方千米，基本形成以自然保护区为基础、湿地公园为主体、湿地自然保护小区为补充的湿地保护体系。“十三五”时期，北京在房山长沟、琉璃河，大兴长子营、青云店，通州马驹桥、张家湾及北运河通州区域等地开展湿地恢复与保护建设，新建湿地300平方千米。恢复永定河、潮白河、官厅水库区域湿地80平方千米。截至2020年，全市湿地总面积达587平方千米，占全市总面积的3.6%，对保障首都生态安全，促进经济社会可持续发展发挥了重要作用。

区域水生态修复治理成效明显。水不仅是城市的灵魂，更是城市发展的关键。北京市历史上通过植树造林、改善植被等办法治理水土流失，改善生态环境，保护首都饮用水源，并以小流域为单元进行重点治理。

党的十八大以来，北京市贯彻习近平生态文明思想，落实“山水林田湖草是生命共同体”的重大论断，下大力气加强区域水生态的修复治理，推进生态系统保护和修复。聚焦“水少”“水脏”的基本市情和突出问题，贯彻“四抓五保”理念，坚持治水要从治村抓起、保水要从保绿抓起、节水要从种植抓起、管水要从沿岸抓起和上游保水、库区保水、护林保水、依法保水、政策保水，以“用生态的办法解决生态问题”为引领，推进水生态修复治理。注重统筹山水林田湖草自然生态各要素，由强调工程治理向注重生态治理转变，坚持系统治水和生态治水相结合，变单一河道治理为流域系统治理，上下游和左右岸“水岸共治”。扎实推进生态清洁小流域建设，制定实施《北京市水土保持条例》，通过法律、政策保障和资金支持，以水源保护为中心，构筑生态修复、生态治理、生态保护三道防线，坚持污水、垃圾、厕所、河道、面源污染“五同步”

治理，加强生态清洁小流域建设和管护。截至2021年底，北京市1085条小流域中已建成466条生态清洁小流域。永定河被誉为北京的“母亲河”，北京市与山西、河北、天津联合对永定河全流域进行系统生态治理。2020年，经过跨地区联动治理，永定河北京段实现全线通水，沿线地下水位普遍回升，水源涵养能力不断提高，沿河生态景观得到滋润和恢复。

生态涵养区建设实现绿色转型。随着经济发展和人口增长，资源和环境压力日益成为影响首都高质量发展的重要因素。北京市统筹考虑人口与资源环境承载力，严控城乡开发用地规模，划出特定区域用于生态恢复与保护，将门头沟、平谷、怀柔、密云、延庆5个区和昌平、房山的山区部分划为生态涵养发展区，明确功能定位，提出符合实际的发展要求，探索适合自身特点的发展道路。党的十八大以来，北京市进一步科学规划城市空间布局，将原来的生态涵养发展区提升为生态涵养区，以保障首都生态安全为首要任务，坚持更好、更高水平，更可持续的绿色发展道路。持续推进京津风沙源治理、太行山绿化等国家级重点生态工程建设，植树造林，退耕还林还草，扩大生态涵养区的绿化覆盖率。加强水源保护区、自然保护区、湿地保护区等建设，强化生态清洁小流域综合治理，为生态涵养区增加更多更优质的水源。调整生态涵养区经济结构，持续加大生态涵养区的投入力度，加强干部人才保障和完善考评指标体系，推动生态涵养区坚持走生态优先、绿色发展之路。截至2020年底，全市累计向生态涵养区拨付生态保护补偿转移支付引导资金30亿元，安排市级固定资产投资120亿元，平原区给予生态涵养区结对协作资金6亿元，重点支持生态环境、基础设施和公共服务建设等，生态涵养区综合承载能力不断增强。制定实施国内首部省级层面生态涵养区生态保护和绿色发展条例，率先在全国开展生物多样性调查，率先编制实施《北京市生物多样性保护规划(2021年—2035年)》，推动形成多层次、多领域、全过程生物多样性保护体系。

国家生态文明示范区建设成绩斐然。北京市深入践行“绿水青山就是金山银山”重要理念，制定实施《北京市生态文明示范创建管理办法（试行)》，指导各区持续推进生态文明示范创建工作，全面提高生态文明建设和生态环境保护水平。延庆区立足生态涵养区功能定位，坚持以“控制总量、削减存量、改善质量、扩大容量”为重点推进生态环境保护工作，先后荣获首批“国家生态文明建设示范区”、第二批“绿水青山就是金山银山”实践创新基地称号。密云区强化顶层设计和统筹协调，设立生态环境保护督察、自然资源管理、生态环境建设、水污染综合治理等7个专项小组，建立平原区与生态涵养区结对协作机制、生态环境保护协调机制等跨区域生态文明建设新机制，创新形成“保水富民”密云模式，发展生态产业，推动绿色循环低碳发展，构建有密云特色的生态文化体系，荣获第三批“国家生态文明建设示范区”称号。门头沟区夯实生态文明建设责任和制度体系，以“守好绿水青山”为使命，全力筑牢首都西部生态屏障，终结千年采煤史，率先开展农村生活垃圾分类，推进“厕所革命”，完善污水收集处理设施建设，成为北京唯一受到国务院通报表彰的农村人居环境整治激励县，生态涵养能力持续增强，先后荣获第三批“绿水青山就是金山银山”实践创新基地称号和第四批“国家生态文明建设示范区”称号。截至2021年底，延庆区、密云区、门头沟区、海淀区、怀柔区、平谷区成为全国特别是北方地区生态文明建设的典范并辐射到中心城区。

随着北京市大力推进湿地建设与保护，加强区域水生态的修复治理，生态涵养区建设发展实现绿色转型，宜居宜业宜游的国家级生态文明建设示范区越来越多，不仅首都居民的绿色获得感和幸福感不断提升，也为美丽中国建设贡献了北京智慧。

3. 生态环境治理能力显著提升

北京市牢固树立绿色发展理念，以提升生态环境质量为核心，统筹推进生态环境机构改革与生态环境保护督察，大力加强生态环境监测与执法力度，积极改革生态环境管理机制，构建政府主导，企业主体、社会组织和公众共同参与的生态环境治理格局。

统筹推进生态环境机构改革。面对人民群众对改善环境质量的迫切要求，北京市贯彻落实中央关于生态文明建设的决策部署，积极推进生态环境机构改革，将原市环境保护局、市发改委、原市农业局、原市南水北调办、市水务局等相关机构职责进行整合，增加应对气候变化和减排、监督防治地下水污染等职责内容，组建北京市生态环境局，优化机构职能，整合人员编制，凝聚各方力量，不断提高生态环境治理能力，切实保障首都生态安全。实施生态环境机构监测监察执法垂直管理改革，建立健全条块结合、各司其职、权责明确、保障有力、权威高效的生态环境保护管理体制，落实各级政府部门的生态环境监督责任，建设规范化、标准化、专业化的生态环境保护人才队伍，增强生态环境监测监察执法的独立性、统一性、权威性和有效性。推进生态环境保护综合执法改革，制订《北京市深化综合行政执法改革实施方案》，整合组建市、区两级生态环境局管理的生态环境保护综合执法机构，加强生态环境保护执法。截至 2019 年底，市、区两级生态环境机构改革工作基本完成，解决了长期以来生态环境保护领域职责交叉重复、多头共治等问题，为打赢污染防治攻坚战提供重要支撑。

环保督察实现全覆盖。北京市高度重视生态环境保护督察工作，在配合完成中央生态环保督察工作的同时，积极开展市级生态环境保护督察，压实政治责任，形成警示震慑，推进生态环境工作落实。成立环保督察工作领导小组，统筹领导全市环保督察工作，设立市环保督察办公室、市环保督察中心，初步形成领导小组统筹、督察办组织、督察中心落实的工作架构。组织对全市 16 个区和北京经济技术开发区开展第一轮市级环境保护督察全覆盖。针对扬尘污染管控、空气重污染应急、自然保护区监管、大气污染防治等突出问题，多次组织开展专项督察。成立中共北京市委生态文明建设委员会生态环境保护督察工作小组，设置环保督察专员，进一步健全督察工作体系，统筹推进全市生态环保督察、考核、问责等工作，持续推动全市生态环境改善和环境质量提高。

生态环境监测与执法水平不断提升。北京市将加强环境监测工作作为推进生态文明建设的重要支撑。制订实施《生态环境监测网络建设方案》，从网络建设、信息共享、能力提升、监管联动、保障体系等 5 个方面加强全市生态环境监测网络建设。发布实施《环境监测机构监测质量管理技术规范》等地方标准，规范和指导监测机构及企业的监测行为。截至 2019 年底，建成覆盖全市的 35 个空气质量自动监测站和 1000 余个颗粒物监测站点。完善基于地基雷达和卫星遥感的垂直监测能力，形成具有国际领先水平的新一代天空地三维立体空气质量监测网络。建成由 300 余个监测点位组成的地表水环境质量监测网和覆盖全市各用地类型的土壤环境质量监测评价网络。2020 年，全市生态环境监测网络基本实现环境质量、重点污染源、生态状况监测全覆盖，基本建成天地一体、密切协同、信息共享，具有国际先进水平的生态环境监测网络体系。紧密依托生态环境监测网络，北京市坚持“依法、精准、科学”执法，聚焦重点区域和重点问题开展“点穴式”执法行动。按照检查、移送、整改、反馈、复查、督察“六步走”的闭环管理程序，不断优化执法方式，提高执法效能，推动解决一大批突出环境问题，为生态环境质量改善提供有力执法保障。

生态保护补偿机制不断完善。2003 年起，北京市每年拨付生态涵养区建设补偿费，重点支持水资源保护、生态保育建设、污染治理、危险村搬迁安置等，着力改善环境质量。

党的十八大以来，全市进一步健全生态保护补偿机制，加强山区基础设施建设和基本公共服务提升，切实改善乡村地区生产生活条件，明确“养山就业、规范补偿、以工代补、建管结合”的方针，实现生态与富民双赢。按照“谁受益、谁补偿，谁保护、谁受偿”的原则，建立合理的生态保护补偿标准、考核评价制度和沟通协调平台。建立市、区生态保护补偿政策和资金统筹实施机制，2018 年起，每年安排生态保护补偿转移支付 30 亿元支持门头沟等 7 个生态涵养区建设，围绕“两山三库五河”①实施高水平生态涵养保护。2020 年，实现森林、湿地、水流、耕地等重点领域和生态保护红线区、生态涵养区等重点区域生态保护补偿全覆盖。

全面推行排污许可制度。北京市将排污许可制作为污染源环境管理、提高污染源管理精细化水平的核心制度。制订实施《控制污

---

① 即北部燕山、西部西山，密云水库、官厅水库、怀柔水库，东部泃河、北部潮白河、中部北运河、西部永定河、西南部拒马河。

染物排放许可制实施方案》，明确市、区两级政府部门工作职责，实现排污许可“一证式”管理，形成系统完整、权责清晰、监管有效的污染源管理体系。截至2021年底，北京市推行排污许可全覆盖，全市火电、汽车制造、污水处理等95个行业的4593家企业完成排污许可证核发，12696家企业完成排污登记。

综合实施环境准入清单管理。北京市在环境管理许可制基础上，推动构建以“三线一单”① 为基础的生态环境分区管控体系。制定1个全市总体生态环境准入清单，5个功能区② 的生态环境准入清单和776个环境管控单元的生态环境准入清单，形成“1+5+776”生态环境准入清单体系，将生态保护、污染排放控制、环境风险防控、资源开发利用等管控要求落实到具体管控单元，强化空间、总量、准入生态环境管控，不断提高生态环境管理水平。

通过深入推进生态环境领域的机构和管理改革，环境污染的突出问题得到解决，环境治理的效能不断显现，生态环境质量明显改善，首都生态环境治理体系和治理能力得到显著提升。

① 即生态保护红线、环境质量底线、资源利用上线和生态环境准入清单。

② 即首都功能核心区、中心城区（首都功能核心区除外）、城市副中心及通州其他区域、平原新城、生态涵养区。

十、北京全面建成小康社会的经验与展望

新中国成立后，北京发生了翻天覆地的变化，全市经济建设、政治建设、文化建设、社会建设、生态文明建设以及党的建设等领域发生历史性巨变，见证了中华民族从站起来、富起来到强起来的伟大飞跃。党的十八大以来，习近平总书记多次对北京工作作出重要指示，充分体现了对首都人民的深情厚谊、对首都工作的高度重视和巨大关怀。北京坚决贯彻落实习近平总书记的重要指示精神，坚持用习近平新时代中国特色社会主义思想武装头脑，紧紧围绕“建设一个什么样的首都，怎样建设首都”这一重大时代课题，团结带领首都人民，发扬首创精神勇于创新，绘就了全面小康的“首都画卷”，为进一步全面深化改革开放，推进新时代首都现代化建设奠定了坚实基础。

（一）北京率先全面建成小康社会的成功经验

在全面建成小康社会的进程中，北京的实践丰富、成果丰硕，积累了极为丰富、鲜活的宝贵经验。开启全面建设社会主义现代化

2021 年 6 月，位于复兴门桥东北角的“中国梦　新征程”花坛（北京日报社供图，王海欣 摄）

国家新征程，向着第二个百年奋斗目标迈进，关键在坚持中国共产党领导，关键在中国特色社会主义制度的优越性，关键在习近平新时代中国特色社会主义思想的理论指导，已经取得的推动经济社会发展的一系列宝贵经验必须一以贯之坚持。这些经验启示弥足珍贵，要倍加珍惜、长期坚持，在实践中不断丰富发展。

必须始终坚持和加强党的领导。中国共产党是全面建成小康社会的根本领导力量，北京的经济社会发展成就，是在我们党的坚强领导下实现的，是首都人民群众接续奋斗干出来的。看北京首先要从政治上看，一切工作都从政治上考量、在大局下行事，始终在政治立场、政治方向、政治原则、政治道路上同以习近平同志为核心的党中央保持高度一致。坚决贯彻执行党的路线方针政策，自觉维护党中央的绝对权威和集中统一领导，是确保北京改革开放正确方向的根本要义，是做好首都各项工作的首要前提。党中央始终对首都工作高度重视，每个发展阶段、每项重大举措都提出明确指示要求。特别是党的十八大以来，习近平总书记站在党和国家全局，以透视历史、洞悉未来的深邃眼光和战略高度，明确首都发展大势，为首都发展提供了科学指引，为“建设一个什么样的首都，怎样建设首都”谋定了宏伟蓝图。北京市自觉服从服务国家发展大局，增强“四个意识”、坚定“四个自信”、做到“两个维护”，坚决落实党中央的决策部署和对北京工作的指示精神，切实履行好“四个服务”职能，全面加强党的政治建设、思想建设、组织建设、作风建设、纪律建设和制度建设，深入开展反腐败斗争，党的执政地位更加巩固，党组织的战斗堡垒作用和党员的先锋模范作用更加彰显，战胜一系列重大风险挑战，有力地领导和推进了首都改革开放和现代化建设。实践反复证明，我们必须始终坚持和完善党的领导，以首善标准管党治党，永葆党的先进性和纯洁性，才能更好地肩负起带领全市人民建设国际一流的和谐宜居之都的历史使命。

必须始终坚持首都城市战略定位。城市战略定位决定着城市发展方向和发展模式，是城市发展蓝图的起笔落墨之处。首都城市总体规划在改革开放进程中先后经历过 4 次大的调整，特别是 1983 年中央批复北京建设总体规划方案，明确北京是政治中心和文化中心。2014 年，习近平总书记视察北京，明确提出“四个中心”城市战略定位。2017 年，中共中央、国务院批复北京新的城市总体规划。每次城市总体规划的变迁调整，都是对首都城市战略定位认识的深化和实践的完善。党的十八大以来，坚持把“四个中心”作为引领城市发展的定向标，牢牢把握首都发展要义，履行“四个服务”职能，自觉从党和国家大局审视及把握首都工作，从国家战略要求出发来谋划和推动北京自身发展，把大力加强“四个中心”建设、提高“四个服务”水平作为北京发展的要义，主动将全面建成小康社会根植于“时代课题”的土壤之中，首都功能持续优化提升，人文北京、科技北京、绿色北京战略深入实施，京津冀协同发展取得实质性进展，全力维护首都安全稳定，经济社会发展更具首都特色。实践证明，牢牢把握首都城市战略定位，强化首都服务保障功能，提高“四个服务”水平，是首都发展的职责所在。

必须始终坚持为人民谋福祉。实现好、维护好、发展好最广大人民根本利益是中国共产党先进性的根本体现。新中国成立以来，北京市坚决贯彻以人民为中心的发展思想，始终坚持人民主体地位，着力践行以人民为中心的理念，把人民群众的期盼作为执政为民的方向和动力，坚持把消除贫困、改善民生、实现共同富裕作为重要使命，不断增强广大人民群众的获得感、幸福感、安全感。坚决从群众普遍关注、反映强烈的问题入手，不断推出实实在在的促发展举措，一系列改革举措落地见效，为人民群众致富奔小康创造条件。有力保障各项任务落实到位，把让人民群众分享更多发展红利、提升生活品质作为更高奋斗目标。在发展中保障和改善民生，促进社会公平正义，积极构建有效的超大城市治理体系，努力让发展成果更多更公平惠及广大群众。实践充分表明，始终坚定人民立场，真情实意、真金白银、真抓实干地增进民生福祉，就一定能够把共同富裕的道路越走越宽。

必须始终坚持改革开放创新。改革开放是决定当代中国命运的关键一招，也是北京率先全面建成小康社会、不断加强“四个中心”建设的根本动力。改革开放40多年来，从京郊农村家庭联产承包责任制到以国有企业为中心的城市经济体制改革，从产权制度改革到供给侧结构性改革，从建立、完善社会主义市场经济体制到全面深化改革，北京市不断突破一个个体制机制障碍，释放出前所未有的生机与活力。从“引进来”到“走出去”，从实施奥运战略到融入“一带一路”建设，北京市对外开放领域越来越宽，对外竞争优势越来越强，外向型经济发展质量越来越高，全方位对外开放格局逐步建立。党的十八大以来，首都干部群众坚持向改革创新要动力，发挥其引领高质量发展的重要动力源作用，深入贯彻新发展理念，自觉融入新发展格局，主动减量发展，坚决走依靠创新驱动的内涵型增长路子，大力推进以科技创新为核心的全面创新，构建高精尖经济结构，积极打造优质的营商环境，以开放促改革、促发展，用好国内国际两个市场、两种资源，实施更大范围、更宽领域、更深层次的对外开放，建设更高水平开放型经济新体制，提高经济发展的质量效益和核心竞争力。实践证明，在全面深化改革的新征程中，面对新形势新任务，必须不断深化对北京市情的认识和判断，坚持改革开放创新，用足用好中央支持北京各项政策，以全面深化改革增添红利，以深化扩大对外开放激发活力，不断解放和发展社会生产力。要打破旧思想观念的束缚、敢闯敢干，瞄准制约首都发展的重大现实问题持续发力，抓住人民群众关心的问题久久为功。解放思想、团结一致，扎实推进共同富裕，建设好伟大社会主义祖国的首都迈向中华民族伟大复兴的大国首都、国际一流的和谐宜居之都。

（二）以首都发展为统领，谱写社会主义现代化建设北京新篇章

全面建成小康社会是中华民族伟大复兴征程上的一个重要里程碑。在一个拥有14亿多人口的发展中大国全面建成小康社会，是人类社会发展史上的一个创举，标志着我们向着实现中华民族伟大复兴迈出了至关重要的一步。我国已经胜利实现第一个百年奋斗目标，踏上了全面建设社会主义现代化国家、向第二个百年奋斗目标进军的新征程。当今世界正经历百年未有之大变局，中华民族伟大复兴正处于关键时期，我国进入新发展阶段。新冠肺炎疫情暴发以来，世界进入动荡变革期，我国发展面临环境日趋复杂，重要战略机遇期的机遇和挑战都有新的发展变化。首都北京与党和国家的历史使命联系更加紧密。要胸怀两个大局，坚定必胜信心，保持战略定力，准确把握首都新发展的新特征新要求，坚持“五子”联动融入新发展格局，统筹发展和安全，善于在危机中育先机、于变局中开新局，以首善标准不断开创首都各项事业发展新局面，奋力谱写全面建设社会主义现代化国家的北京篇章。

要高举中国特色社会主义伟大旗帜，深入贯彻党的十九大和十九届历次全会精神，坚持以马克思列宁主义、毛泽东思想、邓小平理论、“三个代表”重要思想、科学发展观、习近平新时代中国特色社会主义思想为指导，全面贯彻党的基本理论、基本路线、基本方略，深入贯彻习近平总书记对北京重要讲话精神，增强“四个意识”、坚定“四个自信”、做到“两个维护”，统筹推进“五位一体”总体布局，协调推进“四个全面”战略布局，坚定不移贯彻创新、协调、绿色、开放、共享的新发展理念，坚持稳中求进工作总

基调，立足首都城市战略定位，深入实施人文北京、科技北京、绿色北京战略，以首都发展为统领，以推动高质量发展为主题，以深化供给侧结构性改革为主线，以改革创新为根本动力，以满足人民日益增长的美好生活需要为根本目的，以建设国际科技创新中心为新引擎，以疏解非首都功能为“牛鼻子”推动京津冀协同发展，以高水平对外开放打造国际合作和竞争新优势，统筹发展和安全，加快建设现代化经济体系，率先探索构建新发展格局的有效路径，推进首都治理体系和治理能力现代化，实现经济行稳致远、社会安定和谐，为率先基本实现社会主义现代化开好局、起好步。

全力做好政治中心服务保障。严格落实首都功能核心区控制性详细规划。结合功能疏解、搬迁腾退，推进老城重组，优化核心区功能布局，营造安全、高效、有序的政务环境。加强中南海—天安门广场、长安街沿线、玉泉山及周边空间管控和综合整治，严控建筑高度，强化安全保障。优化中央政务功能布局，推进国家功能区建设。持续降低首都功能核心区人口、建筑、商业、旅游“四个密度”。完善重大国事活动常态化服务保障机制。健全“四个服务”相关体制机制。

扎实推进全国文化中心建设。围绕“一核一城三带两区”总体框架，持续做好首都文化这篇大文章，建设人文北京。深入开展习近平新时代中国特色社会主义思想学习教育，办好习近平新时代中国特色社会主义思想研究中心，实施马克思主义理论研究和建设工程。加强中国特色新型智库和首都高端智库建设。深入开展中国特色社会主义和中国梦宣传教育，加强党史、新中国史、改革开放史、社会主义发展史教育。深入实施北京市新时代公民道德建设实施方案，推动新时代公民道德建设和思想政治工作，建设社会主义

2019 年 7 月，京城天气晴朗碧空如洗，整修一新的天安门城楼在晴空下焕发光彩（邓伟 摄）

核心价值观首善之区。深入实施北京市新时代爱国主义教育实施方案，建设爱国主义教育主题片区，打造全国一流爱国主义教育基地。深入实施文明行为促进条例，实施文明创建工程，发展志愿服务，拓展新时代文明实践中心建设，推动首都精神文明建设走在全国前列。注重老城整体保护与复兴。保护好两轴与四重城郭、棋盘路网和六海八水的空间格局，扩大历史文化街区和历史建筑保护范围。统筹做好文物保护、腾退开放和综合利用。加快推进中轴线申遗保护工作，力争取得突破性成果。积极组织参与国际重大文化交流，提升国际传播能力，讲好中国故事、北京故事。

加强国际交往中心设施和能力建设。积极服务国家总体外交大局，进一步增强外交外事活动承载力。扎实推进雁栖湖国际会都扩容提升，建成国家会议中心二期，启动建设第四使馆区，完善大兴国际机场、城市副中心等地区国际交往服务功能。加强国际交往功能区周边综合整治和环境提升，完善商务等配套功能。规划建设国际组织集聚区，争取一批国际组织、跨国公司总部和国际专业机构落户。加快国际会展业发展，建设新国展二、三期，启动大兴国际机场会展设施建设。承办和培育一批具有全球影响力的国际会议、国际会展、国际文化旅游活动，持续办好北京国际电影节、北京国际音乐节等品牌活动。加快推进国际学校、国际医院建设，建设国际语言环境。积极参与和服务“一带一路”建设。拓展与国际友城交往，深化民间交往合作。

加快建设国际科技创新中心。全面服务科教兴国、人才强国、创新驱动发展等国家重大战略，制订实施国际科技创新中心建设战略行动计划，建设科技北京。办好国家实验室，加快综合性国家科学中心建设，推进在京国家重点实验室体系重组，推动国家级产业创新中心、技术创新中心等布局建设，形成国家战略科技力量。支持量子、脑科学、人工智能、区块链、纳米能源、应用数学、干细胞与再生医学等领域新型研发机构发展，统筹布局“从0到1”基础研究和关键核心技术攻关，提高科技创新能力和水平。聚焦高端芯片、基础元器件、关键设备、新材料等短板，完善部市合作、央地协同机制，集中力量突破一批“卡脖子”技术。加强科技成果转化应用，打通基础研究到产业化绿色通道。推进“三城一区”融合发展。进一步聚焦中关村科学城，提升基础研究和战略前沿高技术研发能力，取得一批重大原创成果和关键核心技术突破，发挥科技创新出发地、原始创新策源地和自主创新主阵地作用，率先建成国际一流科学城。

后　记

为忠实记录、全面反映北京市全面建成小康社会的历史进程，特别是党的十八大以来北京市小康进程中的关键节点、重要事件、典型人物，按照中宣部统一部署，组织编写出版的北京市“纪录小康工程”系列丛书，由全景录、大事记、奋斗者、变迁志、影像记5个分册组成。

根据中宣部的部署安排，北京市“纪录小康工程”系列丛书的编写出版工作由中共北京市委宣传部牵头组织实施。

《全面建成小康社会北京全景录》（以下简称《全景录》）编写工作，在市委党史研究室、市地方志办室务会领导下进行。主编李良，副主编张恒彬、陈志楣，编委张恒彬、陈志楣、刘岳、运子微。在编写过程中，室主任李良精心谋划部署，明确编写要求和审稿流程。室副主任、一级巡视员张恒彬审阅全书，提出指导性意见。班子成员陈志楣、刘岳、运子微，对本书编写工作给予指导。

《全景录》由第一研究处、年鉴指导处、区志指导处、文献资料处、北京年鉴社共同参加编写工作。韩勤英负责第一章编写；韩勤英、张卓、唐智诚负责第二章编写；刘超、张卓负责第三章编写；王羚负责第四章编写；韦冬妮负责第五章、第十章编写；韩枫、胡鹤凡、唐斐婷负责第六章编写；崔震、沈红岩、杨超、姜坤、赵文才负责第七章编写；朱磊、郝若婷负责第八章编写；李昌海负责第九章编写，韩旭、范晓宇参与修改。韩勤英、韦冬妮承担组织协调、出版联络及编务工作。

中央党史和文献研究院第七研究部副主任李艳杰、中国社会科学研究院当代中国研究所研究员刘国新、北京日报社总编辑伍义林、北京市委社会工委原委员赵小卫审阅书稿，就完善体例、内容提出宝贵意见。北京日报社为本书提供了图片。另外，本书还得到北京市档案馆的大力支持。北京出版集团所属北京人民出版社对本书编校出版付出心血，在此谨表示衷心感谢！

由于时间仓促，加之编者水平有限，本书难免会有错漏或不足之处，敬请读者批评指正。

本书编写组

2022 年 6 月